KB234483

북한의 정부혁신론

민주주의를 향한 북한의 정부혁신론

김정훈 지음

한국학술정보(주)

프롤로그

어느새 쉰 살이 넘어 버렸다. 우울했던 군사정부 통치기간에 학부를 졸업하고 대학원에 다니던 1987년, 대한민국의 민주화는 다시 시작되었고 잠자던 지방자치는 부활하여 필자에게 많은 연구거리를 안겨다주었다. 특히 1990년대부터 봇물처럼 쏟아져 나왔던 그 다양한 지역의 요구와 대립 속에서 지역갈등이라는 편견을 벗어던지고, 첨예한 대립의 중심에서 마치 태풍의 눈을 들여다보는 것처럼 떨리는 마음으로 그 갈등의 속내를 들여다볼 기회가 많았다. 그리고 그 속에서 미처 예상치 못했던 갈등해결의 실마리를 찾아볼 수 있었음은 그 무엇보다 소중한 연구자산이 되곤 하였다. 특히 그 갈등이 아무리 심각한 것이어도 결국은 사람들의 생각과 관계 속에서 발생한 것이므로 그 복잡한 이해관계의 대립을 지나치게 부정적으로만 보지 말고 오히려 다양한 갈등 속에서 새로운 혁신의 에너지를 만들어내고 이를 지속화시킬 수 있는 제도를 만드는 작업이 필요하다는 생각을 하였다. 이는 사회과학자로서 누릴 수 있는 정말 희열 넘치는 연구과정이었다.

대한민국이 민주화되면서 다양한 갈등과 분쟁이 다각적으로 분출했지만, 그 속에서 다양한 사람들의 소리를 다양하게 들을 수 있었음은 분쟁을 통한 새로운 발전의 길을 모색할 수 있는 계기도 제공해 준 것이었다. 그래서 민주주의의 힘은 바로 그 다양한 사람들의 생각과 의견에서 나오는 것이라고 지금도 굳게 믿고 있다. 이와 같은 맥락에서 1997년 여름에는 『시민의 정부혁신론』이라는 책을 쓰면서 곧 다가올 경제적 위기상황에서 이를 극복할 수 있는 방안으로 남한과 북한의 경공업분야 협력과 구체적인 파트너십을 주장하였다. 정부의 정책당국자 또는 기업인들에게 어떻게 전달되었는가는 알 수 없지만 2000년 개성공단의 첫 공사가 시작되었고, 2010년 연평도 포격사건 이후에도 개성공단은 힘차게 가동되고 있다. 그것은 어찌 보면 우연일 수도 있으나 시대적 흐름과 그 사업의 성격이 일치되었기 때문에 지속될 수 있는 것이라고 해석하고 싶다. 그리고 이와 같은 발상은 다양한 사람들의 다각적인 시각과 생각 속에서 나오는 것이기에 누가 먼저 그런 말과 주장을 한 것 그 자체가 중요한 것은 아닐 수도 있다. 사실『북한의 정부혁신론』역시 필자와 20대 젊은 대학생들이 함께 수업하고 토론하는 과정에서 자연스럽게 체계화되었다. 전문가는 아니지만 결국은 통일세대를 이끌어 갈 이 땅의 젊은이들이 중장년의 기성세대들의 생각보다 더욱 중요할 수 있기에 그들과의 대화가 책의 주축을 이루고 있다.

그런데 토론과정에서 필자는 예상치 못한 젊은이들의 생각에 약간 당황하기도 하였다. "그것은 북한이 잘사는 형제자매가 되어야 진정한 통일이 가능할 수 있다"는 것이다. 이미 젊은이들에게 경제적 측면은 대단히 중요했고, 사상적 차이는 그다음 순위였다. 그래서 본 연구는 몇 차례의 시행착오를 거치면서 진정한 통일을 위해서는 남한과 북한이 모두 잘살아야 한다는 판단을 내리게 되었다. 이와 같은 이유에서 북한이 잘살기 위한 방안을 재접근하였고, 그 과정에서 이전의 통일에 대한 일반적 통념과는 다른 내용들이 재정리될 수 있었다. 우선 이념적 측면에서 로크와 마르크스의 직접적 주장을 상호 비교분석하여 보았다. 하늘 아래 과연 한민족보다 더 치열하게 로크와 마르크스의 사상을 토론하고 갈등한 민족도 없을 것이기 때문이다. 이것은 마치 갈등의 태풍 속에서 그 태풍의 눈 속으로 직접 들어가 보는 작업이기도 했다. 그런데 재해석했던 후대의 학자들은 서로 통하기 어려운 주장들을 하는 데 비해 정작 로크와 마르크스의 본래적 주장은 상당 부분 상호 공감대를 형성할 부분이 많았다. 필자라도 로크의 시대와 그 시대적 상황이었으면 그의 주장에 찬성하였을 것이며, 또한 마르크스의 시대와 그 시대적 상황이었다면 필자 역시 그의 주장에 공감하였을 것이기 때문이다. 이것이 남한과 북한의 지루한 이념적 갈등의 출발점이라면 그 갈등은 분명, 해소될 공통분모가 있다고 판단되었다.

따라서 본 연구는 로크적 시각과 마르크스적 시각에서 21세기에 적합한 민주주의적 논거를 도출하여 젊은이들의 시각에서 남한과 북한의 민주주의를 상호 비교평가하고 그들의 참신한 목소리를 통하여 북한의 발전적 방향을 찾는 단계로 진행되었다. 그리고 이와 같은 연구과정 속에서 자유로우며 동시에 평등한 국가와 개인을 향한 북한 정부의 개혁적 혁신안을 모색해 보았다. 남한의 사회과학자가 북한 정부를 위하여 감히 무어라 하였다고 언짢아할 수도 있다. 그러나 마음을 열고 같은 동포로서 진심 어린 조언을 한다는 시각에서 이해하여 준다면 참고할 부분도 있으리라 생각된다. 끝으로 철학에서 토지 감정평가에 이르기까지 너무도 다양한 내용을 북한지역에 맞추어 다시 용융시키다 보니 각 전문분야별로 상당 부분 일천함이 보이고 있다. 각계의 전문가 선생님들과 독자들의 폭넓은 이해가 필요한 이유이고, 새로운 시각에서 각 부분에 대한 보다 전문화된 연구가 지속적으로 요청되는 까닭이기도 하다. 다양한 의견을 제시해준 나의 젊은 친구들에게 깊이 감사한다.

2012년 여름
북한산 연구실에서
김정훈

목 차

민주주의를 향한 북한의 정부혁신론

『북한의 정부혁신론』은 민주주의와 통일에 대한 일반적 통념을 넘어서기 위한 시도이다. 민주주의가 도대체 무엇인데 한반도의 동일한 민족을 서로 분단시키고 싸우게 하는가? 남한의 민주주의는 어디에서 출발하였고 북한의 민주주의는 누구로부터 영감받은 것인가? 이 책에서는 로크와 마르크스의 주장을 인용하여 21세기적 민주주의의 논거를 제시하고 이에 따른 북한 정부의 혁신적 발전방안을 모색하고 있다. 17세기 영국의 로크는 나의 것을 나의 소유물로 인정받고 사회가 이를 존중하는 것이야말로 진정한 민주주의의 출발이라고 주장하였다. 그것은 내가 노력해서 얻은 결과물을 왕(王)의 것이라고 하는 봉건국가를 민주국가라고 할 수 없었기 때문이다. 19세기 마르크스는 극소수 부르주아(bourgeois)만이 모든 것을 소유하고 대부분의 사람들은 아무것도 소유할 수 없는 구조적 한계를 만든 국가, 그것을 민주국가라고 할 수 없다고 외쳤다. 부르주아란 19세기의 새로운 왕이고 귀족이었으며 그런 체제를 옹호하는 곳을 민주국가라고 할 수 없었기 때문이다.

자본주의적 로크와 공산주의적 마르크스가 서로 다른 주장을 한 것인가? 로크 주장과 마르크스 주장은 시대적 차이와 상황적 차이가 있을 뿐, 공통된 주장으로 그 맥락이 민주주의를 향하여 하나로 연결된다. 하늘 아래 누구도 특별하게 태어난 자는 없기에 함께 살아가는 사회와 국가에서 "특권자는 없다"라는 것에 그들은 지극히 공감했고 이를 위해 행동했던 로크와 마르크스는 보다 나은 세상, 즉 민주주의를 지향했던 혁명적 사상가들이다. 17세기 상황에서 특권자는 왕과 귀족이었고 그들의 특권을 혁파하기 위하여 일반시민들이 자신의 노력에 의해 얻은 소유물, 그것은 당연히 그 시민들의 신성한 권리라는 것이 로크의 주장이다. 19세기 상황에서 왕과 귀족을 대체하여 극소수의 부르주아들로 다시금 등장한 특권층에 대하여 그들의 절대적 특권을 빼앗기 위해서는 그들이 소유한 것을 몰수하여 균등, 분배해야 한다는 것이 마르크스의 주장이었다. 일견 로크와 마르크스의 주장은 그 시대적 상황에 따라서 상반된 결론을 내린 것처럼 보일 수 있다. 그러나 실상은 민주주의를 위협하는 소수의 특권층에 대한 다수의 항거라는 측면에서 그들의 주장에는 민주적 공통분모가 있으며 그 차이는 상대적인 것으로 봄이 타당하다고 하겠다.

그래서 이 책은 먼저 얼룩말의 선택이라는 이야기에서부터 출발하고 있다. 정글과 동물원 가운데 어느 쪽을 택할 것인가에서 서로 다른 가치와 방향성을 묻는다. 만일 당신이 얼룩말이라면 어느 쪽을 택하겠는가? 치열한 경쟁과 약육강식의 논리만이 통용되는 정글에서 살겠는가 아니면 철창 속에 구속되어 끼니만 때우는 노예같이 부려지는 동물원에서 살겠는가? 그 어느 쪽도 정답일 수 없으며 왜 이런 극단적인 강요를 하는가에 대하여 반문하게 될 것이다. 그런 강요는 잘못된 것이고 결국 정글도 동물원도 인간답지 못하기에 그 극단적 선택은 결코 민주적 기준이 될 수 없다는 것이다. 정의롭지 못한 정글, 실패한 동물원 그 어느 쪽도 아니라면 진정으로 21세기에 합당한 미래지향적 민주주의란 과연 무엇일까? 로크와 마르크스를 동시에 폭넓게 수용한다면 현대 민주주의를 위한 중요한 논리적 기준을 건져 올릴 수 있다. 어느 누명 쓴 죄수의 쇼생크 감옥 탈출기에서처럼 오류들을 바로잡는 과정에서 인간은 진정한 민주적 의지를 찾을 수 있고 그것은 개인적 가치를 정당하게 부여받으면서 동시에 올바른 사회의 구성원이 되는 것이라고 하겠다. 그래서 로크와 마르크스의 민주적 기준을 오늘날에 맞추어 재설정하면 첫째, 특권자는 없어야 한다는 것이며, 둘째, 내가 일하고 노력한 정당한 대가는 바로 나에게 주어져야 한다는 것이며, 셋째, 그래서 우리 모두는 괜찮은 사회에서 민주적으로 살아갈 수 있어야 한다는 것이다. 그런데 남한의 민주주의, 북한의 민주주의 틀 속에서 국민들은 과연 얼마나 민주적으로 살고 있는 것일까? 남한 민주주의 평가, 'C' 정도의 학점밖에는 안 된다. 북한 민주주의 평가, 'F'가 분명한 낙제점이다. 남한 역시 북한을 선도적으로 이끌어 갈 수 있는 충분한 우등생은 아님을 고백하지 않을 수 없다. 그래서 남한 주도형의 민주통일국가를 만드는 것, 결코 쉽지 않다. 막상 "통일이 된다면"이라는 가정법 앞에서 남한은 북한에 비해 오히려 두려워할 수도 있음에 대해서 안타깝게도 인정할 부분이 있다.

그렇다고 우리의 북한 형제자매를 그냥 그렇게 방치하고 모멸찬 방관자처럼 냉소적으로 바라만 볼 것인가? 세 번째 이야기 신(新)콩쥐론에서 말하는 것은 북한의 정부를 21세기에 적합한, 가장 바람직한 민주적 논거에 따라서 혁신해 보자는 것이다. 즉, 대한민국, 일본, 중국보다 더 나은 새로운 민주국가로 재탄생시켜 보자는 논리를 담고 있다. 그런데 현재 북한의 국가자본은 200조 원(원화 기준) 정도에도 못 미치고, 외부에서는 투자는커녕 원조조차 꺼리는 대상인데 어떻게 북한의 모든 국민들을 평등하게 잘살 수 있게 한다는 것인가? 기존의 산술적 계산으로만 본다면 이와 같은 생각은 이상에 불과하고 결코 실현되기 어려운 공상일 수도 있다. 그러나 발상의 전환이라는 시각에서 북한을 다시 보자. 북한의 토지는 현재, 헐벗고 황폐한 공간이지만 이곳은 수천 년 전부터 우리 조상들이 우리 모두에게 물려준 값진 유산이다. 세계경제 중심지로 성장한 동아시아에서 그 지정학적 위치로 볼 때, 북한의 공간적 위치는 중국, 러시아, 대한민국, 일본 그리고 미국에 둘러싸여 있는 아시아 최고의 요충지이다. 참으로 높은 잠재적 가치를 북한이 갖고 있음을 재인식할 필요가 있다. 그 토지유산을 발전을 위한 기초적 자본으로 삼아야 한다. 그리고 북한 정부의 획기적 혁신을 통해 단기간에 압축에 압축을 더한 초(超)압축 성장과정을 밟으며 국가와 개인을 동시에 발전시켜야 한다는 것이다. 세 가지 주요 단계로 나누어 살펴보자.

<1단계> 북한은 먼저 국가적 이미지를 평화적으로 바꾸고, 국제사회를 향하여 적극적인 개방자세를 취할 필요가 있다. 군사적 협박보다는 국호의 개명(고려민주공화국: Democratic Republic of Korea), 민주적 헌법 개정 및 민주적 지방선거와 같은 구체적인 평화조치를 취하여 국제사회에 북한이 분명히 변하고 있음을 보여 주어야 한다. 또한 북한은 그 지정학적 중요성 때문에 선행적으로 영세중립국 지위

를 국제연합과 주변국가들로부터 인정 및 보장받아야 한다. 또한 북한 정부의 혁신은 단기간에 빠른 변화를 추구하여야 하기 때문에 일정 기간 집중화된 권력에 의한 중앙정부 중심의 혁신을 추구하지만 각 단계별로 예고된 민주적 조치를 예정된 일정에 따라서 분명하고도 정확하게 실행함으로써 국제적 신뢰를 쌓아야 한다.

<2단계> 북한 정부가 국제사회의 신뢰(credit)를 얻는 것은 북한의 국가자본이 국제적 화폐가치(credit)로 평가될 수 있는 것을 의미하며 신뢰할 수 있는 북한이라면 북한의 토지가치는 최소한 1,240조 원을 상회할 수 있다. 동구권 체코 등의 모범적 혁신절차 등을 참고하여야 할 필요가 있으며 특히 북한의 경우 6자회담 이해당사국을 적극 활용할 필요도 있다. 즉, 한국, 미국, 일본, 중국, 러시아가 공동 보증하도록 하여 북한 정부는 북한의 토지담보부 채권을 발행하고 이와 같은 국채발행을 통해 매년 일정금액의 토지담보부 채권운영 이익금(세대당 1,127만 원)을 북한 국민들에게 지불하고 30%의 세금을 원천 징수하여 북한 정부의 세입예산으로 활용하면서 대륙 간 가스관, 물류유통망을 비롯한 동아시아 공동 프로젝트에 적극 참여하여 정부의 세입예산을 확대시켜 나가야 한다.

<3단계> 북한 정부는 혁신을 통하여 조속히 국가적 인프라 건설과 같은 기본계획을 확고히 하고, 이와 같은 혁신적 과제가 완성되면 모든 북한 국민들이 토지채권을 똑같이 분배받을 수 있게 하여야 한다. 북한 국민 개개인들이 분배받은 채권은 북한의 토지를 구매하거나(토지구매는 토지채권으로만 취득할 수 있으므로), 국내외 투자자들에게 채권을 매각함으로써 북한 국민의 개인자본(세대당 2억 2천만 원 분배)이 형성될 수 있게 한다. 이처럼 북한의 각 국민들이 공평하

게 국가자본을 소유하고 새로운 투자재원을 유치할 수 있도록 하여 아시아에서 가장 투자 효용성이 높은 지역으로 북한을 전환시킨다면 혁신의 성공적 결과물을 조기에 수확할 수도 있다. 가장 자유로우면서 동시에 빈부의 격차가 거의 없는 부자나라로 성장하였을 때, 진정한 의미의 남북교류가 이루어지고 통일이라는 단어가 무색할 정도로 자유로운 왕래가 남북한에 이루어질 수 있을 것이다.

이와 같은 3단계 절차를 통하여 북한 정부는 북한, 즉 새로운 고려민주공화국의 급속한 경제발전과 점진적 민주화를 달성할 수 있을 것이다. 그러나 가장 중요한 것은 역시 북한 내부의 모든 구성원들이 보여 주어야 할 일치단결된 노력 여부라고 하겠다. 그래서 본 연구는 학술적 논쟁 여부를 넘어서서 북한의 구성원들이 공유할 수 있는 분명한 비전을 제시하는 것에 주저하지 않는다. 예컨대 북한 국민들이 모두 함께 새로운 공화국을 위하여 노력하고 각자 최선을 다한다면, 북한 토지채권 가격은 10년 안에 액면가격의 두 배, 세 배 이상으로 가치 상승할 수도 있겠지만 반대로 휴지 조각이 될 수도 있다는 것이다. 한 되의 쌀을 통하여 수천 배의 가치를 창출함은 진정한 민주시민의 역량에서 비롯되며, 그런 지혜로운 신(新)콩쥐와 같은 북한 국민들이 수없이 많음을 확신하며 북한 국민들에게 새로운 기회와 도전이 주어질 수 있기를 기대한다.

내가 만일 얼룩말이라면?

현실이 꿈인 것 또는 꿈이 현실인 것처럼 첫 번째 이야기는 다음과 같이 시작된다. 어느 날 내가 깨어 보니 얼룩말로 변해 있었다. 나는 사람이었는데 이제 더 이상 나는 사람이 아니다. 발에는 뭉툭한 발굽이 달려 있고 손에도 손톱 대신 발굽이 있어 서 있는 것이 아니라 등을 구부리고 있어야 했다. 처음에는 내가 사람이 아니라는 것을 받아들이기 힘들었다. 그러나 차츰 이 아름다운 동물의 육체에 빠져들고 있었다. 사람처럼 푸석푸석한 피부에 듬성듬성한 털이 박혀 있는 못생긴 존재가 아니었다. 반짝이듯 흐르면서 아름다운 근육 사이로 까만 줄무늬 털가죽에 감싸여 있는 나를 보면서 스스로 경탄하였다.

사람으로는 상상할 수 없는 능력도 생겼다. 아무리 걸어도 멀게만 보였던 산과 강들이 이제는 나의 힘찬 네 발굽이 땅을 박찰 때마다 나는 앞으로 돌진하였고, 산과 강은 내 뒤로 비껴갔다. 바람을 가르고 흙먼지를 일으키며 한바탕 달리면 내가 인간이 아니라는 것이 조금도 아쉽지 않았다. 그런데 어느 날이었다. 뒤에서 도끼와 화살을 든 사냥꾼들이 쫓아오고 있었다. 아마도 그들은 나를 잡아 가축으로 삼든지 죽여서 나의 아름다운 가죽과 싱싱한 고기를 얻으려 할 것이다. 나는 있는 힘껏 도망쳐 달렸다. 그런데 저 앞에 이정표가 아스라이 보였다. 왼쪽으로 가는 길과 오른쪽으로 가는 길에 대한 표식이었다. 왼쪽 화살표에는 '동물원으로 가는 길'이라고 적혀 있고 얼마나 가야 한다는 거리표시는 없었다. 오른쪽 화살표에는 '정글로 가는 길'이라고 적혀 있었다. 마찬가지로 얼마나 더 가야 하는지는 알 수 없었다. 앞에는 끝 모를 절벽이었고 뒤에는 무서운 사냥꾼들이 쫓아오고 있었다. 더 이상 직진할 수도 뒤로 후진할 수도 없었다. 그저 왼쪽이나 오른쪽, 어느 한 방향을 선택할 수밖에 없는 상황이었다. 잠시 고민하였지만 어느새 내가 선택한 길은 오른쪽 길이었고 험한 정글이 나타났다. 사냥꾼들은 이 험준한 정글 속까지 나를 쫓아 들어오지는 않았다. 나는 한숨 돌리며 주변을 살펴보았다.

　이곳은 주인이 없는 곳 같았다. 넓은 초원도 있고 시냇물도 있으며 울창한 숲으로 뒤덮인 곳이었다. 멀찌감치 다른 동물들이 보였지만 그리 위협적인 존재는 아닌 것 같았다. 그들이 먹고 있는 풀을 탐내지만 않는다면 별로 싸울 일도 없었을 것 같아 보였다. 나는 이 자유롭고 광활한 초원을 감싸고 있는 정글이 좋았다. 따뜻한 햇살을 맞으며 힘차게 뛰노라면 세상은 참으로 괜찮은 곳이라는 생각도 들었다. 그런데 정글에 가뭄이 들면서 상황은 급변하였다. 아무리 뛰어다녀도 싱싱한 풀을 찾기 힘들게 되었다. 이제 남은 풀이라곤 시냇가 주변 목초지에만 듬성듬성 남아 있을 뿐이었다. 조심스레 그곳으로 갔지만 먼저 와 있던 얼룩말들이 나를 그냥 두지 않았다. 나는 그들 사이를 있는 힘을 다하여 비집고 들어가 풀을 뜯었다. 정말 풀 먹기 힘들었다. 산다는 것이 그 자체로 고역이었다. 결국 나는 아차 하는 사이에 다른 얼룩말의 발굽에 밟혀 절뚝거리는 신세가 되었다. 그런데 이번에는 굶주린 암사자들이 달려들기 시작하였다. 주변의 얼룩말들은 모두 내뺐었지만 절뚝거리는 나는 사자들의 먹잇감이 되기 십상이었다. 야속한 얼룩말 동료들은 누구도 나를 도와주지 않았고 오히려 어서 빨리 사자 밥이 되어 주길 은근히 바라는 눈치였다. 나에게 달려드는 암사자를 향해 있는 힘을 다하여 뒷발질하고 죽어라 뛰었다.

정말 정신없이 뛰었는데 그런 힘이 어디에 있었는지 나 자신도 놀랄 정도였다. 정신을 차려 보니 어느새 나는 동물원 입구에 서 있었다. 정글을 가로질러 반대편 왼쪽에 있었던 동물원으로 온 것이었다. 사육사들은 반갑게 나를 맞아주었다. 동물원에서는 우선 배고팠던 나에게 맛있는 식사를 제공하여 주었고 다친 나의 발도 치료하여 주었다. 물론 초원에서의 그 싱싱한 풀보다는 못하지만 그럭저럭 괜찮은 건초를 잘 다듬어 던져주었으며 암사자의 공격도 더 이상 없었다. 그저 옆 우리에 있는 사자들의 사나운 눈초리를 피하면 그뿐이었다. 나는 더 이상 풀을 찾아서 뛰어다니지 않아도 되었으며 힘센 놈들로부터 내 목숨을 지키기 위하여 뜬눈으로 밤을 새울 필요도 없었다. 내가 할 일은 사육사들의 지시에 따라서 움직이고 먹고 자면 되었다. 정글에서는 상상할 수 없었던 일들이 참으로 많았다. 사육사는 나의 건강상태를 수시로 점검하여 주었으며 옆 칸에 있는 암사자와 가끔은 대화도 하였다. 그들이 이제는 하나도 무섭지 않았다. 왜냐하면 동물원의 모든 동물들은 평등했고 각자의 철창에서 생활하면 되었기 때문이었다. 그런데 이상한 것은 먹는 문제가 해결되고, 사자의 공격

위협도 없어졌는데 나는 행복하지 않았다. 점차 더 무기력해짐을 느꼈다. 우선 나는 뛸 수가 없었다. 동물원 철창은 사자로부터 나를 안전하게 지켜주었지만 나의 힘찬 말발굽을 녹슬게 하였고 나를 나태하게 하였다. 이제는 힘센 암사자가 아니라도 살쾡이가 달려들어도 그대로 주저앉을 것 같았다.

그런데 어느 날부터인가 동물원에 손님이 오지 않았다. 정보화시대가 되면서 아이들은 컴퓨터 앞에 앉아 인터넷 게임에 빠졌으며 동물원에 동물을 보러 가자고 부모들을 조르지 않았던 것이다. 동물원은 심각한 적자에 빠져 허덕이기 시작했다. 아이들 손님이 없으면 어른 손님들이라도 올 수 있게 했어야 하는데…… 동물원은 새로운 변화에도 대응하지 못하였고 동물원의 운영난은 갈수록 헤어나기 어려운 상태에 빠졌다. 그래도 나는 걱정하지 않았다. 사육사들이 계속 먹이를

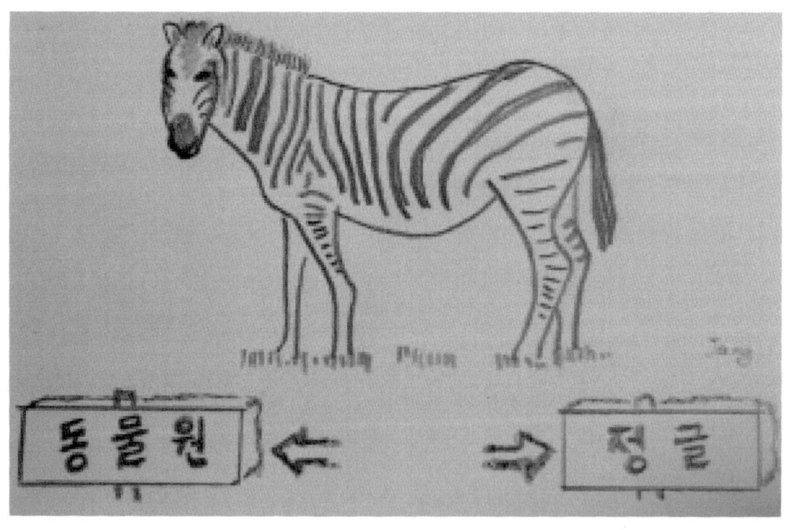

〈그림 1〉 내가 만일 얼룩말이라면?

주고 있었기 때문이다. 동물원 청소가 잘 안 되는 정도는 얼마든지 감내할 수 있었다. 다소 지저분해지고 더러웠지만 참을 수 있었다. 그런데 어느 날부터인가 백방으로 먹이를 찾아다니던 사육사들이 더 이상 보이지 않았다. 먹이는 없었다. 뒹굴어 다니던 건초를 먹으며 연명하였지만 더 이상 굶주림을 참을 수 없었다. 동물원이 파산한 것이었다.

민주주의란 무엇인가?

제1장
서 론

    첫 번째 이야기, '내가 만일 얼룩말이라면?'에서는 왕과 귀족이라는 사냥꾼으로부터 도망치는 자유로운 얼룩말을 볼 수 있다. 이들은 군주와 귀족 특권층의 억압에서 벗어나 자유를 얻으려 했던 시민들에 비유하여 볼 수 있다. 그 자유 시민들이 선택한 오른쪽 길은 어쩌면 자연 상태에 가까운 정글로 향하는 길이었던 것 같다. 사실 한반도에서 살아왔고 앞으로도 살아갈 한국인들은 민주주의적 유전자가 참으로 강한 것 같다. 유목민의 혈통을 갖고 있으면서도 농업적 정착 생활을 오랫동안 해왔기 때문에 양면적 속성을 보여 주곤 하였다. 16세기 농업을 국가의 근본으로 내세웠던 조선 사회에서 임진왜란을 겪으며 보여 주었던 특이한 현상 가운데 하나가 일반인들의 의병활동이다. 역사학자가 아니라고 하여도 전제군주(선조)가 도망치고 없는 상황에서 일반국민들이 국가를 지키겠다고 목숨 걸고 의병으로 참전하는 현상은 국민적 주권의식이 약했던 봉건사회에서 찾기 힘든 사례이기 때문이다.

1. 한반도의 민주주의

민주주의(democracy)라는 단어를 해석할 때, 고대 그리스 시대로 거슬러 올라가야 하겠으나 본 연구에서는 오히려 민주주의(民主主義)라는 말 그 자체로 의미를 해석하여 보고자 한다. 국민 또는 시민(民)이 주(主)인이 되는 주의(主義), 즉 각 개인들이 주체가 되어 스스로 통치하는 정치제도라고 하겠다. 최한기라는 실학자가 1857년에 저술한 『지구전요』에서 민주주의라는 말을 사용했다는 연구가 있으며, 19세기 말 독립협회에서 발간한 『독립신문』, 이승만의 『독립정신』(1904)이라는 저서에서도 민주주의라는 단어가 빈번히 사용되었다. 20세기 초, 이미 한국인들에게 민주주의는 낯선 서구적 단어로만 사용되지는 않았던 것 같다. 더욱이 조선의 전제군주가 몰락하고, 일본의 전제군주가 강점하였던 한반도에서 1919년, 3 · 1 독립운동이 전국적으로 일어난 것을 보면, 민주주의에 대한 열망과 그 씨앗은 이미 한반도 땅속에 깊이 뿌리내리기 시작했다고 평가된다.

그러나 국민 또는 시민이 주인 되는 민주주의를 과연 어떤 방식으로 실천할 것인가에 대해서 한국인들은 고민하지 않을 수 없었다. 일본 전제군주와의 항전에서 민주주의를 향한 방향은 하나였지만 광복 이후에는 달랐다. 로크식 민주주의를 택할 것인가 아니면 마르크스식 민주주의를 택할 것인가라는 민주주의 실천론에서 차이가 있었던 것이다. 즉, 국민 또는 시민이 주인 되는 정치체제를 취하기는 하지만 개인들의 재산권을 옹호하는, 이른바 사유재산제를 보장하는 '자유민주주의' 체제를 택할 것인가 아니면 사유재산제를 타파하는 '사회민주주의' 체제를 택하여야 할 것인가를 고민하지 않을 수 없었다. 또한 1945년 일본 전제군주의 패망 이후, 한반도에서는 이에 대한 충분한 논의와 합의를 도출하는 과정이 생략되고 급박하게 어느 한쪽을 선택하지 않으면 안 되는 상황이 되었다. 민주주의 실천론을 두고, 로크적 자본주의를 택할 것인가 아니면 마르크스적 공산주의를 택할 것인가를 놓고 당시의 지식인들은 고뇌할 수밖에 없었으며 그것은 보다 구체적으로 로크적 미국체제를 따를 것인가 아니면 마르크스적 소련체제를 따를 것인가를 강요받는 상황으로 치달았다고 하겠다.

한국인의 민주주의는 결국 둘로 분단되었다. 남한의 국민들은 민주주의 공화국, 즉 대한민국을 선택했고 북한은 조선민주주의인민공화국(약칭 조선공화국)으로 국호를 정하였다. 남북 모두 민주주의라는 용어를 각각의 헌법에 명문화하여 정치체제의 핵심으로 삼았다. 일본의 전제군주를 몰아내고(자력에 의하여 몰아낸 것은 아니지만), 해방된 한국인들이 선택한 것은 더 이상 조선의 전제군주제가 아니었으며, 한국인들은 당연히 민주주의를 선택하였다. 그러나 그 민주주의의 실천과정에서 결국 둘로 나뉘어져서 남한은 로크적 미국식 민주주의를, 북한은 마르크스적 소련식 민주주의를 선택하게 되었다. 미국식 민주주의와 소련식 민주주의가 1950년, 한반도에서 격돌하였고 한국인들은 분명하게 자신의 소속 국가가 대한민국과 조선공화국으로 나뉘어 있음을 깨달았다. 대한민국은 사유재산권을 옹호하는 자본주의적 체제를 유지하면서 다양한 유형의 통치체제를 경험했다. 4·19혁명과 5·16쿠데타, 그리고 5·18군부독재를 탈피하면서 1987년 6월 시민항쟁을 통하여 대한민국 시민들은 통치자를 선택하고 스스로 정권을 교체시킬 수 있는 민주주의 체제를 구축하였다. 명칭만 민주주의가 아닌 실제로 주권자로서의 지위를 쟁취한 국민들이 국가라는 공동체의 통치자를 함께 선출할 수 있게 된 것이다. 1987년 10월 29일 발표된 대한민국 헌법 제1조 제1항 "대한민국은 민주공화국이다", 제2항 "대한민국의 주권은 국민에게 있고, 모든 권력은 국민으로부터 나온다"에 대해서 '정말 그렇다'라고 응답할 수 있게 된 것이다.[1]

한편 조선공화국은 토지의 일괄적 무상 국유화를 단행하였다. 사유재산권을 박탈하고 국가에 의하여 생산과 분배의 모든 수단과 도구가 독점되었으며 공산당 정부에 의하여 계획된 생산과 소비에 의거하여 경제체제가 운영되는 구조로 바뀌었다. 개인의 자유와 개별적 소유는 극도로 제한되었으며, 공산당 독재에 의한 국가운영을 통하여 부유한 자와 빈곤한 자를 모두 없애는 평등한 사회를 구축하였다. 성장과 분배가 균형을 이루어야 하겠으나 사실상 성장이 중단된 상태에서 분배의 축만으로 돌아간다면 그 국가의 운영은 오래 지속되기 어렵다. 공산당의 권력독점은 소수에 집중되었고, 강력한 군부가 이를 지지하고 지원하였기에 인민의 주체적 권리는 사라지거나 희박해진 것이다. 결국 조선공화국의 인민들에게는 더 이상 공화국을 탈출할 권리조차 선택하기 어렵게 된 것이다.[2]

경제적 측면에서 본다면, 대한민국은 물려받은 자본이 거의 없는 무일푼에 가까운 국가였다. 시민들이 개별적으로 소유한 자본이 거의 없었기에 자본을 만드는 작업이 국가적으로 1949년 단행되었다. 로크적 자본주의를 잘 이해하고 있었을 대한민국의 초대 대통령 이승만

---

1) 대한민국 헌법의 기본적 헌법정신과 각 조항에 배어 있는 세부적 의미를 재상 음미해 볼 필요가 있다. 대한민국의 헌법은 수차례 개정되어 오면서 그 시대적 상황에 맞추어 변화되었으며 현재의 헌법은 이제 그 누구도 쉽사리 고치기 힘들 정도로 안정된 가치를 대한민국 국민들에게 부여하고 있다(Appendix 1 참조).

2) 조선공화국의 통치구조는 1980년대의 그것과 2010년대의 그것에 차이가 있다. 마르크스적 사상이 주체사상으로 전환되면서 조선로동당 규약의 내용이 크게 바뀌었던 것처럼 최근의 조선공화국 통치구조는 마르크스적 사상이 표방하였던 것과 상당 부분 차이를 보이고 있다(Appendix 3, 4 참조).

은 토지의 자본화를 모색하였다. 대한민국의 토지개혁(유상몰수, 유상배분)은 소수 지주들이 지니고 있던 토지를 화폐자본으로 전환시켰으며, 농업자본을 산업자본으로 전환시키도록 유도하였다. 이미 일본인들이 소유했던 적산가옥과 공장 등은 민간에게 유상 불하하여 이 또한 산업자본으로 전환되었다. 그러나 한국전쟁을 겪으며 그나마 형성되었던 국가자본들조차 대부분 소실되었다. 따라서 빈민들로 모여 있던 1950년대 대한민국에게 자본을 축적할 기회와 방법은 서구사회의 그것과는 사뭇 달랐다. 그것은 대량의 표준화된 저가의 값싼 교육과 자녀에 대한 교육투자, 그 결과 배출된 우수한 노동력이 자본이었다. 로크의 시각에서 보면, 사유재산제를 옹호하는 대한민국에서 각 개인들이 열심히 일할 이유는 충분하였다. 시민들의 우수한 노동력은 점차 각 개인들의 소유량을 확대시키고 그 잉여적 가치는 자본으로 축적되기 시작하였다. 대한민국은 과거 서구국가들이 했던 것과 같은, 즉, 외부 식민지로부터 강압적 노동착취에 의하여 자본을 축적한 그런 국가는 아니다. 오히려 개별적 국민과 시민들이 보여 준 그들의 부지런하고 성실한 근로에 의하여 자본을 축적한 국가이기에 로크식 자본축적 정당성에 부합(附合)된다.[3]

그러나 국내적 관계에서 본다면 대한민국의 산업자본 축적과정에서 공정하지 못한 부분이 많았음도 부인하기 어렵다. 특히 1970년대 중화학공업의 육성과정에서 정부는 소수 재벌들이 대규모 설비에 자

---

3) 서구의 대표적 강대국들이 산업혁명 이후 아시아, 아프리카 식민지에서 잉여적 가치를 탈취하여 국가적 부를 축적한 경우와 분명히 다른 방식으로 대한민국은 자본을 축적하였다. 식민지 통치에서 벗어난 개발도상국 대한민국이 택한 국가발전 전략과 국가자본 축적방식은 적극적 대외개방에 의한 상품수출로 내부적 가치축적을 한 것이며 이는 로크와 마르크스의 논거에서 볼 때, 서구의 그것에 비하여 상대적으로 타당한 정당성을 지니는 자본축적 과정이라고 하겠다.

본을 집중 투자할 수 있도록 개발독재를 시행하였고, 이 과정에서 다수의 일반 중소업체, 자영업자들의 자본을 정부 주도에 의하여 재벌들 자본축적에 이전시킨 부분이 있다. 많은 근로자들의 정당한 임금이 각각의 노동자에게 귀속되지 못하고 대기업에 잉여자본으로 축적된 부분도 있다. 마르크스적 비판이 제기될 수 있는 부분이다. 1997년의 경제위기 상황 이후에는 더욱더 자본의 집약적 쏠림현상이 나타났으며, 2008년 세계적 경제위기 이후, 수출 중심의 대기업을 위하여 국내 중소업체와 소비자들이 환율에 의한 자본분배 왜곡화로 희생된 부분도 있다. 결국 마르크스가 지적한 소유관계의 불균형이 사유재산권을 문제시하는 상황으로 치달을 수 있음도 이와 같은 이유에서이다.

그럼에도 불구하고 대한민국의 헌법에는 로크와 마르크스의 서로 다른 민주주의 실천론이 황금비율처럼 조화되어 있음을 간과해서는 안 된다. 로크와 마르크스의 민주주의 실천론 차이를 조화롭게 규정한 대표적 조항은 바로 대한민국 헌법 제23조이다. 헌법 제23조 제1항은 "모든 국민의 재산권은 보장된다"고 규정되어 있기에 로크의 사유재산권을 분명히 명시한 부분이라고 하겠다. 그러나 동시에 헌법 제23조 제2항에는 "재산권의 행사는 공공복리에 적합하도록 하여야 한다"고 사유재산권의 절대성은 부정하면서 마르크스적 사유재산권 제한을 부분 수용하고 있는 측면도 있다. 그리고 헌법 제23조 제3항에서는 재차 "공공필요에 의한 재산권의 수용, 사용 또는 제한 및 그에 대한 보상은 법률로써 하되, 정당한 보상을 지급하여야 한다"고 언급함으로써 사유재산권 주장에 대한 융합적 균형점을 제시하고 있다. 대한민국의 헌법에는 어느새 로크와 마르크스의 민주주의 실천론을 동시에 아우를 수 있는 잣대가 설치되어 있으며 그것의 실질적 운영은 국민의 주권자적 권리와 의무에 맡겨져 있다고 하겠다.

2. 중국의 민주주의

중국의 양심수라고 불리는 웨이징성(魏京生)이 29살이 되던 1978년에 베이징 담벼락에 붙인 대자보의 내용이다. "인민은 민주주의를 필요로 한다. 우리는 민주주의를 요구한다. 이것은 원래 우리에게 속했던 것으로 우리는 단지 그것을 되돌려주기를 청할 뿐이다. 인민에게 민주주의의 법을 감히 거부하는 자, 그는 그 누구라도 노동자의 피와 땀을 착취하는 자본주의자보다 더 야비하고 더 파렴치한 불한당일 뿐이다." 폴란드의 바웬사와 같이 젊은 전기공이었던 웨이가 적어놓은 대자보 글을 읽었던 중국의 많은 인민들은 환호하였다. 웨이의 글에는 마치 30세의 마르크스가 발표한 공산당선언의 그 내용과 너무도 일맥상통하는 주장이 담겨 있다. 자본가를 비판했던 마르크스의 주장과 공산당을 비판한 웨이의 주장은 어느 사이엔가 같은 맥락을 띠고 있다는 것이다. 단지 차이가 있다면 19세기에는 비판대상이 자본가였는데 20세기 중국에서의 비판대상은 공산당이라는 것 이외에는 대부분 일치하고 있다.[4]

중국의 양심수 웨이는 또한 이렇게 덧붙이고 있다. "개인에게 부여된 모든 권력이 제한되어야 한다는 것은 역사가 증명하고 있다. 국민

---

4) 기 소르망(Guy Sorman)이라는 프랑스 학자가 쓴 『L'année du Cop: Chinois et rebelles』(한국어판, 중국이라는 거짓말)에서는 서구인들이 중국에 대하여 지니고 있는 양면성이 잘 묘사되어 있다. 한편으로는 중국이라는 말도 안 되는 거짓된 공산국가, 또 다른 쪽에서는 그러나 서구를 위협하는 가장 두려운 존재로 인식되고 있음이 글의 곳곳에서 배어 나온다. 중국의 많은 양심수들을 인터뷰하고 적은 글은 서구적 시각에서보다 오히려 아시아적 시각에서 보면 좀 더 흥미로울 수 있다. 마치 서양의 거울로 동양을 비춰 보는 것 같다.

의 한없는 신뢰를 요구하는 자는 끝없는 야망에 사로잡힌다. 고로 가장 본질적인 것은 첫째, 우리가 신뢰할 수 있는 사람을 선택하는 것이다. 그리고 그다음은 그가 다수의 소원을 실행할 수 있도록 그를 감시하는 것이다. 우리는 우리가 선택하고 감시할 수 있는 대표자들만 신뢰할 수 있을 것이며 또한 그들은 우리 앞에서 책임자가 될 것이다.” 웨이의 이와 같은 주장은 17세기 국민 위에 군림하고 있던 전제군주의 존재를 부인했던 로크의 주장을 20세기 말에 다시 듣는 것 같다. 서양이 아닌 동양에서, 17세기가 아닌 오늘날, 그것도 중국이라는 공산체제 속에서 전기공이 이와 같은 글을 쓰는 것이 잘못된 것일까? 현재 웨이는 중국에서 오랜 기간 감옥에 갇혀 있다가 미국에서 망명객으로 떠돌고 있다고 한다. 그리고 최근에는 웨이와 같은 제2의, 제3의 인물들이 중국에서 민주적 양심수로 등장하고 있다.[5] 어느 한 사람의 대자보가 아닐지라도 모든 사람들은 이해할 수 있다. 비록 교육의 차이가 있다 하여도, 노인이든 청년이든, 옳은 것과 그른 것에 대한 판단은 가능하다. 단지 더 큰 대의를 위해서 또는 나의 이익을 보다 은유적으로 미화하기 위하여 가식적 색채를 띠는 차이만이 있을 뿐이다. 민주주의가 자본주의와 공산주의의 하위개념일 수 있는가? 자본주의를 위하여 민주주의를 포기할 수 있는가? 공산주의를 위하여 민주주의를 배반할 것인가? 누구나 답할 수 있을 것이다. “아니오”라고……. 단지 차이가 있다면 그것은 “보다 큰 목표를 위해서”라는 가식적인 이기주의의 서로 다른 차이가 있을 뿐이다. 로크의 민주주의와 마르크스의 민주주의는 그래서 동질적이다. “독재자여, 자본

---

5) 최근 인권변호사 천광청(陳光誠)이 중국 정부의 가택연금 상태에서 탈출하여 미국대사관으로 망명하는 사건이 발생하였다. 향후에도 이와 비슷한 사건은 계속 발생할 것으로 보인다.

주의와 공산주의로 더 이상 너를 속이지 말라. 민주주의의 이름으로 너를 추방한다"고 로크와 마르크스는 한목소리로 외칠 것이다.

연구조사를 위해 몇 차례 중국을 방문한 적이 있다. 중공중앙당교(中共中央黨校)에서의 2004년 토론 경험을 잊을 수 없다. 중국 공산당 엘리트들을 교육시키는 이곳의 교수들이 다음과 같은 이야기를 직설적으로 하였다. "우리는 더 이상 마르크스주의를 연구하지 않는다. 그렇지만 공산당의 독재가 30년 이상은 지속되어야 한다고 본다. 만일 그 이후라면 다른 정당으로의 교체도 가능하지 않겠는가?" 중국의 일반사람 심지어 베이징대학교의 교수들조차 천안문 사태 이후, 공안의 철저한 감시·감독으로 인하여 정치적 자유는 대부분 박탈당한 것처럼 보였다. 그런데 중국 공산당의 핵심 엘리트를 위한 최상위 교육기관에서 공산당 독재와 그것의 평화로운 교체까지 제시하면서 외부인에게 스스럼없이 토로하는 것을 들으니 두 가지 생각이 들었다. "중국 공산당의 겉은 매우 딱딱한 것처럼 보이지만 그 핵심은 생각한 것보다 상당 부분 유연성을 갖고 있구나!"라는 것과 "중국 공산당도 민주주의를 향한 새로운 해법을 찾고 있구나!"라는 생각이었다. 그들은 한국의 민주화 과정에 대해서 큰 관심을 갖고 있었으며, 군부독재에서 민주정부로의 전환과정을 황해를 사이에 두고 옆에서 지켜보면서 내심 중국 공산당 독재의 정치적 연착륙을 위한 방법론을 연구하고 있음도 사실인 것으로 비추어졌다. 중국에서의 연구과정에서 경험한 것 가운데 빼놓을 수 없는 것은 중국의 국가자본주의와 공산당 독재가 절묘하게 조화성을 맞추어 가고 있는 것이었다. 중국에 진출한 어느 기업인이 이렇게 물어왔다. "교수님, 중국에 진출한 한국 기업이 많은데 그 가운데 누가 살아남을 것 같습니까?" 우물쭈물하고 있는 나에게 그 기업인은 다음과 같이 답하였다. "중국에서는 한국의 맛있는 음식점과 대기업만이 살아남을 것입니다." 그 기업인의 말처럼 중국에 진출하였던 한국의 많은 중소기업은 해가 갈수록 쇠퇴했지만 대기업은 정말 살아남았다. 몇 년 뒤 다시 방문한 중국에서 그 기업인의 예상이 옳았음을 곳곳에서 확인할 수 있었다. 중국 공산당 독재와 긴밀한 관계로 대기업은 오히려 더 크게 시장을 확대할 수 있었고, 여기서 생성된 자본은 다시 중국 공산당으로 흘러들어가는 것으로 보였다. 정확한 통계자료를 인용하는 것이 중국 경제상황에서 무의미하지만 한국의 각종 자료에서 그것은 확연히 나타나는 부분이었다.[6]

분명한 것은 중국자본의 핵심에 중국 공산당이 있다는 것이다. 마르크스는 소수가 다수를 착취하여 상품을 생산하고 취득하는 그 생산관계의 모순을 깨기 위하여 사유재산의 폐지를 주장하였다. 그런데 중국은 극소수의 공산당 간부들이 절대 다수의 인민들에게 낮은 임금으로 상품을 저가 생산하도록 권위적으로 통제하고, 그 잉여적 가치는 공산당이 대부분 취하는 구조를 띠고 있다. 마르크스의 주장대로라면 중국의 민주화를 위해서는 중국 공산당의 막대한 재산을 없애야 한다. 중국 공산당이 소유한 은행, 중국 공산당이 소유한 기업, 중국 공산당이 소유한 권력의 독점을 깨야 중국은 민주화될 수 있다는 마르크스적 논리가 적용될 수 있다. 만일 그것이 실패한다면 중국은 마치 마르크스가 예견했던 것처럼 새로운 21세기의 제국주의 국가로 변신할 수도 있다. 자본주의의 몰락을 지연시키기 위하여 식민

---

6) 최근 중국 내에서 벌어졌던 일련의 사건들 가운데 보시라이(薄熙來) 전 충칭 시 당서기 비리사건과 관련된 영국기업과 공산당의 복잡한 인맥은 단지 겉으로 들어난 사례일 뿐이다.

지 확장을 위해 전쟁을 불사했던 19세기 서구제국주의 국가들처럼, 중국 공산당 독재정부는 인근의 아시아 국가를 위협하고, 아프리카를 공략하며, 심지어 미국까지도 공격할 수 있다. 중국 공산당은 이미 마르크스가 외쳤던 혁명의 대상으로 변했다.

중국은 더 이상 민주적 공산주의 국가가 아니다. 단지 소수 공산당 관료에 의하여 세계의 가치를 왜곡하고 대다수 중국인들의 노동력을 착취하여 그 가치를 흡수, 왜곡하는 독점적 거대사유재산의 보유체제이다. 이들은 19세기적 제국주의로 생존전략을 모색하고 있다. 다수의 일반 중국인들은 프롤레타리아, 즉 빈민으로 전락하여 살아가고 있지만 중국에서 민주주의를 모색하는 것은 너무도 암울한 현실 속에서 희망을 찾기 힘든 과정처럼 보인다. 대부분의 중국 지식인은 침묵하고 있으며, 대다수의 일반인들도 정권교체의 가능성을 생각하고 있는 것 같지 않다. 오히려 빈민계층의 확대와 공산당집단에 대한 경제적 불만이 점차 확산되고 이에 대하여 공산당정부가 적극적인 시혜정책으로 그 불만을 축소시키고자 할 뿐이다. 중국에서 과연 민주적 시민들이 등장할 수 있을까? 한국의 젊은이들이 군부독재에 항거하여 용기 있는 행동을 보여 준 것을 중국에서도 기대할 수 있을까? 더욱이 2008년, 세계적인 경제위기 상황에서 독점적 사유재산을 폐쇄적으로 운용하여 위기를 모면한 중국 공산당에게 대항할 외부 세력이 과연 있을까? 그러나 마르크스적 논리에 따른다면 중국 공산당에 의한 사유재산 독점은 모순적 관계를 더욱 왜곡시켜서 결국 혁명을 초래할 것으로 예상할 수 있다. 현재의 상황에서 중국 공산당은 독점적 권력으로 중국 정부를 장악하고 대다수의 중국 사람들이 생산한 가치를 갈취하여 자본 확대를 더욱 모색하고 있으나 그 자본은 한순간에 과잉생산으로 인하여 폭락할 수 있기 때문이다. 또한 중국 사람들의 저임금으로 촉발된 세계적 과잉생산-과잉소비가 반대로 세계경제의 위축과 소비감소로 이어질 경우(만일 중국의 생산기반이 붕괴된다면), 중국 공산당의 독점적 사유재산 가치도 폭락할 수 있기 때문이다.

최근 미국의 경제가 위축되고 있다. 이는 미국에 가까운 남미 지역보다 오히려 멀리 떨어져 있는 중국에 더욱 치명적일 수 있다. 미국은 소비시장이고 중국은 생산시장이기 때문이다. 중국은 여전히 저임금의 독재적 생산구조이기 때문에 공산당은 그들의 사유재산을 계속 확장하여, 이를 다시 세계적 안정자산이라고 하는 미국 국채에 묻어두고 있다. 그런데 미국의 소비시장이 축소되어 중국의 생산시장이 몰락하면 더 큰 문제가 발생하기 때문에 중국 공산당은 다시금 자신의 자본을 시장에 풀어서 소비시장을 안정화시켜야 한다. 그럼에도 불구하고 결국 장기적으로는 미국의 국채가치도 하락할 수밖에 없으므로 중국 공산당의 사유재산은 축소될 가능성이 높아진다. 따라서 중국이 위안화를 세계의 기축통화로 만들려고 하는 의도는 이러한 맥락에서 어쩌면 필연적이다. 중국의 생산시장과 금융시장이 동시에 폭락하는 상황이 나타나도 위안화가 기축통화일 경우에는 중국 공산당의 독재는 붕괴되지 않을 것이기 때문이다. 그러나 세계대전을 두 번 치르며 쟁취한 미국의 세계적 기축통화권(달러)을 미국이 스스로 포기할 이유는 없다. 결국 중국은 빠른 시간 내에 미국 소비시장의 붕괴상황에 대비, 이를 대체할 국내의 소비시장 확대를 모색하여야 할 것이며, 그렇게 되면 중국의 저임금구조는 사라지고 중국의 생산시장도 몰락할 수밖에 없다. 이것이 중국 공산당에게는 딜레마인 반면, 중국 국민들에게는 중국 공산당 독재로부터 해방될 수 있는 중국

민주화의 분수령이 될 것이다. 로크와 마르크스가 주장했던 민주주의의 공통된 실천, 즉 자유롭고 동시에 평등한 사회가 중국에서 이행되는 날, 그날은 진정한 중국 민주정부의 탄생일이라고 하겠다.

3. 세계적인 민주주의 열망

로크와 마르크스의 민주주의에 대한 21세기적 실천 주장은 중국에 앞서서 이슬람권에서 먼저 발생하였다. 중동의 민주화운동은 자본주의와 공산주의에 대한 이념적 논란에서 시작된 것이 아니었다. 그것은 독재자와 특권자들에 대한 시민들의 저항이었으며, 국유재산의 특권적 독점화 또는 사유화에 대한 분노에서 촉발되었다. 로크가 전제군주를 비판한 것처럼 튀니지의 시민들은 권위적으로 장기집권한 대통령을 축출하였으며, 마르크스가 자본주의 소유관계의 모순을 비난한 것처럼 이집트의 가난하고 직장이 없는 젊은 시민들은 무바라크의 정치체제를 한순간에 붕괴시켰다. 국가적 공유의 석유자원을 사유화했던 리비아의 카다피(Muammar al Qaddafi) 일가도 마침내 비참한 최후를 맞이하였다. 이와 같은 일련의 중동 민주화혁명에서 나타난 공통분모는 독점적 권력과 부패에 대한 시민들의 분노가 민주주의를 향한 열망으로 어느 순간 결집될 때, 대단히 보수적인 종교국가조차 한순간에 혁명적으로 변화될 수 있다는 것이다.

헌팅턴(Samuel P. Huntington)은 이슬람의 인구변화에 대하여 다음과 같이 언급한 바 있다. "북아프리카와 중동지역 이슬람 국가들, 즉 알제리, 이집트, 모로코, 시리아, 튀니지의 자연인구 증가율은 1970년대와 1990년 사이에 절정에 이르렀으므로 20대 초반의 구직인구는

2010년대까지는 계속 늘어날 것이다. 1990년과 비교하여 구직시장에 새로 들어오는 수는 튀니지에서 30%, 알제리, 이집트, 모로코에서 50%, 시리아에서 100% 증가할 것이다. 특히 이 지역에서의 급격한 문맹률 감소는 글을 읽을 줄 아는 젊은 세대와 글을 모르는 노인세대 간의 차이를 심화시키고, 이러한 지식과 권력의 분열은 정치체제에 긴장을 야기할 가능성이 높다.” 십수 년 전에 이미 헌팅턴은 중동지역 이슬람 국가들의 인구속성에 변화가 있음을 예의주시하였다. 그러나 헌팅턴의 당초 예상과는 달리 2011년의 이슬람은 서방에 대한 공격이 아닌 자국의 민주화를 주장하였으며 이를 실행에 옮겼다. 헌팅턴은 어쩌면 2001년의 9·11 테러와 같은 서방에 대한 이슬람의 공격은 예상했을 수도 있다. 그러나 이슬람의 젊은이들은 민주주의를 열망하였다. 더욱 놀라운 것은 지극히 종교적 색채가 강하여 서구적인 자본주의와 공산주의의 어느 쪽 특성에도 치우쳐 있지 않던 종교국가들에서 급진적인 민주혁명이 동시 다발적으로 일어나고 있음이다. 결국 민주주의는 서구적 민주주의가 아닌 보편적 가치로서의 자유로우면서 동시에 평등한 민주주의로 거듭나고 있음을 목격할 수 있는 것이다.

2011년 1월 15일, 튀니지의 벤 알리(Ben Ali) 대통령은 24년간의 독재적 장기집권을 포기하고 사우디아라비아로 망명하였다. 이른바 재스민 혁명으로 불리는 튀니지의 민주화 혁명은 1월 4일 한 청년의 분신으로 인해 본격화되었다.[7] 대학졸업 후 무허가 청과상을 하며 가족

---

7) 정치적으로 대한민국은 1986년까지 철저한 군부의 철권통치에 의하여 숨쉬기조차 힘들었다. 짧은 기간의 서울의 봄은 1980년 5·18을 겪으며 좌절되었고 군부의 강력한 통제 속에서 당시 정치적 양심수이었던 김대중은 사형의 목전까지 갔고, 민주세력의 축이었던 김영삼 또한 가택연금을 당하여 대한민국에 민주주의는 요원하였던 것처럼 보였다. 그런데 1987년 박종철 고문사건에서 젊은 대학생이 살해당한 것을 계기

을 부양하던 한 청년이 경찰의 강압적 단속에 대한 항거로 분신한 사
건이 도화선이 되어 대규모 학생시위가 발생하였으며 그 시위는 전
국적으로 확산되었다. 장기집권과 식량가격의 폭등 그리고 높은 실업
률은 젊은 세대들을 좌절하게 하였다. 그것은 이슬람국가에서만의 문
제는 아니다. 세계화가 급속히 진전되면서 선진국뿐만 아니라 개발도
상국에서도, 서구뿐만 아니라 아시아와 중동지역에서도 언제든지 새
로운 변화를 요구할 동력이 되고 있다. 17세기의 로크가 이미 말했던
것처럼 "자연적 이성이 우리들에게 가르쳐주는 것처럼, 인간은 일단
이 세상에 태어나게 되면, 자기를 보존해갈 수 있는 권리, 즉 생존의
권리를 갖게 되며, 먹을 것과 마실 것 그리고 기타 자연이 그들의 생
존을 위하여 주는 것을 받을 권리를 갖는다"고 하겠다. 2011년 8월에
는 영국의 청년실업률이 20% 이상 치솟는 상황에서 영국의 토트넘
경찰에게 가난한 청년이 맞아 죽은 것을 계기로 영국 전역에 방화와
절도 그리고 폭동이 일어났다. 정부가 올바른 역할을 하지 못할 경우,
로크와 마르크스 모두 예외 없이 이렇게 주장할 것이다. "정부를 바
꾸고 개인의 권리를 보호하라." 그러나 동시에 그 변화의 전제조건은
분명히 존재한다. 로크는 자연법으로 그 변화의 한계를 설명하였다.
"자연법은 사람들에 대해서 절대적인 구속력을 지니고 있다. 그것은
비록 사람들이 고정된 협동관계를 맺지 않고 또한 무엇을 할 것인가
무엇을 해서는 안 되는가에 대해서 상호 간에 근엄한 협약을 맺고 있
지 않다고 하여도 바로 그들이 사람이라는 이유만으로도 그들에 대
해서 절대적인 구속력을 갖고 있다." 영국의 가난한 청년이 경찰에

로 민주화를 위한 불특정 다수의 각성은 일시에 시민들을 광장에 집결시키게 하였고 이는 6월 시민항쟁으
로 이어졌다.

맞아 죽은 사건이 전국적인 방화와 절도행위로 이어졌다고 이를 민주혁명의 시작이라고 말할 수 없다는 것이다. 이에 비하여 권위적이고 독재화된 튀니지와 이집트 그리고 시리아에서 일어난 청년들의 반정부시위는 분명히 민주주의를 향한 실천의 시작이라고 할 것이다. 단지 그것의 진정한 성패는 민주주의 실천을 위한 잠재세력(potential power)과 그 역량이 과연 얼마나 그곳에 존재하고 있는가의 여부에 달려 있음도 간과할 수 없다. 사실 이슬람국가인 튀니지에서 민주혁명이 시작된 것은 우연이 아니었다. 튀니지에는 이미 민주주의 실천을 위한 잠재세력이 북아프리카에서 가장 높은 수준으로 형성되어 있음을 발견한다. 튀니지는 전체 인구 약 1,040만 명 가운데 60%가 25세 이하의 젊은이이며 그들의 문자 해득률은 여타 중동지역 국가들 가운데 가장 높은 수준이었다. 국민 전체의 인터넷 사용률이 33.9%이며 페이스북 사용자가 20%에 달하였다. 350만 이상의 인터넷 사용자는 이른바 민주주의 실천을 위한 잠재세력이 될 수 있었다. 로크와 마르크스의 민주주의 주장에 따른다면, 권력을 독점하고 있는 특권자 또는 특권계급의 존재로 국민과 시민의 정당한 권리와 행복이 침해되고 있는가의 여부는 민주주의 혁명의 당연한 필요조건이다. 그러나 그것이 민주주의의 당연한 실천으로 이어지는 것이 아님을 21세기의 우리는 잘 알고 있다. 그래서 민주주의의 실천을 위한 충분조건으로서 이슬람국가의 민주주의 혁명은 중요한 단서를 제공하고 있으며 그것은 튀니지의 사례에서 재발견된 것이라고 하겠다.

따라서 이 책은 독자들과 함께 먼저 로크와 마르크스가 외쳤던 민주주의를 다시 꼼꼼히 되짚어 보고자 한다. 그리고 17세기의 로크와 19세기의 마르크스의 주장을 통하여 21세기를 향한 새로운 민주주의의 기준을 설정하고 이를 토대로 21세기 북한의 정부혁신을 모색하여 보고자 한다. 이는 서구 중심의 갈등적 관계의 민주주의가 아닌 지구촌의 보편적 가치로서의 민주주의를 향한 실천과제를 찾는 과정이라고 함이 더 타당하다고 하겠다.

제2장

로크의 산업자본주의: 정의롭지 못한 정글

1. 로크의 자연상태론

새로운 세상의 사회구조를 만들어 나갈 때 가장 먼저 해야 할 것은 무엇일까? 그것은 세상을 백지상태로 놓고 다시 조명하여 본다는 것이다. 로크는 그의 저술에서 자연상태(the state of nature)에 대한 자신의 견해를 피력한 바 있다. 17세기의 상태와 기존의 고착화되어 있던 관습적인 틀이 아니라 본질의 어떤 것을 새롭게 찾기 위해서 로크는 태초의 초기단계로 모든 것을 환원시켜서 생각하였다. 로크는 정치권력을 올바르게 이해하기 위해서는 그리고 그 권력의 본질적 근원을 알기 위해서는 모든 사람들이 태초에 어떤 상태에 놓여 있는가를 살펴볼 필요성이 있다고 하였다. 로크는 정치적 권력관계의 근원적 출발점을 다음과 같은 시각에서 이해하고 있다.

"정치권력을 이해하기 위해서, 그리고 그것의 기원을 밝히기 위해서는 우리들은 모든 사람들이 자연적으로 본래 어떤 상태에 놓여 있었는가를 생각하여 볼 필요가 있다. 그 태초의 자연상태라는 것은 이른바 완전히 자유로운 상태라고 인식할 수 있다. 자연상태는 다른 사람의 허가를 얻거나 또는 다른 사람의 의지에 의존하지 않고 자연법의 범위 내에서 스스로 적당하다고 생각하는 바에 따라서 자신의 행동을 규율하며 또한 자신의 소유물과 신체를 처리할 수 있는 완전히 자유로운 상태, 바로 그것이다."[8]

로크는 자연상태를 완전히 자유로운 상태(a state of perfect freedom)라고 주장하였다. 그는 사람들이 다른 사람의 허가를 얻는다든지 또는 다른 사람들의 의지에 의존함 없이 자연법(the law of nature)의 범위 내에서 스스로 적당하다고 생각하는 대로, 자신의 행동을 규율하며 또한 그 소유물과 사람들을 대할 수 있는 완전히 자유로운 상태라고 인식한 것이다. 동시에 자연상태를 지극히 평등한 상태(a state of equality)라고 로크는 보았다. 자연상태에서는 어떠한 권력이나 권한도 상호의존적인 것이며 어느 누구도 다른 사람들보다 더 많은 것을 갖는 일이 없다는 것이다. 왜냐하면 모든 사람은 동등한 피조물로 태어났기에 아무런 차별도 없이 모두 똑같이 자연의 혜택을 누리며 동등하게 능력을 행사할 수 있으므로 절대자이신 창조주 앞에서 모든 사람은 평등하다는 것이다. 로크는 자연상태를 다음과 같이 재차 정의내리면서 모든 사람들의 평등성을 강조하였다.

"자연상태란 또한 평등한 상태이기도 하다. 그곳에서는 일체의 권

력과 권한은 상호적인 것이며 그 어느 누구도 다른 사람들보다 더 많은 것을 갖는 일은 없다. 왜냐하면 다음과 같은 사실은 너무나 명백하기 때문이다. 똑같은 종류와 똑같은 등급의 피조물들은 태어나면서부터 아무런 차별도 없이 모두 똑같이 자연의 혜택을 누리며 또한 똑같은 능력을 행사할 수 있으므로 적어도 모든 사람들의 주이시며 지배자이신 하나님께서 어떤 한 사람을 특별히 지목하시어 그에게 특별한 지배권과 주권을 부여하시지 않는 한 사람들은 누구나 남에게 종속 또는 복종되는 일이 없이 모두 평등해야 한다."[9]

로크의 자연상태에 대한 인식은 일견 매우 자연스러운 주장일 수도 있으나 당시의 왕이나 귀족들의 입장에서 보면 심각한 도전적 발언이었다. 창조주로부터 특별한 지위를 받아서 왕이 된다는 왕권신수설과 같은 주장이 펼쳐지고 있던 17세기에 로크의 자연상태 인식은 왕의 특권적 지위에 대한 정당성을 한순간에 무너뜨리는 주장이었기 때문이다. 로크의 자연상태론은 모든 사람은 자유로우며 동시에 평등한 관계 속에서 출발되어야 함을 주장하고 있다. 또한 그의 주장에서는 왕과 귀족에 대한 특권적 지위가 얼마나 모순된 것이고 잘못된 인식인가를 통렬히 비판하는 내용이 뿌리 깊게 담겨져 있다. 그러나 로크는 동시에 자연상태의 자유를 '방종의 상태(a state of licence)'와는 엄격히 구분하고 있다. 자연의 상태에는 자연상태를 지배하는 하나의 자연법이 있는데 그것은 모든 사람들을 구속하고 있으며 모든 사람들은 이러한 자연법에 따라야 한다는 것이다. 인간의 이성은 바로 자

---

9) A state also of equality, wherein all the power and jurisdiction is reciprocal, no one having more than another; there being nothing more evident, than that creatures of the same species and rank, promiscuously born to all the same advantages of nature, and the use of the same faculties, should also be equal one amongst another without subordination or subjection, unless the lord and master of them all should, by any manifest declaration of his will, set one above another, and confer on him, by an evident and clear appointment, an undoubted right to dominion and sovereignty(Locke, Chapter 2, Sect. 4).

연법에 해당되는 것이기에 이성의 소리에 조금이라도 귀를 기울인다면 사람들은 누구나 다른 사람의 생명과 건강 그리고 자유 또는 소유물을 손상시켜서는 안 된다는 사실을 안다는 것이다. 로크는 최소한 자기 자신을 안전하게 보호하는 것이 위협당하지 않는 한, 다른 사람들도 안전하게 보호하도록 하여야 할 것임을 주장하면서 다른 사람들의 자유와 건강 또는 그들의 재물 등에 손상이 일어나지 않도록 하여야 한다고 주장한다. 로크는 상대방의 자유를 중시하면서 동시에 자유와 재산을 대단히 밀접한 관계로 서술하고 있다. 로크의 주장 속에서 모든 사람은 자유롭고 그 자유는 추상적인 자유뿐만 아니라 재산이라는 구체적, 소유적 사물에 대해서도 동질성을 주장하고 있다. 결국 자유롭다는 것은 나의 소유가 나의 것으로 안전하게 보장받을 수 있는 것이며, 그것은 왕이나 귀족이라는 특권적 지위의 누구에 의해서도 침해당할 수 있는 것이 아니라는 것이다. 그렇지만 동시에 로크는 자연상태에서 인간이 획득한 자유와 평등이라는 권리가 무한정한 것은 결코 아니며 그 권리가 제한될 수 있는데 그것을 로크는 다음과 같은 논리로 설명하고 있다.

> "자연상태에서는 사람마다 다른 사람을 능히 제재할 수 있는 권력도 획득하게 된다. 그러나 그 권력은 예시컨대 범죄자를 붙잡았을 때, 자기의 격정적 분노 또는 터무니없이 방종한 자신의 의사에 따라서 그를 처치해 버려도 좋은 절대적, 자의적인 권력은 결코 아니다. 자연상태에서 모든 사람들이 지니고 있는 권력이란 것은 단지 냉정한 이성과 양심이 명령하는 것에 의하여 범죄자에게 그 범죄의 정도에 상응하는 것, 즉 범죄에 대한 손해배상과 그 범죄의 억제에 도움이 될 수 있는 정도의 보복을 가하기 위한 권력에 지나지 않는 것이다."[10]

2. 개인의 소유권

로크는 자연상태에서의 공유물과 개인의 사적 재산권 또는 소유권에 대한 자신의 견해를 반복적으로 강조하여 주장하고 있다. 로크는 개인의 노동력과 소유권에 대한 논리를 성경에 근거하여 다음과 같이 설명하면서 사유재산의 발생근거를 설명하고 있다.

> "하나님께서는 인간에게 노동할 것을 명령하셨는데 인간생활에는 결핍된 것이 많으므로 인간은 불가불 노동할 수밖에 없다. 그가 노동력을 투하한 토지는 바로 그의 소유물이므로 어느 누구도 그것을 빼앗을 수 없다. 그리고 토지를 개간하거나 경작하는 것과 토지의 소유권을 갖는 결과는 하나로 결합되어 있다. 즉, 토지를 경작하는 일은 토지의 소유권을 갖는 일을 정당화하는 것이다. 그러므로 하나님께서는 인간에게 토지의 개간을 명령하심으로써 그가 개간한 한도까지 그것을 점유할 수 있는 권한을 부여하신 것이다. 그 결과, 노동을 필요로 하며 또한 그 노동력을 투하해야 할 원료를 필요로 하는 인간생활의 조건이 필연적으로 사유재산을 만들게 하는 것이다."[11]

자연상태에서의 모든 토지는 창조주가 인간들에게 공동으로 사용하도록 제공한 공유물이라는 것이다. 이와 같은 맥락에서 로크는 사

---

10) And thus, in the state of nature, one man comes by a power over another; but yet no absolute or arbitrary power, to use a criminal, when he has got him in his hands, according to the passionate heats, or boundless extravagancy of his own will; but only to retribute to him, so far as calm reason and conscience dictate, what is proportionate to his transgression, which is so much as may serve for reparation and restraint: for these two are the only reasons, why one man may lawfully do harm to another, which is that we call punishment(Locke, Chapter 2, Sect. 8).

11) God commanded, and his wants forced him to labour. That was his property which could not be taken from him where-ever he had fixed it. And hence subduing or cultivating the earth, and having dominion, we see are joined together. The one gave title to the other. So that God, by commanding to subdue, gave authority so far to appropriate: and the condition of human life, which requires labour and materials to work on, necessarily introduces private possessions(Locke, Chapter 5, Sect. 35).

유재산제를 옹호하면서도 토지의 개인적 소유권에 분명한 제한을 두고 그것의 공공적 측면을 동시에 언급하고 있다. 한 인간의 노동 정도와 생활의 편의라는 측면에서 재산의 한도를 분명하게 지적하면서 너무 많은 것을 과도하게 자신의 것으로 소유하는 것에 대한 부당함을 동시에 언급하고 있다. 이웃사람들에게 해를 주면서, 다른 사람의 권리를 침해하면서 자신의 소유권을 획득할 수는 없다는 것이다. 단지 자신의 소유권이 확대되더라도 다른 사람의 권리를 침해하지 않는다면, 즉 부가가치를 창출할 수 있다면 그것은 자신의 소유 권리로서 그것의 정당성 또는 당위성을 지닌다고 주장한다. 로크의 소유에 대한 논리는 17세기의 농업사회적 생각에서 출발하지만 21세기의 우리에게도 여러 가지 측면에서 재음미할 대목을 분명히 제시하고 있다. 소유는 노동을 근거로 창출되며 그것의 권리는 신성한 것이다. 그렇지만 만일 나의 과도한 소유가 타인의 권리를 침해하는 결과를 초래한다면, 그 소유권의 신성성은 상실되고 부당한 것이 될 수도 있음을 로크는 명확히 지적하고 있다.

> "인간의 노동 정도와 생활의 편의라는 것을 고려하여 재산의 한도는 적절하게 설정된다. 왜냐하면 어떤 한 사람의 노동으로 모든 토지를 개간하여 점유할 수는 없기 때문이다. 또한 그가 그것을 점유한다 할지라도 그것으로써 소비할 수 있는 것은 매우 적은 부분에 불과하기 때문이다. 그 결과, 어느 누구도 이러한 방법으로 다른 사람의 권리를 침해하든가 또는 그 이웃사람들에게 해를 주면서까지 자기의 소유권을 획득할 수는 없다. 이웃사람에게도 다른 사람이 자기의 몫으로 획득한 이후에 그것이 이전과 마찬가지로 양호한, 그리고 충분한 소유물을 획득할 수 있는 여지가 있어야 하기 때문이다."[12]

---

12) The measure of property nature has well set by the extent of men's labour and the conveniencies

3. 개인소유권의 정당성

로크는 이처럼 개인의 노동력에 근거한 개인 소유권의 보호를 주장하면서 동시에 그와 같은 소유권이 다른 사람들의 권리를 침해할 경우, 그 소유권의 권리 근거가 사라질 수 있음도 분명히 하고 있다. 동시에 로크는 다른 이웃의 권리를 침해하지 않고 새로운 가치를 만들어 나가는 것에 대한 소유권에 대해서 절대적 옹호 입장을 강하게 주장하고 있다. 예컨대 로크는 공유의 토지가 그대로 방치되어 있다면 그것이 무슨 가치가 있는가라고 반문하고 있다. 만일 1,000평의 토지가 버려져 방치되어 있고, 그것이 황무지 상태로 있다면 여기서 얻을 수 있는 것은 기껏해야 이곳에 자연적으로 떨어져 있는 도토리 정도밖에는 안 된다는 것이다. 그러나 만일 같은 토지에 어떤 사람이 열심히 씨앗을 잘 파종하고 경작하여 많은 다량의 식량을 얻었을 때, 그것을 공유적 가치로 평가한다는 것이 무슨 의미가 있는가라고 반문한다. 그 토지가 가치 있는 것은 사람의 노동력에 의한 것이고, 그 사람의 정성이 쏟아졌기 때문에 가치 있는 재화로 생산된다고 보는 것이다. 자연상태에서 출발한 모든 사람들은 자유롭고 평등하지만 각각의 개인들이 노력한 결과로 나타난 그것, 즉 새로운 가치에 대해서 로크는 "그것은 공유물이 될 수 없다"고 분명히 언급하였다. 로크의 생각과 주장은 왕이나 귀족이 소유하거나 상당한 영향력을 행사하는

---

of life: no man's labour could subdue, or appropriate all; nor could his enjoyment consume more than a small part; so that it was impossible for any man, this way, to entrench upon the right of another, or acquire to himself a property, to the prejudice of his neighbour, who would still have room for as good, and as large a possession (after the other had taken out his) as before it was appropriated(Locke, Chapter 5, Sect. 36).

토지권(土地權)에 대해서 새로운 시각을 낳았다. 17세기 당시의 로크가 상상하기 어려운 상황들이 산업혁명을 거치면서 18세기, 19세기에 급격히 등장하였으나 아직 농업사회의 생활만을 경험했던 로크의 주장이라는 것을 감안하면 깜짝 놀랄 만한 부분이다. 앞으로 전개될 새로운 산업혁명의 모태가 되는 개인의 가치, 즉 개인의 노동력이 지닌 가치를 평가하고 그것의 가치를 개인의 소유로 인정하는 것이 정당하다는 것을 재발견하고 이를 주장한 것이다. 주어진 한정된 토지에 대한 군주의 특권적 권한을 벗어나서 각 개인들이 지니고 있는 노동력과 각 개인들이 지니고 있는 잠재적 가능성을 로크는 알려주었다. 그리고 로크는 개인의 노동 속에서 그 가치를 인정하고 그것의 재화적 부분을 개인의 것으로 소유함을 당연시하고 있다. 심지어 로크는 인간의 생활에 유용한 토지에서 발생된 생산물에서 10분의 9는 노동의 성과라고 하여도 그것은 매우 겸손한 평가라고 하였다. 주어진 자연의 힘으로 얻은 것과 개인들의 노동에 의하여 얻은 것을 계량하여 비교한다면 그 가치의 99%는 노동의 힘에 있다고 언급하면서 개별적 노동의 가치를 높이 평가한 것이다.

> "인간생활에 유용한 지구의 산물 가운데 10분의 9는 사람의 노동 효과에 기인한 것이라고 말해도 매우 겸손한 평가라고 생각한다. 아니 만일 우리들이 우리들의 사용물로 된 것들을 올바르게 평가하고 또한 그것에 따르는 여러 가지 지출 중에서 순전히 자연의 힘을 입은 것과 노동의 힘을 입은 것이 과연 무엇인가에 따라서 구분하여 비교 계산하여 본다면 그것의 대부분은 아마도 99% 이상, 노동의 힘에 돌려야 할 것이다."13)

---

13) I think it will be but a very modest computation to say, that of the products of the earth useful to the life of man nine tenths are the effects of labour: nay, if we will rightly estimate things as they come to our use, and cast up the several expenses about them, what in them is purely owing to nature,

이처럼 로크의 생각과 주장을 정리하여 보면 왕이나 귀족이 지니고 있던 기득권적 토지소유권, 그 자체에는 큰 가치를 두지 않은 것으로 보인다. 오히려 왕의 기득권이 아닌 개인의 노동력과 노력에 가치를 두고 있다. 그리고 그 노동의 가치에 의하여 생산된 재화를 각 개인의 귀속품, 즉 개인의 소유권으로 새롭게 인정하고 있다는 것이다. 개인들의 노력에 의하여 얻어진 가치의 중요성을 강조하면서 동시에 그 개별적 가치를 공유적 가치와 구분 지음으로써 로크는 산업사회의 출발점이 될 수 있는 개인의 소유권과 자본의 축적을 가능하게 하는 혁명적 사고전환을 일으켰다. 이른바 봉건적 농업사회의 통념을 깨는 것이다.[14) 재산권에 대한 개인적 가치와 개인의 소유권 강조는 자연스럽게 자유를 향한 잠재력을 강력하게 밖으로 표출시키는 계기를 만들었고, 이전에 볼 수 없었던 각 개인들의 힘찬 의욕들이 솟아날 수 있는 새로운 토양을 마련하였다. 이는 당시 영국에서 명예혁명으로 정치권력을 쟁취했던 상업자본가들의 권한을 이론적으로 정당화시키면서 동시에 왕의 권한을 배제시킬 수 있는 논리적 근거가 되었다. 또한 로크는 재산권에 대한 신성함과 개인적 소유권 확대를 위한 부가가치 창출을 정당화시킴으로써 새로운 산업혁명을 일으

and what to labour, we shall find, that in most of them ninety-nine hundredths are wholly to be put on the account of labour(Locke, Chapter 5, Sect. 40).

14) 필자는 로크의 주장을 세세히 살피기 전까지 증기기관을 발명한 18세기의 제임스 와트(James Watt)를 산업혁명의 시작자로 소개하곤 하였다. 농업혁명의 출발은 누구로부터 시작되었다고 말할 수 없었지만 산업혁명의 시작은 화석연료를 이용하여 기계의 엄청난 힘을 인류에게 선사한 인물이 있었고, 그를 와트라고 생각했기 때문이다. 그러나 로크의 주장을 보면서 서구의 산업혁명은 증기기관의 발명에서 시작된 것이 아니라 존 로크의 혁명적 사고전환에서 시작되었다고 함이 보다 타당하겠다는 생각으로 바뀌었다. 로크의 주장은 인간의 정신적 가치판단을 근본적으로 바꾸어 봉건적 사고의 틀을 깨고 새로운 산업사회로 진입할 수 있는 바로 그것 즉, '개인의 소유권'을 정당화시켰기 때문이다. 사실상 로크의 사상은 영국의 명예혁명, 미국의 독립혁명, 프랑스의 시민혁명을 일으키면서 인류에게 수많은 혁명적 변화를 일으킬 수 있는 정신적 동력을 제공하였다.

킬 정신적 토양을 만들어낸 것이다. 로크의 이러한 혁명적 사상은 대서양을 건너 영국 왕의 조세권 행사에 시달리고 있던 미국 식민지 국민들에게 독립전쟁을 일으킬 정당성을 부여하는 근거도 되었다.

4. 로크식 산업자본주의의 출발

다양한 시각에서 산업자본주의를 이해하고 분류하는 접근들이 있었다. 특히 18세기부터 20세기에 이르는 산업사회의 핵심적 발전기간 동안 산업사회를 태동시키고 움직인 동력이 석탄과 석유와 같은 화석연료에만 있는 것은 아니었다. 더욱 본질적이고 근원적인 것은 개인의 소유권을 인정하고 이를 가치 있게 보호할 수 있다는 논리에서 비롯되었다. 만일이라는 가정법을 적용하여 혹시 18세기에 영국이 아닌 중국에서 화석연료를 본격 개발하였다면, 그것이 산업혁명으로 이어졌을까? 중국에서는 왕의 권력과 그의 독점적 경제권을 약화시킬 수 있다고 화석연료 개발을 제한하였을지 모른다. 나침반과 화약을 발명하였지만 세계를 향한 진취성이 결여되었기에 그 엄청난 발명품이 중국에서는 혁명적 도구가 될 수 없었던 사례가 있다. 이에 비하여 서구의 로크가 주장하였던 그것, 즉 개인들이 자신의 '사유재산(private possession)'을 권리로 확보하고 국가로부터 보장받을 수 있게 되었음은 새로운 시대의 혁명을 낳을 수 있는 모태가 될 수 있었다. 한 명의 왕과 소수의 귀족 재산을 지키고 늘리는 수동적 역할이 아니라 각각의 사람들 하나하나가 나의 것을 위하여 도전하고 노력하는 것을 어떻게 비교할 수 있겠는가? 농업사회를 산업사회로 전환시키는 엄청난 힘은 바로 수많은 개인의 힘에서 나왔다고 하겠다. 그래서 영국의 로크와 독일의 마르크스의 주장과 논리는 아시아인들에게 그래서 사뭇 충격적일 수 있다. 동양인들은 서양인들의 산업혁명을 이해함에 있어서 농업사회와는 달리 산업사회란 화석연료를 사용한 기계문명의 시작에서 비롯되었던 것이라는 생각에 빠져 있었기 때문이다.[15] 그러나 로크와 마르크스의 시각을 사유재산권이라는 시각에서 보면 산업사회는 전혀 다른 속성을 지니고 있음을 이해하게 된다. 산업혁명은 '나의 것을 소유하겠다는 욕망'을 근원적 자본으로 삼고 있다. 그래서 알지 못하는 미지세계에 대한 과감한 투자를 용기 있게 결정할 수 있었고, 위험한 항해에도 기꺼이 참여할 수 있었으며, 성공의 가능성이 희박한 새로운 기계를 만들어내는 벤처사업도 일으킬 수 있었다. 과거의 농업사회에서 왕이나 귀족이 주도하고 각 개인들이 그의 경제활동에 수동적으로 따라갔던 것과 차원이 다른 그 무엇이 산업사회에서는 나타났다. 왕의 토지, 왕의 권력, 왕의 명예를 위한 활동이 아니라 나의 토지, 나의 권력, 나의 명예를 위한 개인들의 활동들이 본격적으로 시작된 것이다. 산업사회에서 국가를 부유하게 하는 방법으로 제시한 애덤 스미스(A. Smith)의 '보이지 않는 손(invisible hand)'을 이와 같은 시각에서 재음미하여 보자. 개인들의 사적 소유권에 대한 욕구들을 적절히 인정하면서 각 개인들의 노동과 열정을 자

---

15) 중국은 1839년 아편전쟁에서 영국에 패하고 1842년 굴욕적인 남경조약을 체결하면서 영국에 5개 항구를 개방하고 막대한 배상금과 함께 홍콩을 영국에 넘기었다. 중국은 영국의 커다란 군함과 강한 포 때문에 패전하였다고 생각하고 중체서용(中體西用)을 주장하면서 자체적으로 개혁하려 하였다. 중국의 것은 그대로 두고 서양의 기술만 활용한다는 논리이다. 그것은 결국 중국의 봉건적 왕권체제는 그대로 두고 서양의 산업혁명 결과물로 나온 기계만 도입하면 된다는 식이었다. 중체서용의 개혁은 중국의 몰락을 막지 못하였으며 중국이 공산혁명에 이를 때까지 계속 외세의 침탈에 시달려야 했다. 만일 중국에서 덩샤오핑(鄧小平)의 개방정책으로 개인의 것 또는 개인의 소유권을 용인하지 않았다면 중국의 홍콩은 아직도 영국의 홍콩이었을 가능성도 결코 배제할 수 없다. 소유권을 인정하지 않는데 어떤 자본가가 그대로 홍콩에 남아 있을 것이며, 어느 상점이 문을 열고 장사를 하겠는가? 껍데기만 남은 홍콩은 중국에 오히려 부담만 될 것이므로 중국은 오히려 영국에 부탁하여 그대로 남아주기를 청하였을 것이다.

연스럽게 이끌어 맞추어주면 그 결과, 국가의 전체 자본도 자연스럽게 확대된다는 주장이라 하겠다. 이처럼 로크적 사유재산 논리를 스미스의 주장에 투영하면 당시의 산업사회 초기 영국사회에 팽배하였던 경제적 가치관을 보다 정확히 이해할 수 있다. 로크는 개인의 노동력과 그 개인의 노력을 중시하고 그 결과로 산출되는 것에 대한 개인적 소유권을 강조한다. 로크는 이와 같은 맥락에서 사유재산권을 공유물과 분명히 구분 짓고 있다.

> "이상의 모든 사실로부터 다음과 같은 점이 명확해진다. 비록 자연의 사물들은 공유물로 부여되고 있지만, 인간은 그 자신의 주인이며 자기 자신의 지혜와 그 활동 또는 그 노동의 소유자이기 때문에 여전히 자기 자신 속에서 소유권에 대한 중대한 기초를 갖고 있다. 그리고 그가 자기 자신의 생활을 유지하며 또한 위안을 위하여 사용한 것의 대부분을 구성하고 있는 이른바 발명과 기술이 생활의 편의를 개량하게 된 이후부터는 완전히 그 자신의 것이기 때문에 결코 다른 사람들과의 공유물에 속하지 않는다."[16]

투쟁과 쟁취의 과정에서 개인의 소유권 인정은 제도화되기 시작하였다. 서구에서는 왕의 토지에 대한 절대적 또는 특권적 소유권이 18세기를 전후로 극히 제한되었다. 당연히 농업사회에서의 생산도구, 토지가 지닌 의미도 반감할 수밖에 없었다. 18세기의 개인들은 기존의 토지에서 자신의 소유적 가치를 만들기보다는 상업활동과 같은 새로운 시장에서의 거래를 통한 재화적 가치를 축적하는 데 심혈을

---

16) From all which it is evident, that though the things of nature are given in common, yet man, by being master of himself, and proprietor of his own person, and the actions or labour of it, had still in himself the great foundation of property; and that, which made up the great part of what he applied to the support or comfort of his being, when invention and arts had improved the conveniencies of life, was perfectly his own, and did not belong in common to others(Locke, Chapter 5, Sect. 44).

기울였고 과거 농업사회와는 다른 산업사회의 경제구조를 만들어 나
갔다. 서양과 동양에서 모두 이와 같은 활발한 움직임이 시작되었으
나 동양 전제군주의 힘은 그러한 새로운 움직임을 여전히 억제하고
통제하였으며 시장을 억압하였고, 개인의 소유를 제한하면서 국가와
군주를 동일시하는 권력을 18세기 심지어 19세기까지도 지니고 있었
다. 동양에 비하여 상대적으로 서양 군주들의 힘은 극도로 약화되거
나 제한되었다. 특히 서양에서는 왕이나 귀족들이 그들의 기득권적
권력을 마지막까지 발악적으로 사용하여 새로이 팽창하는 상업적 재
화가치에 조세권을 행사하려고 하였으나 당시의 상업자본가들은 그
러한 왕이나 귀족의 행패를 참아 넘기지 않았다. 새로운 18세기를 전
후로 하는 서양의 시대적 변화 흐름 속에서 왕이나 귀족의 봉건적 농
업세력은 점차 또는 급진적으로 새로운 정치권력세력으로 교체되었
다. 그 새로운 세력을 우리는 통상 부르주아(bourgeois) 상업권력으로
이해한다. 이른바 1688년 영국의 명예혁명, 1776년 미국의 독립혁명,
1789년 프랑스의 시민혁명은 유럽의 농업사회를 산업사회로 탈바꿈
시키는 혁명의 백년이었으며 19세기 서구를 농업사회에서 산업사회
로 탈바꿈시키는 시간이었다. 물론 로크는 그가 주장하였던 자유주
의, 자본주의 그리고 산업사회의 혁명적 변화가 18세기와 19세기에
걸쳐서 어떤 식으로 전개되고 그 영향력이 얼마나 대단한 것인가를
볼 수 없었다. 그러나 명예혁명 이후 약 160년이 경과된 1848년 발표
된 마르크스의 공산당선언에는 사유재산제의 철저화로 탄생한 부르
주아의 역할상이 다음과 같이 낱낱이 적시되고 있다.

"부르주아들은 역사적으로 가장 혁명적인 역할을 수행하였다. 부

르주아들은 자신들이 지배하는 곳이면 어디에서나 모든 봉건적, 가부장적, 목가적 관계들을 완전히 없애 버렸다. 부르주아들은 '타고난 상전들'과 묶어져 있던 잡다한 색깔의 봉건적 끈들을 가차 없이 잡아 뜯어 버렸고, 사람과 사람 사이에 벌거벗은 이해관계와 냉혹한 '현금계산' 이외에는 아무런 끈도 남겨 놓지 않았다. 부르주아들은 경건한 광신, 기사들의 열광, 속물적 감상의 신성한 전율을 이해타산이라고 하는 얼음처럼 차가운 물속에 빠뜨려 버렸다. 부르주아들은 인간의 가치를 교환가치로 없애 버렸으며, 문서로 인증되고 정당하게 얻어진 자유를 단 하나의 양심 없는 상업적 자유로 바꾸어놓았다. 부르주아들은 종교적이고 정치적인 환상 속에 숨겨져 있던 착취라는 것들을 공공연하고 파렴치하며 직접적이고 무자비하게 드러나는 적나라한 착취로 바꾸어놓았다. 부르주아들은 지금까지 존경받았고 사람들이 경건하게 바라보던 모든 활동에서 신성한 후광을 벗겨 버렸다. 부르주아들은 의사, 법률가, 시인, 학자를 자신들을 위해 일하는 임금 노동자로 바꾸어놓았다."[17]

역설적이지만 마르크스는 산업사회에서 새롭게 등장했던 시민부르주아들을 그 어느 학자들보다 가장 잘 설명하고 이해하였으며 칭송하였다. 그리고 마르크스는 바로 그 영웅적 악마 같은 부르주아들을 타도할 시기가 왔다고 주장하였다. 역사의 아이러니는 이처럼 서로 다른 시대의 혁명적 사상가를 시계열적으로 이어주는 역할도 하는 것 같다. 산업자본주의를 태동시키는 데 결정적 역할을 한 학자로서 17세기의 로크는 자본주의적 산업혁명의 씨앗을 뿌리며 18세기의

---

17) The bourgeoisie, historically, has played a most revolutionary part. The bourgeoisie, wherever it has got the upper hand, has put an end to all feudal, patriarchal, idyllic relations. It has pitilessly torn asunder the motley feudal ties that bound man to his 'natural superiors', and has left remaining no other nexus between man and man than naked self-interest, than callous 'cash payment.' It has drowned the most heavenly ecstasies of religious fever, of chivalrous enthusiasm, of philistine sentimentalism, in the icy water of egotistical calculation. It has resolved personal worth into exchange value, and in place of the numberless and indefeasible chartered freedoms, has set up that single, unconscionable freedom—Free Trade. In one word, for exploitation, veiled by religious and political illusions, naked, shameless, direct, brutal exploitation. The bourgeoisie has stripped of its halo every occupation hitherto honoured and looked up to with reverent awe. It has converted the physician, the lawyer, the priest, the poet, the man of science, into its paid wage labourers(Marx & Engels, Chapter I).

급진적 변화를 일으키는 학자로 자리매김한다. 이와 비교할 때, 19세기 산업사회를 통렬히 비판하면서 새로운 세계를 모색하였던 마르크스는 새로운 혁명의 씨앗을 품은 채 런던의 공동묘지에서 쓸쓸히 죽어 갔지만 결국 그의 사상은 자라나 20세기 전 세계를 붉은 혁명으로 뒤덮었다. 두 학자의 산업사회에 대한 시각은 근본적으로 다르다. 로크는 개인의 소유권을 기반으로 산업사회의 새로운 태동을 알렸지만 마르크스는 정반대의 시각으로 산업사회의 종말을 알렸다. 마르크스는 산업사회가 엄청난 변화를 가져왔고 부르주아들의 막강한 역할을 높이 평가하였으나 결국 그들의 과도한 사유재산 집중화로 인한 사회적 피폐화를 비판하면서 개인의 소유권 박탈을 혁명의 제1과제로 제시하였다. 그럼에도 불구하고 17세기의 영국 학자인 로크와 19세기의 독일 학자인 마르크스가 모두 다 공통적으로 인간의 주체적 지위를 강조하고 민주주의를 요구하면서 국가와 정부의 역할을 새롭게 주장하였음은 동일한 공통분모이기도 하다. 그래서 산업사회의 출발점을 로크의 주장에 가장 가까운 국가인 미국의 산업자본주의를 중심으로 살펴보고자 한다. 또한 산업사회의 성숙기를 마르크스의 주장을 가장 잘 표현하였던 소련의 산업공산주의를 중심으로 이해하고자 한다. 또한 이 책에서는 그들이 살았던 17세기, 19세기와는 다른 현재의 21세기에서 로크, 마르크스가 보지 못하였던 자본혁명과 공산혁명의 결과 및 새롭게 부과된 과제에 대해서 21세기의 연구자 시각에서 평가하고 비평함을 주저하지 않고자 한다.

5. 미국식 산업자본주의의 한계

미국은 로크적 주장과 발상을 가장 현실화시킨 국가라고 할 수 있다. 첫 번째 이야기에서 등장했던 얼룩말이 뒤쫓아오던 사냥꾼을 피하여 오른쪽 자유로운 정글로 향한 것처럼, 미국 시민들은 영국 왕에 항거하면서 군주의 억압에서 탈출하여 나의 자유권과 재산권을 지키려 했던 것으로 해석하여 볼 수 있다. 영국 왕의 소유물이 될 것을 거부하였으며, 왕의 가축으로 사육됨을 원치 않았고, 내 것을 소유할 수 있는 자유인으로서의 열망은 미국 산업자본주의의 원동력이 되었다. 로크가 주장했던 것처럼 미국인들의 자유란 구호에 불과한 허세가 아니며 실질적으로 내 것을 소유하고 보장받을 수 있는 권리이며, 독립전쟁을 통하여 쟁취한 개인의 '소유권 보장'에서 출발하고 있다. 새로운 아메리카대륙의 신천지를 개척하면서 미국의 산업자본주의는 개인의 가치를 충실히 보장받기를 국가에게 요구하였고, 그것은 낙후된 농업국가로 출발한 미국을 가장 대표적인 산업자본주의 국가로 성장시키는 동력이 되었다.

1) 미국의 독립선언문

영국 왕의 과도한 조세권 행사에 대한 저항으로부터 시작되었던 미국 식민지의 독립선언문에는 로크의 자유와 평등 그리고 재산권에 대한 주요 주장이 고스란히 담겨져 있다. 독립선언문에는 "모든 사람들은 평등하게 창조되었으며, 그들에게는 창조주로부터 남에게 양도할 수 없는 일정한 권리가 부여되어 있다. 이들에게는 생명과 자유

그리고 행복을 추구할 권리가 있다. 정부는 이러한 권리를 보전하기 위하여 세워지는 것이므로, 그 정당한 권력은 인민들의 동의에서 유래하는 것이다. 정부가 어떤 모양으로라도 이러한 목적을 파괴하기에 이르면 인민은 언제라도 그러한 정부를 변경시킬 수 있는 권리를 가지며 또한 인민의 안전과 행복이 가장 효과적이라고 생각되는 원칙에 기초를 둔 그리고 그와 같은 권력의 형태가 조직되어 있는 새로운 정부를 세울 수 있는 권리를 취할 수 있다"라고 적혀 있다. 영국 왕의 과도한 세금 부과와 자유무역 제한에 격분한 미국 식민지 지역의 시민들은 1776년 7월 4일 대륙회의에서 독립선언서를 발표하였다. 로크의 저서는 이미 영국의 명예혁명(1688)에 대한 정당성과 그 혁명의 논리적 근거로 활용되었다. 그런데 약 80여 년이 지나지 않아서 그의 저서는 영국의 식민지인 아메리카 대륙에서 수차례 발간되었고, 아메리카 식민지에서의 영국 왕에 대한 독립혁명의 정당성을 주장하는 논리로 사용되었다. 로크의 저서에 나타난 다음과 같은 내용은 미국 독립선언의 명분과 정당성으로 인용되었던 로크식 논거이기도 하다.

> "이미 확인된 바와 같이 사람은 이 세상에 태어나면서부터 다른 어떤 사람들과도 평등하게 완전한 자유를 소유하고, 자연법이 정해주는 일체의 권리와 특권을 아무런 제한 없이 향유할 수 있는 자격을 갖고 있다. 따라서 모든 사람은 다른 사람의 침해와 공격으로부터 자기의 소유물, 즉 생명, 자유, 재산을 보호하기 위하여 그리고 다른 사람이 자연법을 침범했을 경우에는 이것을 재판하며 또는 그 범죄에 합당하다고 믿는 대로 벌을 주며 그 범행의 흉악성으로 보아 마땅히 사형에 처해야 하는 죄에 대해서는 심지어 사형에 처할 수 있는 권력을 이 세상에 태어나면서부터 가지고 있다."[18]

---

18) Man being born, as has been proved, with a title to perfect freedom, and an uncontrolled enjoyment of all the rights and privileges of the law of nature, equally with any other man, or number of men

영국 왕의 폭정에 대한 고발서와 같은 형식의 미국 독립선언문은 전반부에 그들의 정당성을 주장하는 논지에서 로크의 천부인권설과 함께 후반부에는 그들의 개별적 권리를 침해하는 영국 왕의 폭정에 대하여 조목조목 지적하면서, 영국 정부를 자신들의 정부로 받아들일 수 없음을 주장하고 있다. 특히 독립선언문의 말미에는 "우리들은 이에 우리의 생명과 재산과 신성한 명예를 걸고 신의 가호를 굳게 믿으면서 이 선언을 지지할 것을 서로 굳게 맹세하는 바이다"라고 밝히고 있다. 청교도 집안에서 자라난 로크의 성향과 미국 독립선언문의 청교도적 성향이 그대로 일치되면서 로크의 주장과 미국 독립선언서의 주장은 시대적 지향점이 동일한 하나의 틀로 맞추어지고 있다. 특히 독립선언문의 말미에는 창조주의 의지 아래에서 모든 인민은 자유로우며 평등하고 그 어떤 권위적 독재자의 폭압도 정당화될 수 없음을 밝히고 있음과 동시에 각 개인들 또는 인민들의 노력에 의하여 얻어진 재산에 대한 신성한 불가침성을 지키기 위한 결의로 충만하여 있음도 엿볼 수 있다. 로크는 그의 저서에서 군주의 잘못에 대해서 응당 책임을 부과하는 것이 당연하다고 주장하였다. 로크는 다음과 같이 언급하였다.

> "그리고 전제군주가 하는 일이어서 그것이 가령 이성의 소리에 인도된 것이건 또는 잘못과 감정에 지배된 것이건 간에 어떤 일에도 모든 사람들이 반드시 복종해야 된다면 과연 자연상태보다 무엇이 더 나은 것이라고 하겠는가? 그러한 상태보다는 오히려 사람들이

in the world, hath by nature a power, not only to preserve his property, that is, his life, liberty and estate, against the injuries and attempts of other men; but to judge of, and punish the breaches of that law in others, as he is persuaded the offence deserves, even with death itself, in crimes where the heinousness of the fact, in his opinion, requires it(Locke, Chapter 7, Sect. 87).

　　다른 사람의 부당한 의사에 복종하지 않을 수 있는 자연상태가 훨씬
더 나을 것이다. 그리고 만일 전제군주라고 하여도 자신의 문제에
대하여 그가 잘못한다면, 또한 어떤 다른 경우라도 그는 다른 여타
의 사람들에게 그 사안에 대하여 당연히 책임을 져야 할 것이다."19)

　　미국은 독립선언문에서 천명한 것처럼 개인의 자유권을 재산권과
동일시하는 경향이 매우 강한 국가라고 할 수 있다. 미국의 산업자본
주의는 영국 왕의 정치적 압제보다는, 오히려 경제적 침해 또는 개인
의 재산권에 대한 정부 공권력이 지나치게 과도했음, 즉 지나친 조세
에 대한 항거에서 출발된 새로운 18세기의 국가체제라고 할 수 있다.
따라서 미국의 산업자본주의에서 개인의 재산권 보호를 제외시킨다
면 그것은 그 핵심을 잃어버리는 결과를 초래할 수도 있다. 미국의
자유와 미국의 평등은 정부의 공권력에 앞서서 개인의 재산권에 기
초하고 있음으로 해석할 수 있으며, 개인의 재산권을 옹호하기 위한
정부의 역할을 강조하고 있다. 미국은 그래서 왕의 등장을 거부하며
특권적 귀족층의 존재도 기피하지만 자신의 노력에 의한 재산 축적
에 대해서는 어느 서구국가들보다 관대한 측면이 있다. 미국의 산업
자본주의는 개인의 재산권을 신성시하는 전통에 따라서 세계의 부자
들이 가장 선호하는 국가가 될 수 있었으며 산업혁명으로 확대된 자
본의 축적이 가장 급속하게 이루어진 국가라고 하겠다.

---

19) and in whatsoever he cloth, whether led by reason, mistake or passion, must be submitted to much
　　better it is in the state of nature, wherein men are not bound to submit to the unjust will of another:
　　and if he that judges, judges amiss in his own, or any other case, he is answerable for it to the rest
　　of mankind(Locke, Chapter 2, Sect. 13).

2) 미국 헌법에서의 개인재산권 보호

1776년 독립선언과 독립전쟁 그리고 우여곡절 끝에 마침내 1787년, 미국(연방) 헌법이 제정되었다. 미국의 헌법은 현재까지 200여 년 이상 존속된 성문헌법으로서 추가 또는 수정된 부분은 있지만 그 근간은 그대로 유지되면서 미국의 산업사회 전통과 그것의 국가적 특성을 잘 반영시킨 문서로 소개될 수 있다. 미국 헌법은 연방의회에 폭넓은 권한을 부여하지만 제1장 제9절(Section 9) 제2항(Clause 2)에서 개인의 인신보호영장에 관한 특권(The Privilege of the Writ of Habeas Corpus)은 반란 또는 침략의 경우에 해당하는 공공의 안정상 반드시 필요할 경우를 제외하고는 이를 정지시킬 수 없도록 명시하고 있다. 정부의 최고기관인 연방의회라고 하여도 개인의 권리를 침해할 수 있는 부분을 명문으로 금지시킨 내용이다.[20] 또한 미국 헌법 제9절 제3항에서는 개인의 사적권리를 박탈하는 법안(Bill of Attainder)은 제정할 수 없도록 하는 규정과 개인의 권리를 침해할 수 있는 소급입법안의 제정도 근본적으로 차단, 금지시키고 있으며 제4항에서는 인두세(capitation) 또는 그 밖의 직접세 부과권한도 엄격히 제한하였고 제5항에서는 주요 수출품목에 대한 관세 부과권한도 제한하고 있다. 이처럼 미국 헌법은 개인의 권리와 재산권을 침해할 수 있는 정부의 권한 남용을 최대한 억제시킬 수 있도록 자신들의 헌법을 제정하고 이를 계속 지켜왔다고 하겠다. 심지어 제1장 제8절 제8항에는 저작자와 발명자에게

---

20) 미국의 연방헌법은 로크의 사상을 폭넓게 수용했을 뿐만 아니라 상당 부분 그대로 인용한 측면까지 있을 정도이다. 그리고 변화되는 시대적 흐름에도 불구하고 그 헌법적 정신과 내용은 그대로 유지하되 수정조항을 첨부하여 시대적 요구를 추가적으로 반영한 것을 볼 수 있다(Appendix 2 참조).

그들의 저술과 발명에 대한 독점적인 권리를 일정 기간 확보해줌으로써 과학과 유용한 기술의 발달을 촉진시킨다고 규정함으로써 개인의 지적 재산권까지 보호하는 규정을 헌법에 명시하고 있다. 이처럼 미국은 그들의 헌법을 통하여 개인의 자유권을 보호하면서 동시에 자유권으로서의 재산권이 정부에 의하여 침해당할 수 있는 가능성을 최소화시키고자 하였다. 더욱이 미국은 특별한 권한을 갖는 인물을 배격하면서 왕이나 귀족의 출현을 경계하면서 모든 인민의 평등성을 강조하고 있다. 같은 장의 제9절 제8항에서는 "미국은 어떠한 귀족의 칭호도 수여하지 않는다. 미국 정부에서는 유급직 또는 위임에 의한 관직에 있는 자는 누구라도 연방의회의 승인 없이는 어느 국왕이나 왕족 또는 외국에서 어떠한 관직이나 칭호를 받을 수 없다"라고 규정하고 있다. 미국 헌법이 제정된 당시의 미국은 가난한 농업국가 또는 이제 조금씩 상업적 자본을 축적하여 가는 유럽 변방의 국가에 불과하였으나 당시 발전되어 있던 유럽의 왕권국가들에서는 결코 볼 수 없었던 부분이 있었다. 그것은 바로 개인적 소유권의 보호를 자유적 재산권 이념에 투영하여 자신들의 국가 헌법에 제도화시킨 측면이다. 로크는 군주권에 대하여 부정적이었고 미국 헌법에서는 새로운 왕의 등장과 그것의 외부적 영향력까지도 배제하려고 하였다.

> "따라서 절대군주라는 것은 혹자들이 유일한 정부 형태라고 주장하기도 하지만, 실제로는 절대군주와 시민사회란 결코 상호 양립할 수 없는 관계이며, 절대군주는 시민정부를 구성할 수 없다는 것이 매우 분명하다."[21]

---

21) Hence it is evident, that absolute monarchy, which by some men is counted the only government in the world, is indeed inconsistent with civil society, and so can be no form of civil-government at all: (Locke, Chapter 7, Sect. 90).

시민사회와 절대군주는 결코 양립할 수 없다는 로크의 주장은 21세기 오늘날에도 시사하는 바가 크다. 현대국가에서는 절대군주라는 명칭을 명시적으로 사용하지 않지만 이와 유사한 형태의 군주적 권력을 행사하는 독재자 또는 독재적 집단이 있는 한, 그 국가에 시민사회가 형성되어 있다고 말할 수는 없다. 동시에 절대적 권력자가 존재하는 경우 불특정 다수의 시민들을 대표하는 시민정부가 구성될 수 없음도 같은 이유에서 설명된다.

3) 미국 산업자본주의의 한계

영국의 명예혁명 이후 본격화된 18세기의 영국 산업혁명은 유럽사회 각지에 정치적 혁명과 경제적 혁명을 동시에 전파하였다. 영국의 산업혁명은 프랑스로 전파되었으며 동시에 정치적 혁명도 전파되었고, 1789년 프랑스 시민혁명은 절대적 왕권을 일시에 제거시켰다. 산업혁명과 정치혁명으로 뜨거웠던 19세기, 미국은 조용히 상업 자본을 축적하기 시작하였다. 그리고 1865년 남북전쟁을 종식시킨 미국은 본격적인 산업자본국가로 탈바꿈하였으며 유럽의 열강들과 함께 제국주의적 식민지 전쟁에 동참하기 시작하였다. 영국과 프랑스의 아프리카, 아시아로의 식민지 확장이 본격화되었고 산업화된 자본주의는 강력한 군사력을 앞세우며 산업자본의 끝없는 팽창을 모색하였다. 결국 후발주자이었던 독일 제국주의는 제1차 세계대전을 일으켰고 유럽의 산업자본 세력 상호 간의 패권충돌은 불가피하였다. 제1차 세계대전은 미국 산업자본주의를 급속히 팽창시키는 계기가 되었다. 유럽에서 영국과 프랑스 그리고 독일 등이 축적하였던 산업자본의 큰 덩어리를 통째로 대서양을 건너 미국으로 이전시키는 변화가 일어난 것이다. 미국은 제1차 세계대전 초기에는 중립적 입장을 취하면서 영국과 프랑스에 막대한 양의 군수물자를 판매하였으며 동시에 독일과의 거래에서도 엄청난 이익을 얻을 수 있었다. 그러나 전쟁의 막바지에는 독일에 의한 유럽통합을 막기 위해서라도 영국과 프랑스의 편에 설 수밖에 없었고 결국 최고 전승국의 지위를 쟁취할 수 있었다. 미국은 더 이상 19세기 유럽 열강들이 식민지에서 취하였던 제국주의적 방식에 의하여 산업자본을 축적할 필요가 없었다. 유럽의 제국주의 국가들이 축적한 자본들을 그들과의 전쟁을 통하여 순식간에 미국으로 이전받을 수 있었기 때문이었다. 그러나 그 효과는 불과 10년밖에 지속되지 않았다. 전쟁으로 피폐해진 유럽을 복구하는 과정에서 미국의 산업자본은 대규모의 투자와 대규모의 생산 그리고 대규모의 소비가 가능하였지만 오래 지속될 수 없는 구조적 한계를 산업자본주의는 태생적으로 지니고 있었던 것이다. 1928년까지 일부 국가들에서 부분적으로 나타났던 대공황의 징후가 1929년 10월 24일 미국 뉴욕의 주식시장을 붕괴시키면서 그 파장은 전 세계로 확산되기 시작하였다. 산업자본주의 체제에 속하였던 수많은 국가들의 경제는 파국으로 치달았으며 끝을 알 수 없는 대공황이 시작되었다. 미국은 공화당 정부에서 민주당 정부로 교체되었으며 이전에 볼 수 없었던 새로운 정책들이 시행되었다. 이른바 루스벨트(F. Roosevelt)의 뉴딜(New Deal) 정책은 미국이 수정된 자본주의를 채택하였음을 의미하였고 그것은 마르크스 공산주의를 표방하는 소비에트 사회주의 공화국 연방, 즉 소련의 정책을 부분적으로 도입하는 시도이기도 하였다. 로크의 나라, 미국에 마르크스가 들어온 것이다.

제3장

마르크스 동물원의 실패

첫 번째 이야기에서 등장했던 얼룩말은 이제 무시무시한 정글을 탈출하여 동물원으로 피신하였다. 19세기 마르크스가 설계한 새로운 형태의 동물원은 지극히 평등함을 추구하는 곳이었다. 자연상태의 정글과는 사뭇 달랐다. 개인의 자유와 재산권을 모두 국가에 맡기면서 동시에 제공되는 국립동물원 서비스, 이른바 국가독점주의에 의한 국가서비스는 어찌 보면 산업자본주의의 수많은 모순을 일시에 해소할 수 있는 처방책이 될 수도 있었다. 그러나 그것은 치명적인 처방책이었고, 아주 제한된 기간에만 사용될 수 있는 극약처방이란 것도 부정하기 어렵다. 국립동물원을 지탱하는 것은 국가로부터의 지속적 재정적 지원이 있어야만 가능하다. 국가는 본래 재정을 지출하는 곳이지 시장처럼 가치를 창출하여 재화를 증대시킬 수 있는 곳이 아니기 때문이다. 결국 그동안 자유로운 개인들이 시장에서 벌어놓았던 자본이 점차 축소되고 소멸되어 가면서 더 이상 아무도 국가에 재정을 공급할 수 없는 상황에 처하게 된다. 국가는 피폐화되고 재정적 지원을 받지 못하게 되어 모든 국립동물원은 파산할 수밖에 없게 되었다.

1. 산업자본주의의 모순

산업자본주의는 사실상 정글이었다. 자유로운 얼룩말처럼 왕과 귀족의 굴레에서 벗어난 강하고 건전한 부르주아시민들은 드디어 18세기 산업혁명을 일으키는 주체가 될 수 있었다. 그렇지만 정글의 자유로움에 최소한의 자동제어장치도 작동되지 않는다면 어떻게 될까? 산업자본주의는 심각한 모순에 빠질 수밖에 없다. 정글은 양육강식의 경쟁논리 속에서 대부분의 얼룩말을 자유롭고 튼튼하게 하였다. 그렇지만 사자라는 포식자가 계속 증가한다면, 그래서 부지런하고 튼튼한 얼룩말조차 굶주린 사자들의 밥이 된다면 과연 그 정글의 자연상태는 제대로 작동하겠는가? 또한 불행하게도 정글에 기근이 들어서 많은 얼룩말들이 굶주려 죽는다면 결국 소수의 포식자, 사자들도 굶어죽을 수밖에 없다. 자연상태의 균형을 깨뜨린 자가 내부의 소수 포식자 사자들이거나, 외부의 급격한 환경변화에 의한 외적 변수에 의한 것 그 어느 쪽이든, 그들이 계속 산업자본주의의 모순을 고치지 않는다면 그 정글의 자연상태 역시 근본적 변화가 불가피할 수밖에 없다. 이는 새로운 혁명의 시작을 요구하게 되며, 마치 왕에 대한 시민부르주아들의 혁명처럼, 비대한 소수 포식자들에 대한 다수의 배고픈 자들의 저항이 불가피한 것이라고 하겠다.

1) 부르주아계급에 대한 마르크스의 찬탄

산업자본주의를 이끄는 핵심을 마르크스는 부르주아 계급이라고 간파하고 있다. 부르주아 계급은 현대의 자본가 계급, 사회적 생산수단의 소유자이며 임금노동의 고용자라고 마르크스는 정의 내리고 있는데, 마르크스의 초기 저술에서 부르주아는 악마와 같은 영웅으로 칭송되고 있다. 비판에 앞서 부르주아에 대한 마르크스의 평가는 극찬에 가까운 서술로 부르주아의 업적을 나열하고 있다. 1848년 엥겔스(F. Engels)와 함께 30세의 나이에 발표한 공산당선언(Communist Manifesto)에서 마르크스의 부르주아 계급에 대한 설명은 역설적인 측면이 분명히 있다. 산업사회가 본격화되기 직전, 로크가 17세기에 꿈꾸었던 이상적 시민사회 그 이상의 성취물이 200년 사이에 상당 부분 이루어졌음을 19세기의 마르크스는 대단히 단호한 어조로 알려주고 있기 때문이다. 마르크스는 부르주아 계급의 등장을 다음과 같이 설명하고 있다.

"중세의 농노상태를 벗어나 처음으로 자유도시 시민이 생겨났고, 이러한 시민들에서 부르주아들의 최초 요소들이 나타났다. 아메리카 신대륙의 발견과 아프리카의 희망봉 항로를 개척하면서 새로이 등장한 부르주아들에게는 신천지가 활짝 열렸다. 동인도 시장과 중국, 아메리카의 식민지화, 식민지와의 교역, 교환수단과 일반적 상품교역 증가는 상업, 해운, 공업에 유례없는 발전을 가져다주었으며 이 때문에 몰락하는 봉건사회에 들어 있던 혁명적 요소가 급격하게 진전하였다. 폐쇄적인 길드조합들에 의한 독점적인 산업생산 방식에 머물러 있던 봉건적 산업체제로서는 새로운 시장과 함께 급격히 증가된 수요에 대응할 수 없었다. 그곳에 바로 공장제 수공업이 자리를 채웠다. 길드조합의 장인들은 공업계 중간계급들에 의하여 밀려났고 서로 다른 길드조합들 사이에서의 분업은 하나의 개별 작업장 안에서 이루어진 분업 앞에서 사라졌다. 그렇지만 시장은 더욱더 끊임없이 확장되었고 수요도 증가하였다. 공장제 수공업으로도 더 이상 감당할 수 없었다. 이때 증기와 기계장치가 산업 생산에 혁명을 일으켰다. 공업계 중간계급을 대체하면서 거대한 산업계 대부호들과 산업군단들의 지도자들 그리고 현대 부르주아가 등장했다.”22)

현대 부르주아들은 마치 광활한 정글의 초원을 힘차게 달리는 힘찬 짐승처럼 거침이 없었다. 군주와 귀족의 굴레에서 벗어나서 나의 것을 소유하려는 그들에게 세상의 많은 것이 제물로 바쳐졌다. 서구인들은 가난함과 굶주림을 벗어나 과거 어느 때에도 누려 보지 못한 풍요로움을 만끽할 수 있었으며 그 힘은 서구인들에게 지구촌 구석구석을 헤집고 다닐 수 있는 선물이었다. 아프리카의 미개한 원주민은 물론이고 과거에는 감히 넘보기 어려웠던 아시아의 전제군주들도 그들의 강인함에 굴복하였다. 왕의 이름으로 전쟁을 수행하는 아시아의 구체제적 군사력은 산업자본주의로 무장한 현대 부르주아들의 적수가 될 수 없었다. 오히려 아시아, 아프리카의 값진 제물들을 앞에

22) From the serfs of the Middle Ages sprang the chartered burghers of the earliest towns. From these burgesses the first elements of the bourgeoisie were developed. The discovery of America, the rounding of the Cape, opened up fresh ground for the rising bourgeoisie. The East-Indian and Chinese markets, the colonization of America, trade with the colonies, the increase in the means of exchange and in commodities generally, gave to commerce, to navigation, to industry, an impulse never before known, and thereby, to the revolutionary element in the tottering feudal society, a rapid development. The feudal system of industry, under which industrial production was monopolized by closed guilds, now no longer sufficed for the growing wants of the new markets. The manufacturing system took its place. The guild-masters were pushed on one side by the manufacturing middle class; division of labour between the different corporate guilds vanished in the face of division of labour in each single workshop. Meantime the markets kept ever growing, the demand ever rising. Even manufacture no longer sufficed. Thereupon, steam and machinery revolutionised industrial production. The place of manufacture was taken by the giant, Modern Industry, the place of the industrial middle class, by industrial millionaires, the leaders of whole industrial armies, the modern bourgeois(Marx & Engels, Ch. I).

두고 산업자본국가들 상호 간에 치열한 경쟁과 전투가 있었을 뿐이다. 현대 부르주아들은 세계의 부를 집약적으로 쟁취하였으며 이에 대하여 마르크스는 "세계시장은 상업, 해운, 육상운송에 엄청난 발전을 가져왔으며, 이러한 발전은 다시 공업의 확장에 영향을 주었다. 그에 따라서 부르주아 계급은 발전했으며 자신들의 자본을 확장하였고 중세로부터 이어져 오던 왕과 귀족들의 권력을 뒷전으로 밀어내었다"라고 언급하고 있다. 마르크스는 부르주아들의 자본축적 과정에서 동시적으로 일어났던 정치적 권력관계의 변화도 빠뜨리지 않고 다음과 같이 비교 분석하고 있다.

> "부르주아들이 발전해온 각 단계에서 볼 때, 부르주아 계급은 단계별로 상응하는 정치적 진보도 함께하였다. 부르주아들은 봉건영주 지배 아래서는 피억압자 계급이었으며, 중세 코뮌에서는 무장한 자치연합체였고, (이탈리아와 독일 같은 곳에서는) 독립적 도시공화국, (프랑스에서는) 납세의무자를 지닌 왕국의 제3신분이었고, 그다음 공장제 수공업시대에는 (과도적 또는 절대적 군주국에서는) 귀족에 대한 균형세력이었으며, 통상 절대군주의 주요 기반이었는데, 마침내 현대적 대공업과 세계시장이 세워진 현대적 대의제 국가에 이르러 그들은 배타적인 정치적 지배를 쟁취하게 되었다. 사실상 현대국가의 집행부라는 것은 모든 부르주아들 전체의 공통적 업무를 처리하는 위원회에 불과할 뿐이다."[23]

---

23) Each step in the development of the bourgeoisie was accompanied by a corresponding political advance of that class. An oppressed class under the sway of the feudal nobility, an armed and self-governing association in the mediaeval commune; here independent urban republic (as in Italy and Germany), there taxable 'third estate' of the monarchy (as in France), afterwards, in the period of manufacture proper, serving either the semi-feudal or the absolute monarchy as a counterpoise against the nobility, and, in fact, corner-stone of the great monarchies in general, the bourgeoisie has at last, since the establishment of Modern Industry and of the world-market, conquered for itself, in the modern representative State, exclusive political sway. The executive of the modern State is but a committee for managing the common affairs of the whole bourgeoisie(Marx & Engels, Ch. I).

현대 부르주아 계급에 대한 마르크스의 평가에는 역사의 비약적인 발전이라고 높이 평가하는 부분도 분명히 있다. 과거의 중세사회가 지니고 있었던 비민주적이었던 그래서 일반인들이 부당하게 취급당하던 부분들이 급격히 해소될 수 있도록 부르주아계급은 왕과 귀족들의 특권적 지위를 몰아냈다는 것이다. 부르주아 계급이 발전시킨 산업적 혁명은 동시에 정치적 진보를 가져왔다고 보았다. 그러나 19세기의 마르크스는 부르주아의 권력쟁취가 왕과 귀족들이 갖고 있던 17세기의 구시대적 특권적 지위라는 것을 대신 차지하는 집단으로 전락하면서 과거의 것과 동일한 모순에 빠지고 있음을 강하게 질타한다. 그는 현대의 국가권력은 소수의 부르주아 계급 전체의 공동업무를 처리하는 위원회일 뿐이라고 주장하면서 부르주아 계급의 특권화를 통렬히 비판하고 나섰다.

2) 새로운 특권층, 부르주아 계급의 모순

부르주아 계급이 성장한 토대인 생산수단과 교류수단은 봉건사회에서 발생하였지만 봉건적 재산관계는 이미 발전한 생산력에 더 이상 적합하지 못하였다. 봉건적 재산관계는 왕과 귀족의 기득권을 지켜주고 그들을 특권적 요소는 지지하였으나 새로운 역사적 발전은 방해하고 있었다. 부르주아 계급은 이를 혁파하였다. 17세기 로크가 주장하고 염원하였던 것을 18세기 부르주아들은 착실히 실천하였으며 19세기 부르주아들은 그들의 더욱 견고해지고 뚜렷해진 계급적 이해관계를 공고히 하여 봉건적 구조를 타파하였다. 그들은 봉건적 족쇄를 끊어 버리고 중세 특권층들의 권력을 파괴하거나 내몰았다.

그리고 그 자리에 자유로운 경쟁이 스스로에 잘 맞는 사회적, 정치적 제도를 자리맞춤하였으며, 당연히 부르주아 계급의 경제적, 정치적 지배력을 확고히 함으로써 19세기 새로운 특권층으로 등극하였다. 마르크스는 이와 같은 부르주아 계급의 특권화를 신랄하게 비판한 것이며 그의 표현은 재삼 음미할만하다.

> "부르주아들은 역사적으로 가장 혁명적인 역할을 수행하였다. 부르주아들은 자신들이 지배하는 곳이면 어디에서나 모든 봉건적, 가부장적, 목가적 관계들을 완전히 없애 버렸다. 부르주아들은 '타고난 상전들'과 묶어져 있던 잡다한 색깔의 봉건적 끈들을 가차 없이 잡아 뜯어버렸고, 사람과 사람 사이에 벌거벗은 이해관계와 냉혹한 '현금계산' 이외에는 그 어떤 끈도 남겨놓지 않았다. 부르주아들은 경건한 광신, 기사들의 열광, 속물적 감상의 신성한 전율 등을 이해타산이라고 하는 차디찬 물속에 처넣어 버린 것이다. 부르주아들은 인간의 가치를 교환가치로 해소시켜 버렸으며, 문서로 인증되고 정당하게 얻어진 자유를 단 하나의 양심 없는 상업적 자유라는 것으로 바꾸어놓았다. 한마디로 부르주아들은 종교적이고 정치적인 환상 속에 숨어 있던 착취를 공공연하고 파렴치하며 직접적이고 무자비한 착취로 바꾸어놓은 것이다. 부르주아들은 지금까지 존경받았고 사람들이 경건하게 바라보던 모든 활동에서 신성한 후광을 제쳐 버렸다. 부르주아들은 의사, 법률가, 시인, 학자를 자신들을 위해 일하는 임금 노동자로 바꾸어놓은 것이다."[24]

---

24) The bourgeoisie, historically, has played a most revolutionary part. The bourgeoisie, wherever it has got the upper hand, has put an end to all feudal, patriarchal, idyllic relations. It has pitilessly torn asunder the motley feudal ties that bound man to his 'natural superiors', and has left remaining no other nexus between man and man than naked self-interest, than callous 'cash payment.' It has drowned the most heavenly ecstasies of religious fever, of chivalrous enthusiasm, of philistine sentimentalism, in the icy water of egotistical calculation. It has resolved personal worth into exchange value, and in place of the numberless and indefeasible chartered freedoms, has set up that single, unconscionable freedom—Free Trade. In one word, for exploitation, veiled by religious and political illusions, naked, shameless, direct, brutal exploitation. The bourgeoisie has stripped of its halo every occupation hitherto honoured and looked up to with reverent awe. It has converted the physician, the lawyer, the priest, the poet, the man of science, into its paid wage labourers(Marx & Engels, Ch. I).

마르크스의 부르주아에 대한 시각을 로크의 시민사회에 대한 시각과 대비시켜 보면 묘한 중복점이 있다. 17세기의 로크는 창조주 아래 어떤 왕이나 귀족도 특권자일 수 없음을 설파하고 각각의 자유롭고 평등한 시민들이 민주주의의 새로운 실천적 주체로서 자신의 천부적 권리와 재산을 보호받을 수 있어야 함을 주장하였다. 19세기의 마르크스는 200여 년이 지난 후에 새로운 시민사회를 이끌어 가고 있는 부르주아의 모습을 가감 없이 혹평하고 있다. 부르주아 계급은 인격적 존엄성을 교환가치, 즉 돈이나 화폐 따위로 바꿔 버렸으며 종교적, 정치적 환상 속에 감추어져 있던 중세적인 지배-피지배의 끈적끈적한 관계를 돈의 거래관계로 전환시켰다는 것이다. 부르주아적 관계는 돈으로 사람과 사람의 관계를 규정하였으며, 월급을 주고 지식인들을 고용하였으며, 모든 사람들을 자신들을 위해 일하는 노동자로 전락시킨 것이라고 마르크스는 비판하였다. 이와 같은 맥락에서 필자는 로크와 마르크스의 주장 속에서 다음과 같은 부분을 공통적 분모로 발굴하게 되었다. 17세기의 로크는 왕과 귀족의 특권적 지위를 타파시키고 새로운 개인들의 자유와 평등을 주창하였다. 이에 비하여 19세기의 마르크스는 어느새 기득권층으로 변질된 소수 특권자 집단인 부르주아 계급들의 자본과 소유에 대한 파렴치함을 비판하였다. 로크가 미리 그려 보았던 시민사회의 주체들과 마르크스가 목도하고 비판하였던 부르주아 계급이 정확히 일치하는 것은 아니지만 비슷한 공통적 집단이라는 판단에서 로크와 마르크스는 서로 대비되는 주장을 하는 학자로 비추어질 수도 있다.[25] 그러나 로크와 마르크스 양자

____

25) 17세기의 상황과 19세기의 상황은 공간적으로 동일한 서구사회라고 하여도 역사적, 시간적으로는 근본적인 차이가 있다. 당연히 로크의 주장과 마르크스의 주장이 결과적으로 다르게 나타날 수밖에 없다는 것이

모두, 본질적으로는 대다수의 민주시민들을 억압하고 통제하는 소수 독재자와 집단을 비판하고 있음에서 결코 다르지 않다는 점을 재삼 강조하지 않을 수 없다. 로크가 왕과 귀족을 비판한 것과 마르크스가 소수 부르주아를 비판한 것은 다수의 민주시민, 즉 국민들의 입장에 선 것이라는 측면에서 본질적으로는 두 학자의 주장이 결코 다르지 않다는 것이 필자의 해석이다. 이러한 논거에서 본다면 로크와 마르크스는 모두 불특정 다수의 민주시민을 옹호한 것이며 그들을 옥죄는 소수의 특권적 권력자와 그 집단들을 비난함에 있어서 분명한 공통적 분모가 있음을 확인할 수 있다.

3) 사유재산권 박탈에 의한 모순해결

마르크스는 부르주아계급들이 봉건제를 쓰러뜨릴 때 사용한 무기들이 이제는 부르주아 계급 자신을 겨누고 있다고 하였다. 그것은 자유와 평등 그리고 개인의 존엄성에 대한 주장일 것이다. 마르크스는 동시에 그와 같은 기존체제를 공격하기 위한 무기를 새로이 지니게 될 사람들도 부르주아 계급들은 낳아 놓았는데 그들이 바로 현대의 노동자 프롤레타리아 계급이라는 것이다. 프롤레타리아들은 기계장치의 확산과 분업 때문에 자립적 성격을 모두 잃어버렸고 그에 따라 노동자로서의 지니고 있던 가치도 잃었다는 것이다. 프롤레타리아들

___

다. 17세기 로크는 개인의 소유권을 보장받으면서 자유롭고 평등한 관계 속에서 바람직한 역할을 할 수 있도록 정부는 제한된 역할을 하여야 한다고 주장하였다. 이에 비하여 19세기의 마르크스는 개인의 소유권을 보장한 것이 근본적 원인이 되어 그 소유권의 집약화를 쟁탈해낸 소수 부르주아계급이 정부를 장악하였으므로 그 특권적 계급의 타도를 위해서는 소유권의 박탈과 함께 정부의 혁명적 역할 변화가 불가피하다고 주장하였다. 결국 논쟁의 핵심에는 개인의 소유권 또는 사유재산권에 대한 사항이 중요한 변수로 드리워져 있지만 로크와 마르크스의 각기 다른 시대적 상황에서 그 차이가 발생했음을 간과해서는 안 될 것이다.

은 단조롭고 가장 쉽게 배울 수 있는 손동작만 하고 기계적이고 자동
화된 대규모 공장에서 자본가 계급에 의하여 통제받는다는 것이다.
또한 부르주아 계급에 의하여 통치되는 국가에 의해서 기득권적 사
회구조에 의하여 프롤레타리아들은 더 이상 잉여자본을 축적하여 새
로운 기회를 얻을 수도 없다는 것이다. 결국 프롤레타리아는 부르주
아 계급들이 봉건적 특권자들을 몰아냈던 것과 마찬가지로 프롤레타
리아들에 의한 공고한 계급적 투쟁에 의하여 부르주아 계급들의 특
권적 지위를 박탈할 수 있다고 마르크스는 간파하고 있다. 이와 같은
맥락에서 마르크스는 공산주의를 주장하면서 모든 의미에서의 소유
철폐가 아니라 부르주아적 사유재산제로 인하여 다수를 착취하면서
발생되는 모순 부분에서의 사유재산제를 폐지할 것을 주장하고 있다.

> "공산주의의 특별한 주장은 일반적 의미의 소유철폐가 아니라 부
> 르주아적 소유관계의 철폐이다. 그러나 현대의 부르주아적 사유재
> 산이라는 것은 계급대립에 기초하여, 즉 소수가 다수를 착취하여
> 상품을 생산하고 취득하는 체계가 가장 완벽하게 나타나는 최종적
> 표현이다. 이러한 맥락에서 공산주의자들의 이론은 단 하나의 문장
> 으로 요약될 수 있다. 사유재산의 폐지(abolition of private property),
> 바로 그것이다."26)

마르크스는 소중간신분, 즉 소공업가, 소상인, 소규모 금리생활자,
수공업자와 농민들까지 결국에는 대자본가들에 의하여 그들의 존귀
한 지위를 잃어버릴 수밖에 없다고 평가하였다. 대자본가들의 끝없는

---

26) The distinguishing feature of Communism is not the abolition of property generally, but the abolition of
bourgeois property. But modern bourgeois private property is the final and most complete expression
of the system of producing and appropriating products, that is based on class antagonisms, on the
exploitation of the many by the few. In this sense, the theory of the Communists may be summed up
in the single sentence: Abolition of private property(Marx & Engels, Ch. II).

개인소유 확대욕망은 대다수 사람들의 소규모 자본들을 어느 순간 급속히 빨아들이고 결국 더 많은 사람들이 프롤레타리아계급으로 전락될 수밖에 없다고 하였다. 소자본이 대자본과 경쟁하여 이길 가능성은 점점 더 희박해지고, 대자본가의 집단은 반대로 그 숫자가 극소수화되어, 몰락한 프롤레타리아들의 숫자가 더욱더 증가됨으로써, 종국적으로는 권력의 역전현상이 필연적으로 나타날 수밖에 없다는 것이다. 프롤레타리아들의 공고한 계급적 결집력과 강력한 정치적 권력쟁취로 국가의 정부를 장악하면서 부르주아들을 축출할 수 있는 것은 이미 17, 18세기 부르주아들이 보여 주었던 부르주아 시민혁명과 크게 다르지 않다는 것이다. 또한 이러한 논거에서 프롤레타리아 노동자혁명론을 마르크스는 자연스럽게 다음과 같이 제기하였다.

> "우리가 앞서 살펴본 바와 같이 노동계급에 의한 혁명에서 내딛는 첫걸음은 바로 민주주의를 향한 전투에서 승리하여 (다수의) 프롤레타리아들이 지배적 위치에 올라서는 것이다. 프롤레타리아들은 정치적 지배력을 이용하여 소수의 부르주아계급에게서 모든 자본을 차례차례 빼앗고, 모든 생산도구들을 국가 또는 지배계급으로 조직화된 프롤레타리아들에게로 집중시킴으로써, 가능한 급속하게 전체 생산력의 규모를 키우는 것이다. …… 계급과 계급 상호 간의 대립이 있던 낡은 부르주아사회를 대체하고, 각자의 자유로운 발전이 우리 모두를 위한 자유로운 발전에 적합한 그런 사회로 만들어 나가야 한다."27)

---

27) We have seen above, that the first step in the revolution by the working class, is to raise the proletariat to the position of ruling as to win the battle of democracy. The proletariat will use its political supremacy to wrest, by degrees, all capital from the bourgeoisie, to centralize all instruments of production in the hands of the State, I. e., of the proletariat organised as the ruling class; and to increase the total of productive forces as rapidly as possible……. In place of the old bourgeois society, with its classes and class antagonisms, we shall have an association, in which the free development of each is the condition for the free development of all(Marx & Engels, Ch. II).

결국 19세기의 마르크스는 17세기의 로크가 주장한 시민들의 '개인적 소유권 보장'에 대하여 200년이 지난 지금, "바로 그 개인소유권이 문제야!"라고 외치고 있다. 로크의 주장과 그의 예지(叡智)에 따르면 개인의 소유권 보장이야말로 구체제 봉건유럽을 혁명적으로 변화시키는 동력이 될 수 있다고 생각했다. 그리고 불과 200여 년 사이에 유럽과 미국은 급속한 혁명적 변화를 통하여 그 이전의 역사에서는 볼 수 없었던 성과를 바로 시민계급 또는 부르주아 계급들에 의하여 보여 주었다. 로크의 예지력을 확인시켜 주듯, 개인의 소유권 보장은 각 개인들의 자본적 기반을 형성시키고, 그 속에서 더욱 강력해진 소수의 부르주아 계급들은 아주 싼 상품가격으로 만리장성을 무너뜨렸으며 완고한 외국 혐오증의 봉건적 국가들을 굴복시키면서 부르주아식 생산방식을 취하라고 전 세계에 강요하였다. 그러나 동시에 200여 년의 부르주아혁명은 치열한 정글 속에서 수없이 많은 다수의 탈락자들을 낳았다. 그 다수들은 프롤레타리아들이었으며 그들에게는 산업자본주의에서 어떠한 희망도 얻을 수 없었다. 그리고 그런 프롤레타리아의 수가 더욱더 많아지고 반대로 부르주아계급의 자본이 더욱더 소수에 집중될수록 마르크스의 주장은 좀 더 강하게 많은 사람들로부터 지지받게 되었다. 결국 산업자본주의 속에 감추어져 있던 강력한 에너지원이었던 동력, 바로 '개인소유권 보장'이란 것을 이제는 함께 사는 사회에서 도려내어야 한다는 주장에 이르게 된 것이다. 왜곡되고 모순된 19세기 산업사회를 본연의 바람직한 자연상태로 회귀시키기 위하여 마르크스는 공산주의 혁명을 주장하였고 그 속에는 '사유재산의 폐지'가 가장 중요한 문제해결의 열쇠라고 제기하면서 다음과 같은 사회를 만들 것을 주장한 것이다. "각자의 자유로운 발전이 우리 모두를 위한 자유로운 발전에 적합한 그런 사회로 만들어 나가야 한다." 마르크스의 주장은 그래서 지극히 이상적인 민주주의를 추구하면서, 각자의 자유로움과 사회 전체의 자유로움, 즉 개인의 자유와 사회적 평등을 조화롭게 하고자 하였음을 잊지 않았다.

2. 마르크스의 공산주의

마르크스는 노동자 혁명의 첫걸음은 다수의 노동자, 즉 프롤레타리아들이 지배계급으로 올라서는 것이고 이것이야말로 민주주의의 쟁취라고 보았다. 노동자들은 자신의 정치적 지배를 이용하여 소수 자본가들에게서 모든 자본을 차례차례 빼앗고 모든 생산도구들을 국가의 수중에 넣는데 그 국가는 이미 지배계급으로 조직된 다수 노동자들의 정부이므로 급속하게 생산력의 규모를 키울 수 있을 것이라고 마르크스는 예상하였다. 마르크스는 절대 다수인 노동자들에 의해 구성된 정부와 그 정부를 움직일 수 있는 통치력 확보가 민주주의의 쟁취라고 보았다. 본질적으로 17세기 로크는 다수의 중소 상공인들이 중심이 되어 특권적 왕과 소수 귀족들을 밀어내고 시민들에 의한 민주주의 쟁취가 필요하다는 논리를 주장한 바 있다. 그렇다면 로크와 마르크스의 주장은 다수에 의한 통치라는 민주적 논리에서 다를 것이 없지 않은가? 물론 200여 년의 시대적 차이가 있고, 산업사회가 시작되기 전의 로크의 주장과 산업사회의 병폐를 목도한 마르크스의 주장에 차이가 있을 뿐, 그들은 각 시대를 대변하는 사회적 문제해결과 민주적 역사발전을 위하여 공통적 주장을 했다고 평가된다. 단지 마르크스는 로크가 주장했던 것보다 더욱더 급진적이고 구체적인 논

리로 19세기에 민주적 공산주의를 주장하였고 실제로 그의 주장을
채택한 20세기의 많은 공산국가들은 마르크스가 주장한 것보다 더욱
더 과감하게 공산주의를 실천하였다. 마르크스는 그의 공산당선언에
서 10가지의 공산화 방법론을 제안했다. 이를 21세기적 시각에서 보
면 일부는 이미 서구의 선진복지국가들에서 실제 적용하는 내용들이
다. 오히려 세금을 거둘 수조차 없을 정도로 철저히 국유화된 전통
공산국가들에서는 마르크스의 방법론이 부적합할 정도이다.

"다음과 같은 조치들은 서로 다른 나라들에 따라서 다양하겠으나
가장 선진적인 나라들에는 다음과 같은 항목들이 상당 부분 보편
적으로 적용될 수 있을 것이다."
1. 토지에서의 재산권 폐지와 모든 지대수입에 대한 공공목적으로
   의 전용
2. 상당히 진보적인 또는 누진적인 소득세
3. 모든 상속권의 폐지
4. 모든 해외 이주자들과 반역자들의 재산 압류
5. 국가자본을 소유한 국립은행과 배타적 독점력을 지닌 국가로의
   신용 집중
6. 통신과 운송수단에 대한 국가로의 집중
7. 국가가 소유하는 공장(공기업)과 생산도구들의 확대, 공동계획에
   의한 황무지 개간과 토양 개선
8. 모두에게 동등한 노동의무, 산업역군과 특히 농업발전을 위한
   인력 양성
9. 제조업과 농업의 결합, 적절한 농촌인구의 증대를 통한 도농격
   차의 점진적 완화 노력
10. 공립학교에서의 모든 아동에 대한 무상교육, 현재와 같은 아동
    공장노동의 폐지, 교육과 산업생산의 조화 등28)

---

28) These measures will of course be different in different countries. Nevertheless in the most advanced
countries, the following will be pretty generally applicable. 1. Abolition of property in land and
application of all rents of land to public purposes, 2. A heavy progressive or graduated income tax,
3. Abolition of all right of inheritance, 4. Confiscation of the property of all emigrants and rebels, 5.
Centralization of credit in the hands of the State, by means of a national bank with State capital and

마르크스의 산업공산주의는 매우 이상적이고 바람직한 전개과정을 제시하고 있어서 그의 주장이 구체적임에도 불구하고 시대적으로 너무 급진적인 까닭에 19세기, 그가 생존해 있었던 시기에는 즉시 실천되기 어려웠던 아쉬움이 있다. 마르크스는 프롤레타리아 혁명이 일어나고 발전이 진행되면서 계급의 차이가 사라지고 모든 생산이 연합된 개인들에게로 집중되면, 공권력은 정치적 성격을 잃어버리게 될 것이라고 하였다. 마르크스는 본래 정치적 권력은 다른 계급을 억압하기 위한 계급의 조직된 힘으로 이해했기 때문에 프롤레타리아 계급이 부르주아 계급에 대항하는 투쟁 속에서 필연적으로 계급 단결하고, 혁명을 통해 스스로 지배계급이 될 수 있어야 한다고 하였다. 또한 마르크스는 일단 다수의 프롤레타리아가 지배계급이 되면 낡은 생산관계들을 강제로 폐지하여, 이러한 생산관계들과 함께 모든 계급이 폐지될 것이라고 예상하였다. 마르크스는 그의 놀라운 천재성에도 불구하고 살아서는 그의 산업공산주의가 실현되는 것을 보지 못하였으며 차가운 런던의 교외에서 생활고에 허덕이다 생을 마감하였다. 만일 그가 생전에 그의 예상과는 달리 서구에서 가장 낙후되어 있던 러시아에서 그의 공산당선언을 교과서로 삼은 붉은 혁명이 일어나는 것을 보았다면 그의 저술은 크게 바뀔 수 있었을 것이다. 20세기 초, 마르크스 공산주의를 표방하고 이를 따르는 공산국가로 구 러시아 지역

---

an exclusive monopoly. 6. Centralization of the means of communication and transport in the hands of the State. 7. Extension of factories and instruments of production owned by the State; the bringing into cultivation of waste-lands, and the improvement of the soil generally in accordance with a common plan. 8. Equal liability of all to labour. Establishment of industrial armies, especially for agriculture. 9. Combination of agriculture with manufacturing industries; gradual abolition of the distinction between town and country, by a more equable distribution of the population over the country. 10. Free education for all children in public schools. Abolition of children's factory labour in its present form. Combination of education with industrial production, &c., &c(Marx & Engels, Ch. II).

에는 소비에트 사회주의 공화국연방(Union of Soviet Socialist Republics: USSR), 이른바 산업공산주의국가, 소련이 등장하였다.

3. 소련식 산업공산주의의 한계

1) 스탈린의 산업공산주의

앞서 언급한 바와 같이 마르크스의 이상과 희망은 19세기가 끝날 때까지 지구촌의 어디에서도 현실화되지 않았다. 그러나 1917년 공산국가가 러시아에 등장하였다. 프롤레타리아 계급에 의한 혁명은 아니었지만 레닌(V. Lenin)이 이끄는 볼셰비키는 외부의 적, 자본주의 국가들의 공세를 극복하고 내적으로 직면한 여러 분쟁들을 종식한 후에 볼셰비키 일당독재를 구축하였으며 1922년, 소련을 출범시켰다. 스탈린(I. Stalin)이 1924년 집권하면서, 국가가 직접 주요산업을 운영하는 국가산업화를 추진하였고, 국가주도형 계획경제를 시행하였으며, 1930년에는 경제개발 5개년계획을 세워 농업의 공동생산체제와 함께 국가 주도에 의한 급속한 공업화를 추진하였다(조길태 외, 1981). 소련은 마르크스의 공산화 방법론에서 제시된 것 이상으로 실천하였다. 개인소유를 없애고 대부분의 토지와 기업 그리고 대부분의 시설물들을 국유화함으로써 개인소유에 대한 징세제도 자체가 무의미하도록 하였기 때문이다. 국민의 자유는 극도로 억압되었으나 국가통제 계획경제에 의한 산업화를 급속히 진전시킴으로써 소련 국민들은 산업사회에서의 부강한 국가건설, 즉 산업공산국가라는 목표를 성취하는 것처럼 보였다.

2) 대공황 속의 소련성장

　제1차 세계대전이 끝난 지 얼마 안 된 1930년대 초, 산업자본국들은 심각한 대공황에 직면하게 되었다. 19세기 산업자본주의가 초래할 모순을 이미 마르크스가 예견하였던 것처럼 미국과 유럽의 주요 산업자본주의 국가들은 20세기 초, 세계대전을 치렀지만 여기에서 끝나지 않고 이번에는 더욱 치명적인 경제적 위기상황, 대공황에 빠지게 된 것이다. 마르크스가 일찍이 언급한 바와 같이 부르주아적 생산관계와 교류관계, 부르주아적 소유관계, 그리고 그토록 강력한 생산수단과 교환수단을 마법처럼 불러냈던 현대의 부르주아 사회가 한계에 달했던 것이다. 단지 19세기 말 새롭게 등장한 몇 가지 요소들에 의하여 프롤레타리아혁명을 위한 조건은 늦추어졌지만 주기적으로 반복되며 점점 더 위협적으로 부르주아 사회 전체의 존재를 위협하는 공황은 더욱더 그 규모를 키웠다. 더욱이 반복적으로 지속되는 공황은 심지어 전쟁의 원인이 되기도 하였으며 공황에서는 이미 제조된 생산물뿐만 아니라 이미 잘 갖추어진 생산력까지도 대부분 한꺼번에 일시에 쓸려 버렸다. 산업사회에서의 죽음의 전령처럼 공황은 전염병처럼 만연했던 것이다.[29) 이와 같은 서구의 위기적 상황과는 달리, 소련은 오히려 빠른 속도로 발전하고 있었다. 1920년대의 소련은 마르

---

29) 마르크스는 산업자본국들의 공황을 예견하면서 대책까지도 이미 언급한 바 있다. 부르주아 계급은 대량 생산력을 어쩔 수 없이 완전히 없애 버림으로써, 다른 한편으로는 새로운 시장을 획득하고 오래된 시장을 더 근본적으로 착취함으로써 공황을 벗어나거나 예방할 수 있을 것이라고 하였다. 그래서 마르크스는 예상되는 산업자본국들의 필연적 공황을 피하기 위해서라도 국가에 의하여 집중적으로 통제하는 계획경제를 구상하였다고 볼 수 있다. 예컨대 공산당선언의 실천 어젠다 제5항에서 적시한 바와 같이 '국가자본과 배타적 독점권을 갖고 있는 국립은행을 통한 국가로의 신용집중(Centralization of credit in the hands of the State, by means of a national bank with State capital and an exclusive monopoly)'이 그 한 예라고 할 수 있다.

크스의 논리를 적용하여 자국의 국가발전을 위한 혁신적 변화를 모색하였다. 소련은 매우 저급한 수준이었던 당시의 국가생산력을 급속히 끌어올리기 위하여 국가가 모든 소유권을 획득하고 집중적으로 관리하여 생산력의 효율성을 극대화하고자 하였다. 국유화를 통하여 토지의 종합적이고 체계적인 공동관리가 가능했으며 소수에 집중되어 있던 국가의 부를 전국으로 확산시켰고, 외부의 공황적 위기를 차단하는 국가 중심의 계획관리를 통하여 수요와 공급을 통제하였으므로 실업이나 과잉생산과 같은 산업자본주의의 폐해를 피할 수 있었다.[30]

3) 산업공산주의의 한계와 제국주의화

그러나 소련 산업공산주의의 생산력 확대는 곧 한계에 직면할 수밖에 없었다. 기존의 국가적 자원을 효율적으로 분배하는 것에는 효과적이었고, 권력의 독점으로 소련의 군사력 팽창에는 탁월했지만, 각 개인들의 창의적이고 그들 각각이 새로운 가치를 만들어낼 수 있는 자생적 시장기능은 약화되었기에 부의 추가적 창출은 어려울 수밖에 없었다. 따라서 소련은 19세기 산업자본국가들이 성장한계에 직면하였을 때 사용하였던 구태의연한 생존전략을 또다시 차입하지 않으면 안 되었다. 그것은 바로 전 세계적 공산화를 기치로 내건 소련식 제국주의의 모색이었다. 동유럽, 중앙아시아, 동아시아에 대한 새로운 영향권 확대라는 변형된 시장획득을 통하여 보다 많은 지역을

---

30) 이는 21세기에 이르기까지 반복되는 산업자본주의의 심각한 경기변동에 대한 하나의 보완책으로 이해하여 볼 수 있다. 2008년도 미국의 금융위기가 전 세계적으로 확산되었을 당시, 상대적으로 국가자본과 금융 독점력을 거머쥐고 있던 중국이 상대적으로 세계적인 금융위기 파고에서 안전할 수 있었던 것을 실제적 사례로 꼽을 수 있다.

공산권으로 편입, 소련식 산업공산주의의 한계상황을 연명시키고 내부적 생산관계 모순을 유보시켰던 것이다. 마르크스의 사유재산 박탈 주장을 가장 철저하게 실천하였으며, 국가계획과 통제경제에 기초한 산업화를 통하여 소련은 강력한 산업공산국가로 성장하였지만 그 한계적 상황 속에서 제2차 세계대전은 소련에게 있어서 엄청난 기회이었다. 대규모의 전쟁과 함께 소련은 동부유럽과 아시아 전역에서 막대한 인적·물적 자본을 확충할 수 있었기 때문이다. 소련은 제2차 세계대전이 끝난 이후에도 남미지역과 아프리카지역에 이르기까지 그 영향권을 확대시켜 나갔고 그것은 소련의 대내적 문제점을 치유해주는 것처럼 보이기에 충분할 정도로 성공적이었다.

4) 소련식 산업공산주의의 몰락

역설적으로 소련 역시 마르크스의 주장에서처럼 또 다른 측면의 산업국가적 한계상황에 직면할 수밖에 없었다. 사유재산을 인정하지 않고 소수 부르주아 계급의 왜곡된 자본집중화를 탈피하여 보다 많은 다수의 프롤레타리아 계급에 의한 정부를 구성하면 계급갈등이 해소되고 자본주의의 본원적 문제도 해결될 것이라는 가설은 최소한 소련의 경우, 옳지 않은 것으로 판명된 것이다. 소련에서는 소수 부르주아 계급은 사라졌다 하여도 여전히 소수 권력층이 다수의 국민들 위에서 군림하였고 그들의 특권적 지위는 또 다른 형태의 20세기 전제군주국가를 방불케 하였다. 생산과 소비의 불균형은 지속되었고 오히려 자원의 효율성을 떨어뜨려서 산업공산주의의 한계를 드러내기 시작한 것이다. 마르크스가 그토록 비판했던 산업자본주의 국가들의 위기 탈출방법이 소련에 재도입된 것, 그것은 제국주의이었다. 소련식 제국주의는 기존의 영역에서 더욱더 심한 착취를 하면서 새로운 영역으로 공산권을 확대함이었고, 그것은 1979년 아프가니스탄에 공산정권을 수립할 때까지도 계속되었다. 공산제국주의를 더욱더 확대할 수밖에 없던 소련의 무리한 전쟁감행은 결국 막대한 비용만 쏟아부은 채, 철수할 수밖에 없었으며 더 이상의 소련 내 산업공산주의적 위기상황을 외부에 대한 세력확대 전략으로 피해 나가기 어려운 상황에 직면하면서 소련경제는 급속히 취약해질 수밖에 없었다. 이와 같은 경제적 위기를 극복하기 위하여 1985년 등장한 고르바초프(M. Gorbachev)는 소련의 심각한 경제적 위기를 벗어나기 위한 방안으로 개혁과 개방정책을 취하였으며 이는 새로운 민주주의를 향한 모색이 될 수도 있었다. 그러나 소련식 산업공산주의의 문제는 너무 심각하여 고르바초프와 같은 개혁주의자가 넘기 어려운 한계점에 이미 봉착하여 있었다. 이에 비하여 소련의 통제력이 약화된 상태에서 소련이라는 제국주의적 영향권하에 있던 동구권 공산국가들은 민주화와 개방화로 급선회할 수 있었다. 1989년부터 1990년 사이에 동독, 폴란드, 헝가리, 체코슬로바키아, 루마니아 등이 소련의 강압적 통치에서 벗어났으며, 소련의 동유럽 공산진영은 해체되었다. 동유럽의 자유화 이후 소련 내부에서도 급속한 해체가 일어나 1991년 12월 25일, 소련은 공식적으로 해체되었다.

5) 아시아 산업공산주의의 문제점

마르크스가 일찍이 언급했던 것과 같이 소련식 공산독재라는 특권적 계급에 의한 통제는 민주화를 향한 다수인민들의 급속한 혁명 물길을 막을 수 없었다. 마르크스의 민주공산주의가 소련식 산업공산주의와 구분되어야 할 부분이다. 마르크스의 이상주의적 민주공산주의를 조금 확대하여 본다면 다수 인민들에 의한 자유와 평등의 쟁취를 위한 혁명적 움직임은 특권적 공산당에 대해서도 예외 없이 적용된다고 하겠다. 그렇지만 이와 같은 마르크스의 주장에 회의를 갖게 하는 지역이 있다. 유럽이 아닌 아시아지역의 현상이 그것이다. 최근까지도 아시아에서는 전제적 또는 제왕적 공산국가들이 오히려 이전에 비하여 더욱 공고히 존속하고 있는 것처럼 일견 보이기 때문이다. 소련은 해체되었지만 중국 공산당, 북한 공산당 등을 비롯한 일부 공산국가들은 이미 소련식 산업공산주의를 벗어나서 독특한 형태의 생존전략으로 변형되었다. 예컨대 중국 공산당은 마르크스주의를 벗어나서 덩샤오핑(鄧小平)에 의한 실용주의에 의하여 "인민을 잘살게 하기 위해서라면 자본주의라도 받아들이겠다!(不管黑猫白猫)"는 취지를 강하게 부각시켰다. 그것은 개인의 소유권을 인정하면서 출발한다. 덩샤오핑은 공산주의자이지만 인민을 잘살게 하기 위해서는 결코 인민의 소유권을 더 이상 부인해서는 안 된다는 것을 잘 알고 있었기 때문이다. 그렇지만 중국은 여전히 공산당 독재국가이고 마르크스가 주창하였던 공산주의의 실천적 방법들을 현재까지도 잘 지키고 있다. 즉, 국가자본과 독점적인 신용집중을 국립은행을 통하여 행하고 있으며, 토지에 대한 개인소유권을 극히 제한하고 있다. 이는 어쩌면 국가공산주의를 근간으로 하되, 이를 변형시킨 이른바 국가자본주의를 행하는 것이라고 해석할 수 있다. 결국 덩샤오핑 이후 개인의 소유권을 인정하였기 때문에 중국에는 많은 부자와 빈자가 동시에 등장하고 있다. 마오쩌둥(毛澤東)의 낡은 공산체제에서 게을렀던 인민들을 부지런하게 만들었으며 동시에 낙오자도 만들었다. 마오쩌뚱 시절에는 없었던 빈곤층과 거지가 덩샤오핑 이후에는 수없이 많아졌지만, 사실상 산업공산주의를 변형시킨 중국식 국가자본주의는 대다수의 중국 사람들을 과거보다 더 풍요롭게 하는 방향으로 가고 있다. 그것은 중국 내부의 수많은 모순들을 극복시키는 동력이 되고 있으며 정치적으로 공산당 독재체제를 그대로 유지시키는 타당성 있는 이유이기도 하다. 그러나 과연 그것이 마르크스가 주장했던 민주주의와 부합되는 것일까? 오히려 중국의 현행 국가자본주의는 17세기 로크가 비판했던 서구의 왕권주의 또는 귀족주의에 가깝다고 할 것이며, 19세기 마르크스가 비판했던 부르주아적 특권계급사회에 대한 공산혁명의 대상에 가깝다. 이에 대한 비판적 측면은 중국의 공산당 내부에서도 자신들의 한계로 인정하고 있는 부분이며 또한 반드시 고쳐 나가야 할 부분이다.

어느 죄수의 쇼생크 탈출기

쇼생크라고 불리는 이곳은 어느 누구도 탈출할 수 없는 철통같은 감옥이다.[31] 이곳에 아내를 죽이고 그녀의 남자친구까지 살해한 전직 은행원 '김철수'라는 죄수가 투옥되었다. 결코 감형받을 수 없는 영구 종신형을 선고받은 김철수에게 쇼생크는 평생 살아야 할 그의 무덤 같은 곳이었다. 더 이상 세상 밖으로 나올 수 없게 된 김철수에게 쇼생크로부터 탈출할 방법은 죽음뿐이었기 때문이다. 김철수의 감옥생활은 고통 그 자체였지만, 그를 더욱 힘들게 했던 것은 자신이 그토록 사랑했던 아내의 죽음이었으며, 더욱더 자신을 좌절하게 했던 것은 그 아내를 살해한 자가 바로 자신이라고 결론내리며 배심원들이 뱉어냈던 말들이었다. "당신같이 돈만 알고, 얼음같이 차가운 인간은 아내를 죽이고도 그렇게 뻔뻔하게 무죄를 주장하겠지요." 아내

---

31) 국내에도 개봉되어 꽤 잘 알려진 「쇼생크탈출(The Shawshank Redemption)」이라는 영화를 소재로 재구성한 이야기이다. 원작의 내용을 모티브로 하였지만 상당 부분 새로운 내용을 담고 있다. 등장인물도 은행가 출신의 종신형 죄수에 김철수, 감옥소장에 김강철, 그리고 젊은 죄수에 김은철로 대체되었으며 우리나라 전통의 전래 이야기도 함께 담겨 있다.

는 참으로 아름다웠고 사랑스러운 여인이었는데 왜 자신이 그녀를 죽게 했다고 모두들 생각하는지, 내가 정말 그렇게 차가운 인간인 것인지, 어쩌면 쇼생크의 감옥생활조차 자신에게는 과분한 것일지 모른다고 생각했다. 사실 김철수는 아내에게 남자친구가 있다는 것조차 몰랐다. 앞만 보고 달렸던 자신의 공명심과 어느 때부터인가 깊은 외로움에 뒤척이던 아내를 고의적으로 외면한 것이 그에게는 미필적 고의에 의한 살인일 수도 있다는 양심을 찌르는 굵은 가시 같은 것이 있었다.

김철수는 세칭 잘나가던 회계사 출신의 은행원이었다. 그는 세상의 돈이 어떻게 들어오고 나가는가에 대한 탁월한 식견을 갖고 있었으며 그의 탁월성은 금융가에서 더욱 돋보였고, 가장 빨리 승승장구했던 금융인이었다. 젊은 나이였지만 이미 그는 은행장을 넘보고 있었다. 조금만 더, 조금만 더 열심히 일하면 자신은 최고 은행의 수장이 될 것이었고 이제 거의 다 왔다고 생각했던 그 순간, 아내를 죽인 살인자로 영원한 감옥에 수감된 것이다. 한편, 쇼생크에는 '김강철'이라는 감옥소장이 있었다. 그는 수감자들에게 좋은 소장이라고 할 수는 없었지만 꽤 유능한 인물임에는 분명하였다. 이 쇼생크 감옥에서는 어떤 탈출자도 용납되지 않을 만큼 철저히 통제되었으며, 작은 소요도 일어나지 않는 감옥이었기 때문이다. 김철수가 김강철과 인연을 맺게 된 것은 어쩌면 우연처럼 보이지만 사실은 필연적 결과라고 하는 것이 더 맞을 것 같다. 상당한 능력을 갖고 있던 감옥소장은 온갖 쓰레기더미에서도 진주를 발견할 수 있는 눈이 있었기 때문이다. 돈의 흐름을 아는 김철수를 발굴해낸 김강철 소장은 김강철의 아이디어와 발군의 실력으로 돈을 벌 수 있었고, 그 대가로 작지만 보람 있는 일들을 찾을 수 있는 자유를 김철수에게 허용하였다.

김철수는 무덤 같은 감옥에 도서관을 만들었다. 감옥소장에게는 돈을 벌어주면서 동시에 감옥에 갇혀 있는 수많은 죄수들에게는 가치 있는 삶의 향기가 어떤 것인가를 맛볼 수 있게 해주었다. 자유로웠던 밖에서는 온갖 욕심에 눈이 멀어 있던 김철수였다. 오히려 모든 욕심이 차단된 감옥생활에서 김철수는 진정한 삶의 가치를 발견할 수 있었으며 특히 망나니 같던 젊은 죄수 ‘김은철’에게 새로운 가능성과 희망을 심어준 것은 진정 멋진 일이었다. 김은철은 양아치였지만 심성이 고운 청년이었다. 단지 새로운 기회와 계기가 없었기 때문에 교도소를 들락거릴 뿐 결혼도 했고 아이도 있는 애아빠였다. 그 김은철에게 김철수는 최고의 선생님이었고 대학검정고시 시험을 볼 수 있게 교사 역할을 마다하지 않았다. 김은철 같은 젊은이가 하루하루 변화되어 성숙해지는 것을 보면서 김철수는 자신의 감옥생활도 그리 나쁜 것만은 아니라고 생각했다. 그런데 어느 날 누구도 상상치 못했던 일이 일어났다. 김은철이 전에 들락날락했던 어느 교도소에서 만났던 늙은 강도가 뇌까렸던 이야기를 김철수가 전해 들으면서 상황은 급반전되었다. 김은철이 만났던 그 강도가 전에 이렇게 떠벌렸다는 것이다. “벌써 십수 년은 지난 오래전 일이야. 어느 체육관 남자 강사 집에 도둑질하러 갔다가 들키게 되었거든. 자식 힘 좀 쓰는 것 같았지만 내가 누구야. 몇 주먹거리도 안 되었어. 그놈 목을 확 비틀어 죽여 버렸지. 그런데 그 집에 놀러 왔던 어떤 예쁜 아줌마가 살해 현장을 보고 있었지 뭐야. 아깝지만 그년도 함께 죽여 버렸지. 근데 나중에 들어 보니 그 여자의 남편이 살인자로 몰렸고 멍청한 판사와 배심원들이 그 잘나가던 부행장 출신의 남편을 살인자로 몰았다는 거야. 그 남편자식, 머리 좋다고 소문났지만 별 수 없었지. 세상에는 정말 똑똑한 바보들로 가득 차 있는 것 같아. 나 같은 놈은 이렇게 버젓이 살아 있는데 말이야." 이런 내용을 김은철이 김철수에게 말하자 김철수는 순간 숨이 멎는 것 같았다. 이 쇼생크가 자신의 무덤이 되어서는 안 된다는 분명한 이유를 알게 된 것이었다. "그래, 내가 정녕코, 내가 살인자가 아니었어. 아내를 죽인 살인자는 다른 강도이었고 그것도 내가 그렇게 아꼈던 김은철이 명백하게, 세상을 향해 증명하여 줄 수 있게 되었어. 하늘은 나를 버리신 것이 아니야."

그때 감옥소장 김강철은 나른한 오후의 낮잠을 즐기고 있었다. 그런데 김철수가 갑자기 문을 박차고 들어와 외쳤다. "소장님! 나의 무죄를 입증할 수 있게 되었어요. 나를 좀 도와주세요." 김강철은 어리둥절한 상태에서 갑자기 소스라치게 놀라며 김철수에게 자초지정을 물었다. 그리고 생각하였다. "나에게 돈을 벌어다주었던 김철수가 풀려난다면 나는 과연 어떻게 되는 것일까? 김철수가 정말 무죄이고 억울하게 감옥생활을 한 것일지도 몰라. 그렇다고 해도 결코 녀석을 자유롭게 할 수는 없어. 왜? 나, 김강철은 쇼생크의 감옥소장이니까." 순식간에 이렇게 생각을 정리한 김강철은 단호하게 말했다. "꿈 깨, 김철수. 헛소리 그만하고 독방에나 들어가!!!" 김철수를 독방에 처넣은 사이에 감옥소장은 젊은 김은철을 몰래 교도소 담장 밖으로 끌어내어 물었다. 김은철은 자신 있게 말했다. "김철수 아저씨는 죄가 없어요. 제가 그것을 증명하겠어요. 모든 증언을 다할 수 있어요." 그 말을 들은 교도소장은 하늘을 한 번 보고 이내 젊은 김은철을 향해 총을 쏘았다. 다음 날, 김강철은 김철수를 독방에서 끄집어낸 후, 이렇게 말했다. "불과 며칠만 있으면 대학검정고시 합격증을 받아서 세상 밖으로 나아가 행복하게 살 수 있는 김은철 말이야. 그 며칠을 못 참고 감옥을 탈출하려다 담장 밖에서 사살되었지 뭐야." 교도소장 김강철은 부들부들 떨고 있는 김철수에게 은근히 겁을 주며 협박했다. "너도 딴 생각하지 마. 이 쇼생크의 주인은 나 김강철이고 너희는 나를 위해 일해야 해." 큰소리로 말하지는 않았지만 교도소장은 김철수를 조롱하듯 그렇게 말하고 있었다.

사건은 이렇게 일단락되는 것 같았다. 며칠이 조용히 지나갔기 때문이다. 그러나 진짜 이야기는 그다음부터 시작되었고 그 속도는 빨랐다. 김철수는 따분한 감옥생활의 그 긴 시간 동안 조금씩 준비했던 일들을 하나씩 실천에 옮겼다. 우선 차명계좌로 만들어 놓았던 김강철 소장의 예금구좌를 자신의 것으로 슬며시 바꾸어 놓았다. 돈을 버는 방법은 모두 김철수의 머리와 손에서 나왔기 때문에 결코 어려운 일이 아니었다. 또한 김철수는 그동안 감옥소장 김강철이 쇼생크의 죄수들을 이용하여 얼마나 부도덕하고 탈법적으로 돈을 벌어들였는지 그 내용을 상세히 기록한 장부를 언론사 기자에게 보냈다. 도서관을 운영하면서 이미 김철수는 모든 우편물을 자유자재로 보내고 받을 수 있었기 때문에 순식간에 모든 일을 진행시킬 수 있었다. 며칠이 지났을까? 김철수는 몹시도 세찬 비바람이 치던 밤, 그 엄청나게 두꺼운 쇼생크 감옥의 벽돌을 수십 년 동안 파내어 만들어낸 비밀 굴을 따라서 유유히 탈출하였다. 다음 날 아침, 쇼생크를 탈출한 김철수가 은행에 개설해두었던 감옥소장의 차명계좌에서 엄청난 액수의 예금을 인출하였다. 그것은 아주 쉬운 일이었다. 항상 자신이 서명하여 우편물로 보냈던 그 서류에 이제는 직접 나타나 친필로 서명을 똑같이 하였기 때문에 김철수는 아무 의심도 받지 않고 돈가방에 거액을 담아서 은행을 유유히 나올 수 있었다. 같은 시각, 쇼생크감옥은 발칵 뒤집어졌다. 감쪽같이 사라진 김철수를 찾아서 우왕좌왕하고 있을 때, 감옥소장의 사무실 전화벨은 뜨겁게 울렸다. 거의 동시다발적으로 몰려드는 기자와 경찰들의 추적 속에서 감옥소장 김강철은 정신을 차릴 수 없었다. 잠시 김강철은 자신의 사무실에서 문을 안으로 잠그고 짧은 순간이지만 생각에 빠졌다. "그래, 이 모든 것이 그 김철수라는 녀석이 만들어놓은 짓이 분명해. 자식 역시 머리가 좋아. 그동안 나를 위해서 열심히 일해 주었던 김철수를 무죄 석방시킬 수 있는 좋은 기회도 있었는데. 죄 없는 김은철까지 죽이면서 내가 참 몹쓸 짓을 했어." 감옥소장은 그의 사무실 방이 자신의 마지막 감옥임을 깨달으면서 총구를 입에 집어넣고 방아쇠를 당겼다. 악! 그런데 그 순간이었다. 나른했던 오후의 낮잠에서 흥건히 식은땀까지 흘리며 비명을 질렀던 김강철이 잠에서 깨어났다.

정말 생생한 악몽이었다. 감옥소장 김강철은 잠에서 깬 후 즉시, 교도관에게 김철수와 김은철을 자신의 사무실로 데려오라고 했다. 꿈속에서의 뼈아픈 후회를 다시 반복할 이유가 없었다. 잠시 후, 김철수와 김은철은 긴장한 상태에서 김강철 소장 앞에 섰다. 조심스럽게 김철수가 말을 꺼냈다. "저, 사실은……." 이미 김강철 소장은 김철수와 김은철의 이야기를 대부분 들은 바 있었고 차분히 그 사실관계를 물어 보았으며 관련 정황들까지 들추어 지적하고 진술하도록 하였다. 김강철은 김철수보다 돈 버는 재주는 없었지만 이런 형사 관련 사건에 대해서는 이미 최고 수준의 베테랑이었기 때문이다. 김강철은 김은철이 전에 있었던 교도소 소장에게 직접 전화를 하여 진짜 살해범인 그 늙은 강도가 지금 어디에 있는지 소재 파악부터 하도록 부탁하였다. 그리고 소재지 파악이 되자마자 다시 경찰청에 있는 동기생에게 연락하여 그 살인범의 신변을 확보하도록 부탁했으며, 일사천리로 진행되었다. 그리고 김강철은 법무부 선배에게 연락하여 김철수의 살인사건 전체를 재조사할 수 있도록 검찰청에 협조 요청하였다. 워낙 오래전에 발생했던 사건이어서 결코 쉽지만은 않았다. 그렇지만 김강철 소장은 매우 유능한 인물이었으며, 그의 강력한 요구와 구체적 정황, 사실을 입증할 자료와 증인을 제시하도록 하였기에 김철수 살인사건은 초기단계부터 재수사되었고 결국 김철수의 무죄는 명확히 입증되었다.

김철수 살인사건의 진범이었던 강도는 구속되었고, 김철수와 김은철은 나란히 쇼생크 감옥에서 출감하여 자유를 얻게 되었다. 김철수는 누구보다 김강철 소장에게 깊이 감사하였다. 그의 도움이 아니었다면 결코 쉽지 않은 상황이었음을 김철수는 잘 알고 있었다. 그런데 쇼생크에서 나와 자유로워진 김철수의 탁월한 능력은 시장의 곳곳에서 더욱 빛이 났다. 사실 시장의 흐름을 감옥에서조차 간파하고, 전략을 세우면서 돈을 벌어들였던 김철수이었다. 그런 김철수가 직접 시장을 뛰어다니며 벌어들이는 방식은 시장의 오랜 고수들을 깜짝 놀라게 하였다. 김강철 소장이 빌려준 얼마 안 되는 자본밖에 없었지만 김철수는 그 돈을 채권시장에 투입시켜 종잣돈으로 만들고, 이를 각종 사업에 투입하여 정말 족집게처럼 돈을 뽑아 올려냈다. 그의 작은 종잣돈은 기하급수적으로 불어났으며 몇 년 후, 대자본을 축적한 김철수는 자신의 대저택으로 김강철과 김은철을 초대하였다. 그런데 어찌 된 일인지 김철수의 대저택을 다녀온 후, 얼마 안 되어 김강철과 김은철 역시 인근의 대저택을 각기 자신들의 명의로 샀다. 대체 어디에서 그렇게 갑자기 벼락부자가 되었는지 온갖 추측이 나돌았지만 아마도 김철수가 자신의 은인들이었던 김강철과 김은철을 기가 막힌 방법으로 몰래 도와준 덕분일 것이라는 입소문만 자자했다.

〈그림 2〉 어느 죄수의 쇼생크 탈출기

동물원의 파산과 민주주의

제4장

민주주의 평가기준의 재설정

　　과연 누가 죄수이고 누가 감옥소장인가? 두 번째 이야기, '어느 죄수의 쇼생크 탈출기'에서는 세 명의 인물이 등장한다. 억울하게 감옥에 들어간 회계사 김철수, 쇼생크감옥을 철저히 통제했던 감옥소장 김강철, 그리고 철없지만 착한 젊은 죄수 김은철, 이 세 사람이 쇼생크 감옥에서 벌였던 이야기는 마치 북한의 현 상황에 비유된다. 유능하지만 북한에 투옥되어 아무런 능력도 발휘할 수 없는 수많은 북한의 인재들, 한때는 개성상인으로 한반도의 상권을 쥐락펴락하던 사람들이 이제는 하루 한 끼를 걱정하지 않으면 안 되는 종신형 받은 김철수 같은 죄수가 되어 있다. 또한 북한에는 이제 막 새로운 세대로 등장하면서 꿈을 키울 수 있는 세대들도 있다. 그들은 마치 뒤늦게 철든 김은철처럼 오랜 기간 사상교육에 세뇌되었지만 언젠가는 진정한 자신의 삶이 무엇이 되어야 함을 알려고 할 것이다. 그리고 유능하게 북한을 철통같이 지키고 있는 감옥소장 김강철이 있다. 김강철이 마지막 순간 보여 주었던 선한 결단은 김철수와 김은철을 모두 살려냈을 뿐만 아니라 김강철 역시 행복하게 살 수 있는 부자로 만들어 주었다. 21세기 새롭게 전개될 북한의 민주주의를 기대하면서 민주주의의 새로운 평가기준을 제시하여 본다.

1. 로크적 민주주의 기준

1) "이 세상에 특권자는 없다"

이야기에서 등장하는 김강철과 같은 감옥소장은 어느 곳에나 있을 수 있다. 마치 감옥소장이 본래 그러하지는 않았을 텐데 어느새 특권자이고 특권층으로 둔갑하는 경우이다. 로크는 앞서 언급한 바와 같이 "절대자이신 창조주 아래 그 누가 특별한 존재인가?"라고 수없이 반문하였다. 왕이나 귀족의 특권적 지위를 인정받고자 했던, 즉 왕권신수설을 주장했던 영국의 로버트 필머(Robert Filmer) 같은 학자들의 주장을 통렬히 비판하면서 로크가 외친 내용이다. 로크의 민주주의에 대한 논리는 단순하지만 매우 강하다. 앞서 살펴본 바와 같이 로크는 우선 어떤 기존의 질서도 자리 잡히지 않은 자연상태(the state of nature)를 전제로 각 개인과 사회 그리고 정부의 존재이유를 분명한 어조로 주장하였다. 로크는 자연상태를 완전히 자유로운 상태(a state of perfect freedom)라고 주장한다. 모든 사람들은 다른 어떤 사람으로부터 허가를 받는다든지 타인의 의지에 따라 통제되지 않고 스스로 자연법(the law of nature)의 범위 내에서 자신의 행동을 규율하고 자신의 것을 소유할 수 있는 상태, 그것을 자연상태라고 하였다. 따라서 자연상태에서는 모든 사람들은 자유롭고 평등하다는 것이다. 왕이나 귀족이 있을 수 없고 만일 그와 같은 상하관계가 인간관계 속에 자리 잡고 있다면 그것은 자연상태가 아닌 누군가 인위적으로 만들어놓은 것에 불과하다고 주장한다. 로크의 이와 같은 주장은 사람을 구속하는 사람들의 행동이 당연한 것이 아님을 분명히 함으로써 왕과 귀족의 특권적 지위를 거두라고 한다. 일반시민에게 억압적 구조로 씌우려는 권위적 굴레를 벗길 근거를 로크는 자연상태에서 찾아낸 것이다.

2) "내가 소유한 것이 있어야 비로소 나는 자유롭고 평등하다"

또한 로크는 모든 시민은 자유롭고 평등하며 당연히 각자의 노동에 대한 소유권은 자신에게 있음을 강조하였다. 만일 자유를 얻은 김철수가 빈털터리로 달랑 구속을 면하기만 하였다면 그것이 무슨 의미가 있을까? 배고픈 자에게 자유로움은 사치이고 오히려 빵을 주는 감옥이 편할 수도 있다. 로크의 주장 속에는 다음과 같은 내용이 배어 있다. 만일 형식적으로 자유롭고 평등한 시민이라고 하여도 왕이 모든 것을 갖고 있고, 귀족이 재화와 토지를 독점적으로 소유하고 있다면, 사실상 시민의 자유와 평등은 무의미하다는 것이다. 로크의 이와 같은 주장은 영국의 명예혁명을 옹호하는 논리였으며, 동시에 미국 독립선언의 초석이 되었고, 프랑스의 대혁명을 일으키는 모태가 되었다. 그런데 왜 나의 소유권이라는 것이 그토록 중요한 것일까? 농업사회의 전제군주적 통치체제에서는 사실상 개인의 소유권이란 인정되지 않았다. 공동체적 목적에서 출발하였으나 권력의 비대칭적 구조하에서 전제군주는 필연적으로 더 많은 권력을 장악하고 이를 휘둘러 다수를 통제하는 구조였기 때문이다. 로크의 자유적 민주주의는 매우 강한 힘을 갖고 있었다. 나의 것을 소유하고 그것을 함께 존중하고 지키는 사회, 사회구성원의 동의하에서 서로의 편익을 더욱 증대시킬 수 있도록 구성된 '정부'라는 공적조직은 개인들의 실질적 자유와 평등을 극대화시키는 데 그것의 제도적 역할을 하도록 하였다. 그렇게 형성된 서구의 자유주의와 시장주의 그리고 자본주의는 세계의 변방 유럽을 중심지로 탈바꿈시켰으며, 새로운 도전과 투자를 통한 강력한 팽창을 전 세계로 확산시켰고, 농업사회의 절대군주제에 안주하였던 아시아의 군주국가들을 일거에 와해시켰다. 요컨대 사유재산(private possession)의 제도적 보장 이후에 각 개인들은 부지런해지고, 용감해졌으며, 세계를 변혁시키는 산업혁명의 씨앗을 열매 맺게 하는 토양으로 작용한 것이다.

3) "나의 노동으로 얻은 것만이 나의 것이다"

로크는 현대 산업자본주의와 민주주의가 향후 충돌될 수 있는 부분에 대한 중요한 전제조건을 이미 설정해두었다. 대부분의 사람들이 잊고 또는 잊으려 하지만 로크는 재산권에 대한 부분에서 다음과 같이 언급하고 있다. "어느 사람이 공유적 자연상태에서 그의 개별적 노동을 투입하여 가치를 산출하여 낸 것이라면 공유적 권리는 배제된다. 그 노동이 한 사람의 소유라는 것임이 틀림없으며 오직 그 사람만이 자신의 노동에 의하여 얻어진 그것에 대하여 의심할 바 없는 명백한 소유권적 권리를 갖는다. 그러나 이는 최소한 자연의 산물이 풍부하여 다른 사람들을 위한 공유물이 충분하게 남겨져 있는 경우에 한정된다."32) 물론 로크의 주장은 반박될 수 있다. 우선 로크 자신이 언급한 바와 같이 개별적 노동을 투입한 그 가치가 개인에게 귀속되고 사회의 공유적 권리가 배제되는 것이 당연하다고 하여도 사실상 그 개인적 귀속이 세대를 이어서 축적된다면 구조적 문제로 심화될 수밖에 없기 때문이다. 다수에서 점차 소수로 자본이 집중되고, 개인소유의 속성상 세대를 이어서 자본축적에 성공하는 그 소수들은 또 다른 특권적 계급으로 군림할 수 있다는 것이다. 두 번째로는 로크가 전제조건으로 제시한 바와 같이 최소한 자연의 산물이 풍부하다면 모르지만 그렇지 않고 자연의 산물이 부족할 경우, 즉 다른 사람들을 위한 공유물이 충분하게 남겨지지 않는 상태에서 과연 개인의 소유권을 극단적으로 주장할 수 있느냐는 것이다. 로크는 일정 수준 이상으로 개인의 소유권이 비대하여 다른 사람들의 공유물까지도 침범하는 상태가 온다면 당연히 개인의 소유권은 공유적 권리에 의하여 제한받을 수 있다는 논리를 전제로 삼고 있다. 요컨대 로크의 민주주의 실천론은 전제군주의 특권주의를 배격하고, 다수 시민들의 주체적 지위를 회복시키는 데 노력하였으며, 동시에 그들 시민들에게 사유재산권을 부여함으로써 실질적 민주주의를 달성하는 데 공헌하였다. 군주의 존재를 당연시하면서 자의 반, 타의 반 감겨져 있던 시민들의 눈을 다시금 뜨게 하였으며 귀족들의 특권적 허세를 몰아내게 하였다. 시민들을 용기 있게 만들었으며 자신의 소유권을 소중히 여길 수 있는 권리의식과 동시에 이를 함께 지켜주어야 한다는 책임

---

32) It being by him removed from the common state nature hath placed it in, it hath by this labour something annexed to it, that excludes the common right of other men: for this labour being the unquestionable property of the labourer, no man but he can have a right to what that is once joined to, at least where there is enough, and as good, left in common for others(Locke, Chapter 5, Sect. 27).

의식도 불러일으켰다. 로크는 시민들을 부지런하게 만들었으며 자신들의 개별적 노동력 가치가 세상을 바꿀 수 있을 것이라는 비전도 제시하였다. 로크의 주장 이후, 200년 사이에 서구사회는 정말 혁명적으로 바뀌었다. 그렇지만 시대적 변화 속에서 로크적 민주주의 실천론에 잠재되어 있던 몇 가지 오류들이 세상 밖으로 튀어나왔고 이에 대한 외과수술적 대안을 19세기에 들어서서 마르크스는 다음과 같이 제시하였다.

2. 마르크스적 민주주의 기준

1) "각자의 자유로운 발전이 모두를 위한 자유로운 발전에 적합한 사회"

"계급과 계급 상호 간의 대립이 있던 낡은 부르주아 사회를 대체하고, 각자의 자유로운 발전이 우리 모두를 위한 자유로운 발전에 적합한 그런 사회로 만들어 나가야 한다"고 주장한 마르크스는 일견, 19세기에 살았던 학자처럼 보이지 않는다. 18세기와 19세기 중엽까지 빠르게 진보되어 왔던 서구의 산업자본주의를 정확히 꿰뚫을 뿐만 아니라, 향후 20세기에 벌어질 상황에 대해서도 마치 예언자처럼 핵심적 사안을 조목조목 지적했기 때문이다. 당연히 마르크스는 산업자본주의 모순점들 속에서 자신의 논리적 당위성을 제시하면서 그의 독특한 공산주의적 민주주의 실천론을 제시하고 있다. 먼저 마르크스는 부르주아적 생산 및 소유관계를 비판하면서 다음과 같이 언급하였다. "우리는 다음과 같은 것을 알게 되었다. 부르주아들이 성장한 토대인 생산수단과 교류수단은 봉건사회에서 생성되었다. 그러나 생산수단과 교류수단이 발전된 일정 단계에서는 농업과 공장제 수공업의 봉건적 조직, 한마디로 요약컨대 봉건적 소유관계는 이미 발전된 생산구조에 더 이상 적합하지 않았다. 봉건적 재산관계는 생산력을 촉진하지 못하고 오히려 방해할 뿐이었다. 봉건제도는 그만큼의 족쇄가 되어 버린 것이다. 그것은 파괴되어야 했고 또 파괴되었다. 대신 그 자리에 부르주아 계급에 잘 맞는 사회적, 정치적 제도와 부르주아 계급에 의한 경제적, 정치적 지배와 함께 이른바 자유경쟁이 들어섰다."33) 마르크스는 산업자본주의가 주기적으로 겪게 될 공황상태를 근원적 시각에서 분석하고 그 결과의 피폐성에 대해서까지 다음과 같이 소상히 설명하고 있다. "현대 부르주아사회에서 그것의 생산, 교환, 소유 관계와 함께 부르주아사회는 생산과 교환에 대한 어마어마한 수단들을 지하세계에서 끄집어낸 마술사처럼, 그러나 더 이상 주문을 아무리 외어도 지하세계의 힘을 통제할 수 없게 된 마술사의 난처한 상황의 그것과 비슷하다. 지난 수십 년 동안 산업과 상업의 역사는 현대의 생산조건에 대해서, 부르주아들이 존재할 수 있었던 조건인 소유관계에 대해서, 현대의 생산력이 매우 거칠게 저항하였던 역사이다. 주기적으로 반복되며 점점 더 위협적인, 그래서 전체 부르주아사회의 존재를 의문에 빠뜨리는 상업적 위기상황(이른바 공황)을

---

33) We see then: the means of production and of exchange, on whose foundation the bourgeoisie built itself up, were generated in feudal society. At a certain stage in the development of these means of production and of exchange, the conditions under which feudal society produced and exchanged, the feudal organization of agriculture and manufacturing industry, in one word, the feudal relations of property became no longer compatible with the already developed productive forces; they became so many fetters. They had to be burst asunder; they were burst asunder. Into their place stepped free competition, accompanied by a social and political constitution adapted to it, and by the economical and political sway of the bourgeois class(Marx & Engels, Ch. I).

언급하는 것만으로도 충분하다. 상업적 위기상황에서는 제조된 생산물뿐만 아니라 이미 만들어진 생산력까지도 대부분 일시에 주기적으로 소멸된다."34)

2) "산업자본주의적 소유관계의 불평등 문제 해결"

"기존의 자본주의는 반복적인 위기에 빠질 수밖에 없다"는 논거에서 마르크스는 다음 단계로 넘어가 산업자본주의의 소유관계에 핵심적 모순점이 있음을 제기하고 그것의 해체를 주장함으로써 마르크스적 민주주의 실천론을 주장한다. "예전 같으면 납득하기 어려울 것 같은 현상, 즉 과잉생산이라는 사회적 전염병이 발생한다. 사회는 갑자기 일시적인 야만의 상태에 빠져든다. 기근과 일상화된 황폐함이 모든 생활수단을 단절시켜 버린다. 공업과 상업이 파괴된 것처럼 보인다. 왜 그럴까? 사회가 너무 많은 문명, 너무 많은 생활수단, 너무 많은 산업, 너무 많은 상업을 가지고 있기 때문이다. 생산력은 사회가 피폐화된 상태에서 더 이상 부르주아적 소유관계 조건들을 맞추어주지 않는다. 반대로 생산력은 이 소유관계에 비하여 강력해져 있으며 결국 족쇄로 작용하여 전체 부르주아사회를 위협하고 부르주아적 소유관계의 존재 자체를 위협하게 된다"35)고 마르크스는 주장한다. 19

---

34) Modern bourgeois society with its relations of production, of exchange and of property, a society that has conjured up such gigantic means of production and of exchange, is like the sorcerer, who is no longer able to control the powers of the nether world whom he has called up by his spells. For many a decade past the history of industry and commerce is but the history of the revolt of modern productive forces against modern conditions of production, against the property relations that are the conditions for the existence of the bourgeoisie and of its rule. It is enough to mention the commercial crises that by their periodical return put on its trial, each time more threateningly, the existence of the entire bourgeois society. In these crises a great part not only of the existing products, but also of the previously created productive forces, are periodically destroyed(Marx & Engels, Ch. I).

세기의 부르주아는 전제군주를 대신한 특권적 계급으로 등장하였고 극소수의 부르주아계급들이 주도하는 모순적 소유관계의 지속은 사회를 더욱더 피폐화시킬 수밖에 없기 때문에 그들을 몰아내어야 한다고 그는 설파했다. "이로써 부르주아들은 더 이상 사회의 지배계급으로 적합하지 않으며 자신들 계급의 지속적 존속을 위한 조건들을 사회의 규율인 법으로 강요할 수 없음이 분명하게 되었다. 부르주아계급은 자신들의 노예에게 노예상태에서의 생존조차 보장해주지 못하였고, 노예들을 먹여 살리는 것이 아니라, 자신들이 노예들의 부양에 의해서 존속하려고 하는 것이기에, 부르주아들의 사회통치는 적합하지 않다. 사회는 더 이상 부르주아계급 밑에서 생활할 수 없다. 다시 말해서 부르주아계급의 존재는 더 이상 사회에서 용납될 수 없다."36)

---

35) In these crises there breaks out an epidemic that, in all earlier epochs, would have seemed an absurdity-the epidemic of over-production. Society suddenly finds itself put back into a state of momentary barbarism; it appears as if a famine, a universal war of devastation had cut off the supply of every means of subsistence; industry and commerce seem to be destroyed; and why? Because there is too much civilization, too much means of subsistence, too much industry, too much commerce. The productive forces at the disposal of society no longer tend to further the development of the conditions of bourgeois property; on the contrary, they have become too powerful for these conditions, by which they are fettered, and so soon as they overcome these fetters, they bring disorder into the whole of bourgeois society, endanger the existence of bourgeois property(Marx & Engels, Ch. I).

36) And here it becomes evident, that the bourgeoisie is unfit any longer to be the ruling class in society, and to impose its conditions of existence upon society as an over-riding law. It is unfit to rule because it is incompetent to assure an existence to its slave within his slavery, because it cannot help letting him sink into such a state, that it has to feed him, instead of being fed by him. Society can no longer live under this bourgeoisie, in other words, its existence is no longer compatible with society(Marx & Engels, Ch. I).

3) "특권적 계급이 없는 평등한 다수"

따라서 마르크스의 민주주의 실천론은 다음과 같이 요약될 수 있다. 우선 극소수로 집중화된 부르주아계급들은 또 다른 형태의 특권계급들로 전락되었다는 것이다. 부르주아들은 과거 왕이나 귀족들이 통치하였던 봉건사회를 타파하였지만 이제는 동일한 이유로 모순적인 산업자본주의의 소유관계에서 벗어나지 못하고 있기 때문에 소수 부르주아계급들을 다수 인민들의 이익을 위하여 몰아내야 한다는 것이다. 마치 17세기에 로크가 다수 시민들에 의하여 특권자이었던 전제군주를 몰아내어야 한다는 것과 같은 논리처럼, 마르크스는 19세기에 소수, 특권화된 부르주아계급들을 다수의 노동자들을 위하여 몰아내고 처단하여야 한다는 것이다. 특히 마르크스는 공산적 민주주의를 위한, 다수 인민의 통치를 위하여, 소수의 권력화된 부르주아계급을 몰아내기 위한 핵심전략의 중심이 바로 사유재산의 폐지(abolition of private property)라는 것이다. 또한 공산주의의 특별한 주장은 일반적 의미의 소유철폐가 아니라 부르주아적 소유관계의 철폐에 있다고 마르크스는 언급하고 있다. 그런데 현대의 부르주아적 사유재산이라는 것은 계급대립에 기초하여 즉, 소수가 다수를 착취하여 상품을 생산하고 취득하는 체제의 최종적으로 가장 완성된 표현이기에 공산주의자들의 이론은 단 하나의 문장으로 표현할 수 있으며 그것은 바로 사유재산의 폐지라는 것이다. 마르크스 역시 로크의 주장에서 모순이 있었던 것과 같은 동일 선상에서 다음과 같은 오류를 피할 수 없다. 산업자본주의의 모순을 사유재산제에서 찾았던 마르크스의 주장과 논리는 대단히 정확하고 예리한 측면이 있다. 그렇다고 사유재산제를 폐지한다면 산업자본주의가 지니고 있었던 긍정적 성과도 모두 포기한 채, 과거 전제적 군주의 통치를 받던 농업사회의 그것으로 회귀하겠다는 것인가라는 반문을 하게 한다. 사실 마르크스 이후의 산업공산주의에서 보여 주었던 가장 큰 폐해가 마치 군주처럼 공산당 독재가 이루어졌음은 이를 반증한다. 자신의 소유를 보장받지 못하고 누군가의 결정에 의존하면서 사는 것이 과연 민주주의의 실천이라고 말할 수 있는가? 그것은 로크가 말한 자연상태가 왜곡된 이른바, 전제군주 또는 독점적 권력집단이면서도 그렇지 않은 것처럼 위장하는 또 다른 특권층을 낳을 수 있는 함정에 빠지게 된다는 것이다.

3. 21세기적 민주주의의 기준 모색

과거 17세기의 로크식 민주주의 실천론과 19세기 마르크스식 민주주의 실천론은 상반된 논리와 주장을 지니고 있는 것처럼 보인다. 많은 선행적 연구를 하였던 로크와 마르크스의 연구자들은 소수를 제외하면 대부분 상반된 논리로 두 학자를 이해하고 그들의 주장을 각인하고 있는 것처럼 보인다. 일견 그것은 당연하다. 민주주의를 위하여 로크는 사유재산권을 옹호하였고, 마르크스는 사유재산권을 부인하였기 때문이다. 그러나 그것은 시대적 차이일 뿐 어찌 보면 당대의 사회적 변화와 역사적 흐름을 차단할 수 없는 사회과학자라면 당연히 주장할 수 있는 사항이 아닌가라고 평가한다.[37] 로크가 개인의 천

---

37) 17세기의 로크, 19세기의 마르크스이지만 그들이 21세기의 우리들에게 던지는 미래지향적 민주주의란 어찌 보면 매우 단순하고 상식적인 것이다. '나'라는 자유로운 존재 위에 누군가 부당하게 군림하는 것을 거부하며, '나'의 노력에 의하여 일구어낸 소중한 가치를 나의 것으로 인정받으면서 동시에 함께 사는 우리 모두의 사회에서 서로 존중하고 평화롭게 어우러져서 살 수 있는 사회를 만들어 보자는 것이다. 그것

부인권에서 하늘 아래 그 누구도 내 위에 군림할 수 없다고 한 것과 같이, 마르크스가 주장한 각자의 자유로움과 전체의 자유로움, 즉 개인의 자유와 사회적 평등을 공존시키고자 한 것과 같이 두 학자가 지녔던 민주주의의 공통적 기준은 다음과 같다. "특권자 또는 특권적 계급이 없는 사회에서, 모든 사람들이 각자 자유로우며 동시에 모두 함께 살아가는 사회의 자유로운 발전에 적합한 곳을 이루며, 나의 것을 정당하게 소유하면서도 동시에 잘못된 불평등한 소유관계의 모순을 해결할 수 있는 곳", 바로 그러한 곳을 만드는 것이 로크와 마르크스의 공통된 민주주의 지향점이라고 하겠다.[38]

<hr>

을 방해하는 것이 만일 경제적 불평등이라면 그것을 타파할 것이며, 또한 그것이 정치적 불평등이라면 당연히 그러한 정치구조를 바꾸어 평등하게 하여야 한다는 것이다. 따라서 21세기의 우리는 모두 자유롭고 평등한 개인이며 동시에 사회의 주된 구성원으로서 그 역할의 주인 된 권한과 책임을 다하지 않으면 안 된다는 것이다.

38) 조선사회 최고의 이념적 논쟁의 중심에 섰던 퇴계 이황과 율곡 이이의 이념적 논쟁을 로크와 마르크스의 그것에 비교한다면 어떠할까라는 생각을 해보았다. 이념적 논리에 있어서 조선의 두 대가가 보여 주었던 그것은 참으로 세련되고 그 논리적 정교함에 가히 찬사를 보이지 않을 수 없다. 그렇지만 결국 이황과 이이의 주장은 봉건적 사고의 틀에서 벗어나지 못하고 있다. 그것은 서구사회의 로크와 마르크스가 봉건사회의 틀을 뛰어넘어 왕이라는 특권적 존재를 부정하고 각각의 개인과 사회를 어떻게 하면 가장 조화롭게 만들 것인가에 대한 고민을 하였던 것에 비하여 조선의 이황과 이이는 어찌 되었든 왕조라는 봉건적 구조를 탈피하지 못하고 그 속에서 무엇인가를 찾으려 했다는 것에서 안타까움을 금할 수 없다. 결국 아시아가 새로 시작되는 산업사회에서 서구에 뒤처질 수밖에 없었던 것은 이와 같은 봉건적 구조를 타파하지 못하였음에 그 원인이 있었다고 하겠다. 로크와 마르크스의 사상 역시 그들 개인의 사상적 흐름이 결국 사회적 변화와 변동에 무관하지 않다고 하였을 때, 그들 자체의 공적 이외에도 그들이 살아가던 그 당시의 사회적 구성원들의 생각과 판단에 함께 영향받고 변화되었다는 측면에서 민주주의는 역시 어떤 한 사람의 탁월한 식견과 지식에 의하여 창조된다고 주장하기보다는 다양한 사회의 각 개인들의 생각과 판단에 의하여 발전되고 진화한다고 함이 타당하다고 하겠다. 따라서 향후의 더욱 발전된 민주주의를 위하여 다양한 사람들의 생각이 존중되고 그것이 사회적 가치에 올바르게 투영됨으로써 보다 바람직한 사회로 발전될 수 있을 것이라 하겠으며 이는 여전히 끝나지 않는 우리 모든 사람들의 과제라고 하겠다.

<표 1> 로크와 마르크스의 민주주의 실천 비교

로크의 민주주의 실천	마르크스의 민주주의 실천
이 세상에 특권자는 없다.	각자의 자유로운 발전이 모두를 위한 자유로운 발전에 적합한 사회
내가 소유한 것이 있어야 비로소 나는 자유롭고 평등하다.	산업자본주의적 소유관계의 불평등 문제 해결
나의 노동으로 얻은 것만이 나의 것이다.	특권적 계급이 없는 평등한 다수
로크와 마르크스의 공통적 민주주의 지향점	
(1) 특권자가 없는 사회에서 (2) 각자의 자유로움(자유)과 사회 전체의 자유로움(평등)을 (3) 동시에 모색할 수 있는 체제	

제5장

민주주의를 향한 새로운 실천

1. 민주주의의 공통점

　　로크와 마르크스는 서로 다른 시대의 석학이다. 17세기의 로크는
다수의 자유와 평등을 억압하는 대상, 그들을 왕과 귀족이라고 하였
다. 19세기의 마르크스는 다수의 자유와 평등을 억압하는 대상, 그들
을 부르주아계급이라고 보았다. 로크와 마르크스는 서로 다른 주장을
한 것으로 보일 수 있는 대목이지만 사실은 매우 중요한 공통적 주장
을 하였다는 것이다. 그것은 "억압하는 소수를 향하여 다수여, 용기
있게 저항하라"이다. 민주주의에서는 결코 1인의 왕이 주체가 될 수
는 없다. 그러나 역설적으로 모든 1인, 즉 모두가 왕이고, 주권자라면
그것은 민주주의일 것이다. 민주주의는 모두가 동등하고 평등한 왕으
로서 함께 공존하고 번영하기 위한 사회를 만들기 위한 인류의 오랜
노력의 산물이다. 로크는 다수의 시민을 향하여 소수의 특권적 집단
의 횡포를 묵과하지 말 것이며 소심한 시민들에게 용기 있게 저항하

라고 요구한다. 누구도 하나님 아래에서 특별한 존재는 없다고 외쳤다. 한편 마르크스는 다수의 일하는 노동자를 억압하는 특권적 집단을 부르주아계급이라고 하였다. 만일 부르주아계급이 19세기 그 당시에 다수를 이루었다면 마르크스는 다른 주장을 하였을 것이다. 물론 마르크스의 시대는 참혹할 정도로 많은 절대 다수의 노동자와 이에 대비되는 소수의 부르주아로 구성되어 있었고 그 부르주아들은 더욱더 극소수화되었던 시기이다. 그렇지만 마르크스라 할지라도 왕이나 귀족이라는 소수의 권력집단이 다수를 억압하는 상황을 보았다면 그 소수의 집단을 향하여 "다수의 사람들이여, 그들의 특권에 저항하라"고 하였을 것이다. 동일한 논리에서 로크 역시 만일 소수의 부르주아계급이 다수의 노동자들을 억압하는 시대에 살았다면 그는 용기 있게 "다수의 노동자들이여, 소수의 부르주아계급에 집중된 그들의 특별한 지위와 권력을 탈취하라"고 외쳤을 것이다.

시대적으로 200여 년이라는 시간적 차이가 있고, 사회구조적 역학관계가 달랐지만 로크와 마르크스는 모두 특권적 집단이나 계급을 혐오하였다고 평가된다. 로크와 마르크스를 민주주의 옹호자라고 판단하는 이유이다. 로크와 마르크스의 주장에는 분명한 시대정신이 있다. 그 시대의 평범한 사람들에게 가장 중요하고 필요한 가치가 무엇이고, 용기 있는 행동은 과연 무엇인가를 정확하게 제시한 것이다. 그들이 수 세기에 걸쳐서 최고의 학자로서 존중되는 것은 결코 박제된 지식인이 되는 안락함을 스스로 거부하고, 용납하지 않은 것에 있다고 하겠다. 때로는 목숨이 위협받고, 궁핍함으로 몸서리치더라도 그들은 비굴하게 자신의 주장을 뒤로 빼지 않았다. 때로는 칭송을 받지만 수없이 몰아치는 비난에도 아랑곳하지 않는 신념이 있었다. 그들의 주장과 논리가 21세기 현시점에서도 의미가 있는 것은 그들의 주장이 시대정신에 따라서 새롭게 해석되고 이해될 수 있기 때문이다. 만일 로크와 마르크스를 죽어 있는 박제품으로 포장하여 고정된 주장으로만 그들을 해석한다면 그것은 지극히 저급하며 추악한 또 다른 특권자로서의 욕심을 숨긴 채, 자신의 이익을 챙기고자 함에서 비롯된 것이라 하겠다. 이제 다시 눈을 돌려 한반도를 보자. 영국인 로크와 독일인 마르크스가 한반도에 특별한 의미로 다가온 것은 20세기 이후이다. 조선이라는 봉건적 왕조국가가 패망하고 우여곡절 끝에 성립된 근대 한국을 분단시키는 근원적 이유를 제공한 대표적 서구인이 바로 로크와 마르크스이다. 다양한 주장과 서로 다른 입장들이 있겠지만 결국 미국의 산업자본주의와 소련의 산업공산주의가 민주주의를 열망하였던 한국인들에게 서로 다른 각도로 투영되었기에 남한에는 대한민국, 북한에는 조선민주주의인민공화국(이하 조선공화국)이 성립된 것이 아닌가? 로크의 주장이 반영된 가장 대표적 국가인 미국, 마르크스의 주장이 반영된 대표국가로서의 소련에 의해서 한반도가 분단되었음을 부정하지 않는다면 로크와 마르크스가 한반도에 영향을 미친 가장 대표적 서구학자라는 것도 부인할 수 없다.

그렇다면 로크와 마르크스의 시각에서 남한과 북한의 가장 큰 차이점과 공통점은 무엇일까? 아마도 수많은 사람들이 남북한의 차이점과 공통점을 지적할 수 있겠으나 로크와 마르크스의 시각으로 한정시킨다면 단순하게 답할 수 있을 것이다. 앞서의 논의된 내용에서 답을 찾는다면 그것은 '개인의 사유재산'을 인정할 것인가의 여부와 '특권적 소수'를 누구로 볼 것인가에 대한 차이일 것이다. 만일 로크라면 남한의 민주주의를 보면서 어떠한 비판을 가할 수 있을까? 그것은 재벌과 같은 소수의 특별한 자본집단과 정예화된 정치권력집단을 보면서 그들의 특권적 지위를 비판할 것이다. 만일 재벌과 같은 특수집단이 로크에게 사유재산의 신성함을 들면서 반론한다면 로크조차 이렇게 타박할 것이다. "그것이 너의 노동으로만 얻어진 것이냐"라고 비난할 것이기 때문이다. 소수의 이익을 옹호하기 위하여 다수의 이익을 훼손시키는 정치인들에 대해서도 로크는 "너희는 왕도 귀족도 아니면서 왜 그렇게 특권자 행세를 하느냐"라고 면박을 줄 것이다. 이번에는 반대로 마르크스가 북한의 민주주의를 보면서 어떤 비판을 가할 수 있을까를 생각하여 보자. 마르크스는 북한의 국호부터 잘못되었다고 할 것이다. 봉건적 국가이었던 조선이라는 명칭을 그대로 답습하면서 '민주주의'와 '인민' 그리고 '공화국'이라는 용어를 모두 함께 붙였지만 그것은 결코 산업공산주의가 아니라고 할 것이다. 자신의 공산당선언을 무색하게 하는 국가인 북한을 더 이상 공산국가로 분류하지 말 것을 요구할지도 모른다. 북한은 사실상 산업공산주의도 아니고 오히려 봉건적 왕권국가에 가깝기 때문이다.

2. 공통적 민주주의에서 본 남북한

한반도에 존재하고 있는 두 개의 국가 또는 정치체제는 대한민국과 조선공화국이다. 로크와 마르크스가 모두 만족하지 않겠으나, 대한민국은 로크식 자유주의적 산업자본주의를 채택하였고 조선민주주의인민공화국은 마르크스식 평등주의적 산업공산주의를 택하였다고 하겠다. 이는 21세기 초엽의 현 상황까지 크게 바뀌지 않았으며 60여 년 이상을 지속하고 있다. 시간적으로 본다면 한 세대를 30년이라고 할 때, 두 세대 이상을 걸쳐서 이와 같은 상황이 고착화되어 왔다. 이제는 세 번째 세대로 접어들고 있으며, 충분히 변화는 일어날 수 있을 만큼 시간적으로 경과하였다고 판단한다. 이처럼 새로운 30년이라는 제3세대의 분단 시점에서 한반도의 민주주의를 비교하여 재평가하는 것은 중요한 의미가 있을 것이며 이와 같은 이유에서 로크와 마르크스의 논거를 기준으로 남한과 북한을 민주주의 실천항목에 따라서 평가하여 보았다.

먼저 로크식 질문을 던져 보았다. (1) "이 세상에 특권자는 없는가?"라는 질문에 필자는 마음속으로 이렇게 답하게 되었다. 남한의 경우는 글쎄, 특권자가 명백하게 있는 것은 아니지만 그렇다고 없다고 할 수도 없지 않을까라는 모호한 판단을 하게 된다. 이에 비하여 북한의 경우는 그곳은 제도적으로는 어떤지 모르지만 분명히 극소수의 특권층이 분명히 존재하고 크게 바뀌지도 않는다고 평가되었다. 로크의 주장에서 비롯되었지만 (2) "내가 소유한 것이 있고 그래서 나는 자유롭고 평등한가?"라고 질문하여 보았다. 남한의 경우는 뭐 부인하기는 어렵고 그렇다고 아주 동의하기도 어렵고 중간 정도의 유보적 평가를 하는 데 비하여 북한의 경우는 개인의 소유권이 인정되지도 그렇게 되기도 어려운 데 뭐 답할 것이 있겠냐는 판단이다. 로크식 논거에서 비롯된 (3) "나의 노동으로 얻은 것은 나의 것이 될 수 있는가"에 대해서도 필자는 남한의 경우에는 역시 모호한 평가를 내릴 수밖에 없었고 분명한 것은 북한은 질문의 대상에서 아예 벗어나는 경우가 아닌가라는 평가를 하였다. 이번에는 마르크스식 논거에 따라서 질문하여 보았다. (4) "각자의 자유로운 발전이 모두를 위한 자유로운 발전에 적합한 사회인가?"에 대한 질문을 스스로에게 하였다. 그 결과, 남한은 물론 만족스럽지는 못하지만 결국 우여곡절 끝에 그럭저럭 그런 방향으로 가고 있는 것 아닌가라는 평가를 하였다. 이에 비하여 북한은 각자의 자유로운 발전이 원천적으로 봉쇄되어 있는 사회가 아닌가라고 생각되었다. 마르크스의 산업자본주의에 대한 모순적 비판의 핵심이라고 할 (5) "구시대적 소유관계의 불평등한 문제를 해결했는가?"라는 질문에 대해서도 스스로의 판단은 그저 그렇지 정도였다. 물론 북한에서는 소유관계 자체가 인정되지 않았기 때문에 사실상 구시대적 소유문제는 본원적으로 해결했다고도 하겠으나 그래서 결국 모두 빈곤하게 되지 않았는가라는 반문도 제기되었다. 끝으로 마르크스가 그토록 주장하였던 (6) "특권적 계급이 없는 평등한 다수"에 대해서 스스로 자신 있게 답할 수 있었다. 남한은 특권적 계급이 사실상 존재하고 있는 것 아닌가라고 평가하면서도 그래도 북한처럼 외관상 평등하지만 사실상 그렇지 않은 것보다는 낫다는 평가를 스스로 하였다. 결국 로크와 마르크스가 제시한 민주주의의 실천적 논거를 한반도의 현실에 맞추어 좀 더 포괄적이고 근본적인 평가 잣대를 제시하고 논의할 필요가 있다고 판단되었다. 이와 같은 이유에서 "민주주의에 대한 종합적 평가 측면에서 긍정적인가, 부정적인가"를 물어볼 필요도 있으리라 생각되었다. 또한 필자와 같이 이렇게 저렇게 너무 많은 생각을 하다 보면 사실상 정확하고 명확한 판단을 하기 힘들다. 따라서 생각이 많은 기존의 전문가보다는 선입견이 적은 젊은 대학생들을 통하여 어떻게 생각하고 판단하는가를 살펴보기로 하였다. 그래서 필자의 수업 가운데 다양한 전공과목의 학생들 백 명이 함께하는 교양수업에서 남한의 민주주의와 북한의 민주주의에 대한 다각적인 대화를 시도하였다. 특히 2012년도의 젊은 친구들 생각은 로크와 마르크스처럼 천재적이지는 않지만 그들 이상으로 참신하고 전문가들에서는 찾아볼 수 없는 새로운 견해와 생각들이 있어서 함께 소개하고자 한다.

3. 청년학생들이 보는 남북한의 민주주의

1) 자유와 평등의 균형차이

경영학과의 2학년 학생은 남북한의 민주주의를 이렇게 비교하고 있다. "대한민국은 우파적인 입장(자유주의)에 서 있으면서도 정기적으로 좌(평등주의)와 우에 대한 저울질을 한다. 투표로서 국민들은 이러한 좌와 우의 균형을 맞추는 것이다. 어느 쪽이 좀 더 치우쳤다 싶으면 다시 반대쪽에 힘을 주는 식으로 이루어진다. 김대중-노무현-이명박으로 이어지는 흐름은 좌파적인 입장(평등주의)이 좀 더 무거워 보여 우파적인 입장에 한번 힘을 준 격이다. 그런데 북한은 사실상 실패한 사회체제이며 이미 평등의 부작용에 의하여 세계 최고의 이상하고 부조리한 국가가 되어 버렸다. 북한은 평등 중심의 체제에만 너무 치우치다가 지금은 거의 망한 국가가 되어 버렸다. 중요한 것은 균형이다. 남한과 북한의 결정적 차이는 남한은 평등을 버리지 않고 아슬아슬하게 균형을 맞추는 작업이 투표 등을 통해서 지속적으로 이루어졌지만, 북한은 그것(자유)을 완전히 버리고 균형을 스스로 깨버린 국가라는 것이다."

2) 개인을 위한 남한, 집단을 위한 북한

금융정보공학과 4학년 학생의 생각이다. "남한과 북한의 민주주의
를 비교하여 본다면 남한은 개인을 위해서 일하지만 북한은 집단을
위해서 일한다고 하겠다. 남한은 자유주의국가로 자신이 일한 만큼
돈을 벌고, 생활을 하게 된다. 일을 하지 않고 놀고먹는다면 돈이 없
는 거지가 될 수밖에 없다. 노동을 하는 것은 개인의 이익을 위해 중
요한 일이고 꼭 필요한 것이다. 그러나 북한은 사회주의 국가로 개인
보다는 집단을 위해 일을 한다. 개개인의 만족보다는 집단의 만족을
위해 일을 하는 것이고 그것이 당연한 것이라고 생각한다. 물론 어느
쪽이 좋다고 판단할 수 없다. 각각의 장단점이 있기 때문이다. 북한보
다는 남한이 민주주의를 잘 실현하고 있다고 생각하지만 남한의 경
우도 무조건 옳은 것은 아니기 때문에 적절한 조화가 필요하다고 판
단한다."

3) 문제 많은 남한, 살고 싶지 않은 북한

공공인적자원학부 1학년 학생의 표현이다. "대한민국은 지금의 자
유민주주의가 정착하기까지 많은 시행착오를 겪었다. 해방 후부터 유
신체제하에서 민주주의란 입 밖에 나올 수 없는 말이었고, 군부독재
체제가 연속적으로 들어서면서 이 땅의 민주주의는 실현될 수 없었
다. 그렇지만 4·19혁명, 5·18 광주민주화운동 등 우리 윗세대들의
민주주의를 위한 피나는 노력으로 지금의 민주주의를 이룰 수 있었
다. 그럼에도 불구하고 지금의 남한 민주주의가 완전하다고는 볼 수

없다. 현 정부의 수장과 사회지도층의 비리가 뉴스를 통해 연이어 밝혀지고 있으며, 얼마 전 있었던 서울시장 선거에서는 선관위 디도스 공격과 같은 부정선거로 치욕스러운 상처를 한국 민주주의에 입혔기 때문이다. 더욱이 국민의 의사를 대변하기 위해 선출된 국회의원들은 그가 속한 정당의 이익만을 원하는 사회악이 되었다. 민주주의가 약해진 것이다. 남한에는 이렇게 아직까지도 많은 사건사고가 터져나온다. 결국 민주주의 국가라고 해서 언제나 자유와 평등이 보장되는 것은 아니라고 하겠다. 하지만 북한에게는 꼭 민주주의 바람이 불어야 한다고 본다. 인간으로서의 기본적 인권조차 보장받지 못하고 삶의 의미를 찾지 못한 채 대부분의 사람이 그렇게 살아간다는 것, 그것은 아니라고 본다. 남한에 사는 나는 이 사회에 불만이 많지만 북한의 현실을 볼 때 민주주의 국가에 태어난 것을 감사한다.”

4) 개성 있는 남한, 개성 없는 북한

뮤지컬학과 2학년 학생의 재미있는 비교이다. 얼핏 개성이 휴전선 위에 있는 도시여서 잘못 썼는가 하였지만 개성 시(市)가 아닌 특성 (character)으로 비유한 주장이다. “남한은 개인의 개성이 강하고 이것이 허용된다. 사회적 분위기가 억압되어져 있지 않고 자유롭기 때문에 개인의 개성 있는 모습, 주장이 전혀 이상하지 않다. 물론 다수에게 그 개성이 받아들여지지 않으면 그 또한 그 사람들의 자유이므로 무시당할 수는 있다. 이에 비하여 북한은 개성이 있을 수 없다. 북한은 언어도 절대 다른 나라와 섞이지 않도록 독립적인 북한식 표현으로 바꾸어 사용하고 심지어 말하는 억양이나 말투들도 대단히 비슷하다. 특히 아나운서, 군인들의 표정은 모두 정해진 것처럼 비슷하다. 그리고 남들과는 다른 개성적인 모습이 보인다면 사회적으로 인정해 주지 않는 것 같다.”

5) 서로 다를 바 없는 남한과 북한

컴퓨터공학과 4학년 학생의 주장이다. “‘남한은 대한민국, 북한은 조선인민민주주의공화국’이라는 이러한 두 이름으로 생각하건대, 남한과 북한은 둘 다 공통적으로 국민이 주체가 된다는 민주주의적 이념을 갖고 있음을 알 수 있다. 그러나 시간이 흘러 평등을 중요시하던 북한은 각각의 개인들을 발전시키려는 노력을 하지 않았고, 점점 더 국민들 각자가 자신의 힘을 잃어가게 하였다. 그 결과, 북한의 경제는 발전 없이 도태되었고, 민주주의라는 근본 개념마저 상실하고 세습에 의한 소수 특권층에 의해서 심각한 불평등구조가 심화된 사회로 전락하였다. 한편, 자유를 중시하던 남한은 자유시장의 끊임없는 경쟁구조에서 살아남기 위하여 개인들은 자신의 힘을 키우려는 노력을 아끼지 않았고 경제는 비약적인 발전을 거두었다. 그러나 정부의 개입이 작은 자유는 불평등을 심각하게 초래하였고, 힘 있는 자는 더욱 힘 있게, 힘없는 자는 더욱 가난하게 만들었다. 이러한 관점에서 남한 또한 평등하다고 말할 수 없는 사회가 되었다. 그래서 나는 남한과 북한의 민주주의가 서로 다르다고 생각하지 않는다.”

제6장

남북한의 민주주의 비교평가

　제대로 된 민주주의 실천론을 자생적으로 창안하여 적용해본 경험
도 없었던 한반도에서 로크식 민주주의와 마르크스식 민주주의가 상
호 격돌하여 논쟁을 벌였다. 더욱이 60여 년이 지난 지금까지도 다투
고 있음을 보면 한편의 슬픈 블랙코미디를 보는 것 같다. 그러나 동
시에 로크와 마르크스가 제기하였던 민주주의 실천이라는 측면에서
남한과 북한을 비교하여 보면 어떠한 평가가 이루어질 수 있을까? 로
크가 제시한 민주주의 실천논거와 마르크스가 제시한 민주주의 실천
논거에 근거하여 6가지 항목을 설정하고 남한과 북한의 민주주의 실
천평가 정도를 점수화하여 보았다. 이 과정에서 필자의 수업을 듣고
있는 젊은이들의 의견과 주장 그리고 평가점수를 참고하였다. 각 항
목에 대하여 가장 높은 점수는 A, 그다음은 B, 중간점수는 C, 낮은 점
수는 D, 가장 낮은 평가는 F를 주게 되었다.[39]

---

39) 물론 독자들 각자가 내릴 수 있는 평가는 서로 다를 수 있다. 여기에서의 평가는 전적으로 필자의 주관적
　　평가에 기초한 것이며, 마치 남한과 북한에 대한 기말평가 시험답안 결과를 채점하는 입장에서 내려진 저
　　자의 지극히 개인적 평가임을 재차 밝혀둔다. 따라서 다른 의견과 평가도 이루어질 수 있을 것이며 평가

1. 특권자에 대한 존재 여부 평가

젊은 청년학생들의 의견 가운데 가장 놀라운 부분은 "대한민국에는 특권자 또는 특권적 계층이 없다"라는 항목에 대하여 '전혀 그렇지 않다'라는 매우 부정적 입장이 강하게 표출된 부분이다. 이는 대한민국에 특권자 또는 특권적 계급이 분명히 존재한다는 생각과 인식이 젊은이들에게 매우 분명하게 자리 잡고 있다는 것으로 해석되는 부분이다. 정확한 수치로 계량화하는 것이 큰 의미는 없을 것이고 또한 응답자가 대학생이 아니라 일반 모든 시민들이라면 달라진 평가가 나올 수도 있겠으나 필자 역시 젊은 친구들의 주장에 상당 부분 수긍하지 않을 수 없었다. 대한민국의 특권자 존재 여부에 대한 평가는 D, 북한의 특권자 존재 여부는 F 수준이었다. 북한에는 당연히 특권자가 있지만 남한 역시 재벌이나 소수의 권력층 등 분명히 민주주의적 실천을 저해시키는 요소가 매우 강하게 존재하고 있는 것으로 젊은 친구들은 평가하였다. 금융정보공학과 학생은 "대한민국을 조선공화국과 비교하여 볼 때, 대한민국은 좀 더 올바른 민주주의에 가까울 뿐이라고 생각한다. 그렇다고 대한민국이 완벽한 민주주의를 실천하고 있다고 생각하지는 않는다. 왜냐하면 대한민국도 잘 보이지 않는 곳에서는 (특권층에 의하여) 정당하지 못한 일들이 너무도 많이 일어나고 있기 때문이다"라고 하였다. 산업공학과 학생은 이런 말도 하였다. "민주주의라는 것이 일반시민들이 주인이 되는 사회를 말하는 것 아닌가? 그런데 우리 사회는 특권계층을 위해서만 돌아가는 것

에 대한 만족과 불만족 모두 있을 것이지만 양해하고 이해하여 주시길 당부드린다.

같아서 안타깝다." 대한민국이 민주국가로 더욱 발전하기 위하여 관심을 기울여야 할 부분이다. 단순한 성장과 분배의 이념적 잣대로 평가하기보다는 정당하고 올바르지 못한 특권적 계층이나 집단이 존재한다는 젊은이들의 생각이 대한민국의 민주주의를 약화시키고 있는 것으로 해석되었다. 조선공화국의 경우에는 이와 같은 현상이 더욱 극심하여 바람직하지 못한 국가로 평가되고 있음도 북한은 각성하여야 한다. 만일 조선공화국이 대한민국의 그것에 비하여 특권층이 없는 사회 또는 국가라고 젊은이들이 평가한다면 사실상 조선공화국은 대한민국에 비하여 보다 나은 민주주의를 실천하고 있는 것으로 간주될 수도 있을 것이다. 대한민국이 조선공화국에 비하여 건전한 민주국가로 평가받는 것은 그래서 군사정권 이후의 대한민국이라고 할 것이다.

〈표 2〉 남한과 북한의 특권자 존재 여부 비교평가

<1> 특권자의 존재 여부				
1) 대한민국에는 특권자 또는 특권적 계층이 없다.				
평가점수			D	
2) 조선공화국에는 특권자 또는 특권적 계층이 없다.				
평가점수				F

2. 소유권에 대한 평가

소유권 또는 재산권에 대한 인식은 젊은 친구들에게 참으로 다양하고 나타났고, 그 스펙트럼이 넓게 펼쳐져 있는 것이 특징이라고 할 수 있었다. 남한에는 B, 북한에는 F라는 낮은 점수를 주게 되었는데 그 근거는 다음과 같다. 남한에 대한 평가에서 "시민들이 정당하게 소유할 수 있는 재산이 있으며 그 소유권을 통하여 모든 시민들이 자유롭고 평등할 수 있다"라는 항목에 대하여 매우 긍정적 입장을 취하는 젊은이도 있지만 반대로 강하게 부정적 입장을 취하는 경우도 꽤 있었다. 그럼에도 불구하고 대체로 남한의 경우는 그래도 최소의 수준은 아니지만 상당한 수준에서 정당하게 소유하고 그 소유를 통하여 자유롭고 평등할 수 있다는 생각이 강하게 피력되고 있었다. 사실 필자가 생각하는 것보다 젊은 친구들은 오히려 소유권과 재산권에 대하여 소위 '쿨(cool)'한 부분이 있었다. 이 부분에서 대학생들은 북한에 대해 매우 낮은 평가를 하고 있는 것으로 보이며 필자 역시 이에 동의할 수밖에 없었다. 공공인적자원학부의 어느 학생은 이렇게 언급하고 있다. "솔직히 대한민국의 민주주의도 아직까지는 차별이 심하고, 그리 평등한 것처럼 느껴지지 않는다. 그렇지만 북한은 평등한 분배를 지향하는 체제라고 하지만 지금 상황에서는 전혀 그렇게 이루어지고 있지 않고 있으며 권력층과 하층민 간의 차이가 가히 하늘과 땅의 차이라고 생각한다." 그리고 뮤지컬학과의 학생은 이렇게 주장하기도 하였다. "올바른 민주주의 체제가 무엇이 맞고 틀리다고 단정할 수는 없지만 개인적 생각으로는 나라가 발전할 수 있고, 노력한 만큼 대가를 받을 수 있는 …… 물론 꼭 공정하지는 않지만, 대한민국의 시스템이 더 나은 것 같다." 금융경제학과의 어느 학생은 "북한은 소수의 권력집단에 국가 전체의 부를 집중시킨 것으로 보이며 소수에게 권력을 집중시켰기 때문에 갖지 못한 수많은 자들이 아무런 의견도 내놓지 못할 뿐이다"라고 하였다. 해석하여 보면 아이러니하게도 소유권의 평등을 지향했던 조선공화국이 대한민국에 비하여 더 불평등하다는 평가가 있다는 것이다. 그 원인이 소유할 수 있는 재산이 극히 제한된 조선공화국에서 시민들은 자유롭지도, 평등하지도 못하다는 것이다. 만일 마르크스가 이러한 상황을 본다면 과연 어떤 주장을 냈을까? 필자는 마르크스적 논리라면 "이제는 모든 북한 시민들에게 소유권을 평등하게 분배하여야 할 것이다"라는 주장이 나올 수밖에 없다고 판단하였다.

〈표 3〉 남한과 북한의 소유권에 대한 비교평가

<2> 소유권에 대한 평가				
1) 대한민국에서는 모든 시민들이 정당하게 소유할 수 있는 재산이 있으며 그 소유권을 통하여 모든 시민들은 자유롭고 평등할 수 있다.				
평가점수		B		
2) 조선공화국에는 모든 시민들이 정당하게 소유할 수 있는 재산이 있으며 그 소유권을 통하여 모든 시민들은 자유롭고 평등할 수 있다.				
평가점수				F

3. 노동과 소유의 상관성에 대한 평가

노동과 소유의 상관성에 대한 대학생들의 생각은 대체로 담담하다고 평가되었다. 앞서의 소유권이라는 것과 큰 차이를 보이지 않는 경향이 있었다. 결국 자신의 노동이 귀결되는 것이 재산이라는 점에서 나의 노력과 노동이 나의 소유로 연결될 것이라는 생각이 강한 것으로 보였다. 필자의 생각에는 대한민국이 좀 더 안정된 체제로 지속되기 위해서는 반드시 젊은 세대들이 이와 같은 생각을 계속할 수 있도록 중견 세대들이 노력하여야 한다고 생각한다. 만일 나의 노동과 나의 소유가 별개의 것으로 인식되는 순간, 그래서 젊은 마르크스가 공산당선언을 하지 않으면 안 되는 시대적 상황이 다시 올 경우, 사실상 산업자본주의는 가장 심각한 위험에 빠질 수 있기 때문이다. 예컨대 나는 열심히 노동하지만 그것이 나의 재산으로 귀속되는 것이 아니라 다른 사람의 재산으로만 축적되어 가는 것이라고 한다면 어찌될 것인가? 마치 대기업은 계속 승승장구하고 중소기업은 항상 몰락할 수밖에 없으며, 더 이상 새로운 부자가 나타날 수 없는 사회가 된다면, 그 사회는 치명적 약점을 갖게 될 것이다. 혹시 민주주의를 하지 않는다면 그것은 일시적으로 문제가 되지 않거나 강압적 통제에 의하여 잠재적으로 숨겨질 수도 있을 것이다. 그러나 민주주의가 제대로 작동하는 사회라면 그러한 모순점은 다시 시정되는 방향으로 정책과 제도가 변화됨이 당연하다. 그런데 농업사회도 산업사회도 넘어서 정보사회에서 얼마나 그러한 폐쇄적 구조를 유지할 수 있겠는가를 거꾸로 반문하지 않을 수 없다. 어쨌든 다행스럽게도 필자의 우려스러운 평가에 비하여 젊은 친구들은 대한민국의 노동과 소유의 상관성에 대해서는 그다지 나쁜 평가를 하지 않는 것으로 보였다. 예컨대 화학생명공학부의 학생은 이렇게 자신의 견해를 피력하고 있다. "대한민국에서는 그래도 어느 정도의 빈부격차는 있지만 누구에게나 평등하게 일을 하여 돈을 벌 기회는 주는 것 같다. 그러나 북한에서는 일을 한 사람이나 안 한 사람이나 똑같이 분배하여 사실상 평등하다고 볼 수 없다. 또한 그로 인하여 부를 축적하기도 어려운 것이 북한 체제인 것 같다." 토목공학과의 학생은 좀 다른 시각에서 이렇게 언급하고 있다. "대한민국은 노동을 통하여 자산을 축적할 수 있지만 그 한계가 있어서 중산층으로 올라가는 것이 쉽지만은 않다. 북한에서는 노동을 통하여 자산을 축적하는 것 자체가 안 된다고 보는데……"

어쩌면 북한이 워낙 부정적인 평가를 받은 덕분에 대한민국의 평가가 좀 더 긍정적인 측면도 있다고 하겠다. 남한에는 B, 북한에는 F를 점수로 줄 수밖에 없는 이유들이다. 이와 같은 평가에 동의한다면 이제는 조선공화국의 민주적 발전을 위하여 개인의 노동을 통한 결과물에 의하여 자신의 소유와 재산의 축적이 가능하게 만드는 제도가 필요하지 않겠느냐는 판단을 하게 한다.[40] 국가는 보다 많은 개인들을 더 많이 부자로 만드는 것에서 그것의 존재이유가 있으며, 반대로 보다 많은 개인들이 더 많이 궁핍하게 된다면 그것, 즉 국가의 존재이유는 사라지게 된다. 로크와 마르크스 모두가 그들의 논리 속에서 주장하는 바이기도 하다.

〈표 4〉 남한과 북한의 노동-소유 상관성 비교평가

<3> 노동과 소유의 상관성에 대한 평가				
1) 대한민국에서는 자신의 노동을 통하여 얻은 결과물에 의해서 자신의 소유(재산)를 축적할 수 있다.				
평가점수		B		
2) 조선공화국에는 자신의 노동을 통하여 얻은 결과물에 의해서 자신의 소유(재산)를 축적할 수 있다.				
평가점수				F

---

40) 이와 관련하여 2010년에 개정된 북한 헌법의 제24조를 보면 "개인소유는 공민들의 개인적이며 소비적인 목적을 위한 소유이다. 개인소유는 로동에 의한 사회주의 분배와 국가와 사회의 추가적 혜택으로 이루어진다. 텃밭 경리를 비롯한 개인부업 경리에서 나오는 생산물과 그 밖의 합법적인 경리활동을 통하여 얻은 수입도 개인소유에 속한다. 국가는 개인소유를 보호하며 그에 대한 상속권을 법적으로 보장한다"고 하고 있다. 부분적으로 개인의 소유권과 상속권까지도 보장할 수 있는 부분을 북한 헌법은 제시하고 있다. 또한 제25조에서는 "조선민주주의인민공화국은 인민들의 물질문화생활을 끊임없이 높이는 것을 자기 활동의 최고원칙으로 삼는다. 세금이 없어진 우리나라에서 늘어나는 사회의 물질적 부는 전적으로 근로자들의 복리증진에 돌려진다. 국가는 모든 근로자들에게 먹고 입고 쓰고 살 수 있는 온갖 조건을 마련하여 준다"라고 규정함으로써 조선공화국이 결코 인민의 물질생활을 소홀히 하지 않을 것임을 강조하고 있다.

4. 성장과 분배의 모순에 대한 평가

　마르크스는 산업자본주의를 소유관계의 모순을 안고 있는 실패할 수밖에 없는 체제로 인식하고, 그것의 극복을 위하여 산업공산주의를 주창하였다고도 할 수 있다. 그런데 산업공산주의를 채택한 북한이 이를 성공적으로 수행하지는 못하였던 것 같다. 단지 대한민국의 산업자본주의가 지니고 있는 취약점이 강하게 노출되고 있으면서도 북한의 산업공산주의가 별달리 대안적 방법으로 채택되기 어려운 부분이 많다는 것을 보여 주고 있다. 국어국문과의 학생은 다음과 같이 반문하였다. "대한민국은 국민의 지지를 받는 대표들이 대중적 지지를 기반으로 정책을 결정하며 국민들이 반대한다면 그것에 대한 피드백 과정을 거쳐서 고쳐나갈 수 있는 여지가 있다. 그런데 북한에는 그런 것이 없지 않은가?" 또한 "대한민국은 여러 모순들 앞에 좀 유연하고 북한은 좀 딱딱하다"라는 의견도 있었다. 산업공학과 학생은 "어쨌든 전체적으로 볼 때, 남한과 북한의 경제수준, 삶의 환경, 경제구조 등등을 볼 때, 현저한 차이가 있다"라고 답하고 있다. 음악학과의 어느 학생은 "남한이나 북한이나 모두 제대로 된 나라가 되려면 아직 멀었다"라고 비관적 평을 하기도 하였다. 이 부분에 대한 남한과 북한의 평가는 모두 C학점으로 평가되었다. 성장에 대해서는 남한이 자신 있게 말할 부분이 많지만 역시 분배라는 측면에서는 결코 그 자신감을 피력하기 어려운 부분이 있기 때문일 것이다. 객관적으로 남한은 분배라는 부분에서 낮은 평가를 피하기 어렵고, 북한은 성장이라는 부분에서 문제를 심각하게 안고 있음을 인식하지 않을 수 없다. 북한은 이제 성장에 대한 관심과 노력을 기울이지 않으면 안 되는 시점이라고 하겠다.

〈표 5〉 남한과 북한의 성장과 분배의 모순에 대한 평가

<4> 성장과 분배의 모순에 대한 평가				
1) 대한민국의 산업자본주의는 다양한 모순들(성장과 분배의 문제 등)을 적절히 해결할 수 있다.				
평가점수			C	
2) 조선공화국의 산업공산주의는 다양한 모순들(성장과 분배의 문제 등)을 적절히 해결할 수 있다.				
평가점수			C	

5. 민주주의에 대한 종합적 평가

로크의 주장이나 마르크스의 주장이나 공통된 것은 특권자가 없는 사회에서 각자의 자유로움(자유)과 사회 전체의 자유로움(평등)을 동시에 모색할 수 있는 체제에서 출발하였다고 볼 수 있다. 또한 마르크스는 그와 같은 민주주의의 실행과정에서 발생한 수많은 문제들이 산업자본주의의 한계점에서 비롯되었고, 그 핵심적 사항이 소유권에서 비롯된 만큼 성장과 분배의 합리화를 추구하였다고 할 수 있다. 그리고 그 결과, 과연 그 민주주의는 제대로 되었는가에 대한 결과적 평가를 내리는 데 남한과 북한은 어찌 보면 참으로 적확한 비교 연구 대상이라고 할 수 있다. 동일한 민족과 비슷한 면적과 규모로 나뉘어져서 약 60년간, 두 세대를 걸쳐서 각기 서로 다른 체제를 지속적으로 유지하여 왔기 때문이다. 남한과 북한의 민주주의에 대한 젊은 친구들의 종합평가는 매우 흥미로운 부분이 있으며 반드시 참고되어야 할 대목이 있다. 철학과의 어느 학생은 다음과 같이 간략하고 명료하게 언급하였다. "솔직히 대한민국의 현실에 대하여 약간은 부정적이다. 그렇지만 조선공화국에 대해서는 더욱 부정적인 것은 분명하다." 공공인적자원학부의 어느 학생도 단순하게 이렇게 답하고 있다. "북

한의 공산주의는 결코 평등하지 않다." 컴퓨터공학과의 어느 학생은 "대한민국이 민주주의체제를 취하고 있다고는 하지만 완전한 민주주의라고 하기는 어렵다. 그리고 북한은 특정 인물을 신성화하면서 국민에게 자유가 없는 체제가 되었다." 영어학과의 어느 학생은 "대한민국은 보여주기식의 이른바 무늬만 흉내 내는 민주주의라고 생각된다. 조선공화국은 집권층과 특권층이 뚜렷하게 존재하는 독재국가이지 민주국가가 아니다." 경영학과의 어느 학생은 매우 직설적이었다. "대한민국이 최선은 아니지만 북한보다는 절대적으로 우월하다." 그리고 행정학과의 어느 학생은 마치 종합적 평가에 맞춘 듯 이렇게 언급하고 있다. "대한민국은 개인 또는 단체의 이해관계에 따라 서로 다르게 행동하기 때문에 각자 자신의 이익을 추구하다 보면, 사회에 모순이 생겨도 자신들의 이익이 서로 유기적으로 연관되어 사회모순 또한 원활하게 해결하는 방향으로 나아간다. 이에 비하여 조선공화국은 자신의 이해관계를 따져서 각기 행동하지만 그리 자유롭지 못하기 때문에 그리고 각자의 서로 다른 기회 또한 작기 때문에 근본적인 한계가 발생할 수밖에 없다. 그 한계를 극복하기 위해서는 수장의 힘을 강화시킬 수밖에 없고 그 결과, 유기적으로 사회가 돌아가지 못하면서 또다시 반복적으로 권력의 집중을 가속화시킬 수밖에 없다." 사실 남한의 민주주의에는 참으로 많은 문제점과 과제가 있음이 사실이다. 그런데 상대적으로 북한의 점수가 너무 낮아서 남한의 시민들은 오히려 북한 덕분에 남한 민주주의에 대한 평가를 긍정적으로 할 수밖에 없는 상황이다. 이제는 북한도 적극적인 개혁을 통하여 남한보다 높은 평가를 받을 수 있어야 한다. 현재 상태에서의 총괄적 평가로서 남한에 대한 평가는 C학점이고, 북한에 대한 평가는 F학점으로 낙제점이다.

<표 6> 남한과 북한의 민주주의에 대한 종합평가

<5> 민주주의에 대한 종합평가				
1) 대한민국은 여러 가지 측면에서 볼 때, 올바른 민주주의 체제에 가깝다고 본다.				
평가점수			C	
2) 조선공화국은 여러 가지 측면에서 볼 때, 올바른 민주주의 체제에 가깝다고 본다.				
평가점수				F

신(新)콩쥐론

옛날 옛날에 지혜로운 임금님이 한 분 계셨다.[41] 임금님에게는 사랑하는 왕자님이 한 분 있었는데 어느새 청년이 되어 결혼 적령기가 되었다. 임금님은 참으로 오랜 시간 고민하였다고 한다. 하나밖에 없는 아드님의 신붓감을 선택하는 것이지만 동시에 임금님의 며느리를 결정하는 것이며 이는 임금님의 앞날에도 크게 영향을 줄 것이 분명하였기에 참으로 심사숙고하지 않을 수 없었다. 선하고 지혜로운 며느리를 구하여야 임금님의 후분도 편할 것이었다. 고민 끝에 임금님은 획기적인 방법으로 왕자님의 신붓감을 모집하였다. 요즈음으로 치면 공개 오디션과 비슷한 방식이었는데 먼저 전국의 저잣거리에 크게 방을 붙이고 참한 예비규수를 널리 모집한 것이다. 이를 본 전국의 많은 처자들이 구름같이 모였고, 설레는 마음으로 이 나라의 향후 주인이 될 왕자님의 신부가 되고자 서로 경합하였다. 소문에는 왕자

---

41) 오랜 옛날부터 내려오는 전래동화 가운데 콩쥐팥쥐이야기가 있다. 이 동화를 재구성하였다.

님이 너무도 멋져서 한번 보면 사랑에 빠지지 않을 여인이 없을 정도로 훈남이었다고 한다. 드디어 수많은 경쟁을 뚫고 최종면접까지 올라온 세 명의 규수가 임금님 앞에 섰다.

첫 번째 규수는 이 나라에서 가장 힘센, 하늘을 나는 새도 떨어뜨린다는 '권문세력가의 따님'이었다. 두 번째 규수는 이름만 대면 '아, 그 뼈대 있는 집안'이라고 할 '명망가의 따님'이었다. 그런데 세 번째 규수는 아버지가 누군지도 잘 모르는 단지 포악한 팥쥐 엄마 밑에서 고생깨나 하고 있다는 '콩쥐'라는 아가씨였다. 임금님은 세 명의 규수가 모두 마음에 들었지만 겉으로만 판단할 수는 없었기에 다음과 같은 과제를 세 명의 규수에게 똑같이 내었다고 한다. "자! 너희는 내가 주는 이 한 되의 쌀만을 갖고 그 누구의 도움도 받지 않고 한 달을 살아야 한다. 나와의 약속을 잘 지킬 수 있겠지." 임금님이 세 명의 규수에게 낸 과제는 다소 황당하기까지 하였다. 얼떨결에 궁궐을 나온 세 명의 규수들이 각자 자신의 집으로 돌아갔다. 집에 돌아온 첫 번째 규수에게 권력가인 아버지가 물었다. "그래, 나의 사랑하는 딸아, 임금님과의 면접은 잘 되었지? 당연히 네가 왕자의 신부라고 했지?" 첫 번째 규수는 임금님이 내준 다소 황당한 과제이야기를 하였다. 이를 들은 권력가는 얼굴이 붉어지면서 분노에 차서 외쳐댔다. "이놈의 임금이 제정신이 아니군. 처음부터 공개 오디션을 보는 것도 마음에 안 들었는데 뭐 이제는 한 됫박의 쌀로 한 달을 살라고……. 이런 노망이 든 임금 같으니라고. 걱정할 것 없다. 임금은 무시해라. 그딴 약속은 지킬 것도 없다. 너는 내가 주는 맛있는 밥 잘 먹고 한 달 뒤에 가면 된다. 내가 누구냐. 나는 이 나라 최고의 권력가야!" 첫 번째 규수는 권력가가 준비시켜 놓은 맛있는 밥상에 수저를 올렸다.

그 순간 이를 감시하고 있던 임금님이 보낸 감찰관에게 현장 적발되었고, 임금님과의 약속을 어겼기에 그 즉시 경합에서 탈락처리되었다. 두 번째 규수는 첫 번째 규수와는 달랐다. 두 번째 규수는 정말 뼈대 있는 명망가의 따님답게 임금님과의 약속을 철저하게 지키고자 하였다. 우선 한 됫박의 쌀의 숫자를 한 톨, 한 톨 모두 세고 과연 한 달 동안 하루에 몇 톨의 쌀로 나누어 분배하여야 생존할 수 있는가를 계산하였다. 두 번째 규수는 절제 있고 인내력 있는 대단한 규수임에 의심할 바 없었다. 감찰관도 탄복할 정도이었으며 두 번째 규수는 임금님과의 약속을 잘 지켰기에 한 달 뒤 임금님과의 면접장에 다시 나올 수 있었다. 그러나 그토록 아름다웠던 두 번째 규수가 면접장에 들어설 때, 그녀는 다른 사람들의 부축을 받지 않으면 안 될 정도로 기력이 없었다. 거의 실신할 정도로 깡마른 배고픔에 지쳐 있는 두 번째 규수는 뼈대 있는 집안의 규수답게 뼈만이 앙상한 움직이는 해골처럼 보였다.

우리의 주인공 콩쥐 역시 임금님이 내신 과제를 들고 한참이나 고민하였다고 한다. "왜 임금님은 왕자님의 신부를 뽑는 데 이런 어려운 과제를 내셨을까? 이 작은 한 되의 쌀만으로 한 달을 산다면 그 결과는 뻔한데. 단지 얼마나 인내하고 참는가를 보기 위해서 과제를 내신 걸까?" 콩쥐는 임금님의 과제를 곰곰이 생각하면서 "그래, 임금님은 쌀 한 되를 갖고 살라고 하셨어. 누구의 도움도 받지 말고. 그렇다면 이 쌀로 밥을 해서 먹어도 되고 다른 것, 그래, 떡을 해서 먹어도 상관없지." 콩쥐는 참으로 오랜 시간을 부엌에서 고생하였기 때문에 글이나 자수는 잘 못하여도 음식 만들기, 게다가 떡 만들기는 정말 누워서 떡 먹기일 정도로 자신이 있었다. 콩쥐는 한 되의 쌀로 맛있

〈그림 3〉 신(新)콩쥐론

는 쌀떡을 만들었다. 몇 개 안 되는 쌀떡이지만 저잣거리에 나가서
자판에 내놓으니 지나가던 행인들이 군침을 넘기며 사갔다. 처음에는
몇 닢 안 되는 돈을 받았지만 그 돈으로 쌀가게에 가니 쌀 몇 되는
살 수 있었다. 콩쥐는 그때부터 한 달 동안 참으로 바쁘게 살았다고
한다. 쌀떡을 맛있게 만들어 팔고, 그렇게 번 돈으로 쌀을 더 많이 사
고 그러면서 며칠 지나지 않아 콩쥐는 한 되의 쌀을 늘려 몇 가마니
의 쌀을 살 수 있게 되었다. 임금님과의 약속을 지키면서 그 누구의
도움도 받지 않고 한 되의 쌀을 몇 가마니의 쌀로 증대시켰던 콩쥐의
행동은 고스란히 감찰관을 통하여 임금님에게 알려졌다. 더욱이 콩쥐
는 쌀떡을 파는 틈틈이 저잣거리의 걸인들에게 떡을 나눠주기도 하
였으며 공부 안 하고 장난질만 치는 동네 말썽꾸러기들에게 떡을 주

면서 공부도 시켰기에 한 달이 쏜살같이 지나갔다고 한다. 임금님 앞
에 다시 서게 된 명망가의 따님과 콩쥐는 사뭇 너무도 대조적이었다.
명망가 따님은 비참해 보일 정도로 마르고 쇠약했지만 세 번째 규수
인 콩쥐는 이전보다 더 뽀얀 얼굴로 활력이 넘쳐 보였다. 임금님은
기뻐하며 콩쥐를 사랑하는 왕자님의 신부로 맞이하였고, 왕자님과 콩
쥐는 훗날 최고의 왕과 왕비가 되어 모든 사람들을 행복하게 만들어
주었다고 한다(김정훈, 1997).

제7장

북한의 신(新)민주주의

세 번째 이야기, '신콩쥐론'에서는 임금님과 왕자님 그리고 세 명의 규수가 등장한다. 임금님은 현재의 주권자이고 왕자님은 미래의 주권자라고 할 수 있다. 그리고 세 명의 규수는 주권자가 '어떤 정부를 선택하여 인연을 맺는가?'로 비유될 수 있다. 만일 임금님이 주권자를 무시하고 약속을 어기며 특별한 지위를 얻고자 했던 권력가의 따님과 결혼을 하였다면 어찌 되었을까? 주권자는 권력가에 의하여 주인의 권리를 빼앗기고 그의 주권도 상실하였을 것이다. 그렇다고 주권자와의 약속은 잘 지켰지만 소극적 분배의 논리에 함몰되어 있던 뼈대 있는 집안의 규수를 택하였다면, 그 결과는 빈곤의 나락으로 떨어질 수밖에 없는 상황이었다. 따라서 세 번째 규수의 지혜를 눈여겨볼 필요가 있다. 주권자, 즉 국민과의 약속을 잘 지키면서 동시에 국민들이 지니고 있는 얼마 안 되는 한 되의 쌀을 맛있는 쌀떡으로 만들어 개방된 저잣거리에서 몇 가마니의 쌀로 증대시킬 수 있는 지혜로운 콩쥐와 같은 정부가 북한에게 필요하다. 이와 같은 부가가치형 정부를 위하여 북한 정부의 혁신을 요청한다.

1. 북한 국민을 위한 민주국가

1) 변화를 원치 않는 북한

국가를 통치하는 기존의 권력엘리트는 현상유지를 추구하지만 변화가 불가피한 상황에 달하였을 때, 어떤 선택을 하느냐는 극단적으로 다른 결과를 낳을 수 있다. 북한의 권력엘리트는 강력한 군사력에 기초하여 현상을 유지하기 원하고, 북한의 일반국민들도 사실상 오래 지속되어 온 북한의 현 체제에 타성이 박혀서 이를 바꾸거나 전환시키려는 노력조차 하기 어려운 실정이다. 그렇지만 오천 년을 지속되어 온 극히 보수적인 중동의 이슬람국가들조차 정보사회의 휴대전화를 손에 쥔 청년들이 증가하면서 일순간 민주화의 중심에 서게 됨을 결코 가벼이 여겨서는 안 된다. 그렇다고 언제까지 폐쇄적인 체제에서 전 세계인이 휴대하는 휴대전화를 갖지 못하게 할 것인가에 대해서 심각히 고민하여야 한다. 지구촌에서 가장 낙후된 아프리카 오지 지역조차 일반전화는 없어도 휴대전화는 있는 현재의 21세기를 거부한다면 그 결과는 아프리카의 오지보다 더 빈곤할 수밖에 없는 결과로 귀결된다. 북한은 이제 점진적인 변화를 통하여 스스로 혁신하지 않으면 안 된다. 남한의 경우, 1960년대 초부터 1987년까지 약 30여 년간 지속되었던 군부정권의 경험이 있지만 그 나름대로 점진적 변화를 통하여 군부독재에서 민주주의로 전환되었다. 물론 이와 같은 과정이 결코 쉬운 것은 아니지만 오히려 정권을 쥐고 있는 권력엘리트의 혁신적 노력은 그 어려운 과정을 보다 더 슬기롭게 헤쳐 나갈 수 있다는 것이다. 예컨대 1960년대 초부터 지속되어 오던 미얀마 지역의 군사정권이 새로운 민주화 세력에 의하여 개방화를 준비하고 있음도 쉽게 간과해서는 안 된다. 오늘날 북한 정부의 권력엘리트들은 세계적인 민주화 물결이 다소간의 차이는 있어도 언젠가 쓰나미처럼 넘쳐 오르는 순간, 그때 북한에 어떤 결과를 낳을 것인가를 미리 예견하면서 지금부터라도 다소 늦은 감은 있지만, 조속히 혁신적 과제를 도출하여 급격한 변화에 스스로 대비하고 준비하는 현명한 선택을 하여야 한다.

2) 통일을 원치 않는 남한

대한민국에서 통일의 필요성이나 당위성에 대한 논의는 참으로 많다. 그렇지만 동시에 만일 통일이 된다면 어떻게 될 것인가에 대한 두려움도 크다. 2008년도 한국갤럽이 조사한 여론조사(전국 성인남녀 1,213명 대상)에서는 이와 같은 두려움이 잘 표출되었다(조민외, 2011). 우선 "남북한의 통일이 남한에 이익이 될 것이라고 보는가?"에 대한 설문에 대하여 '그렇다'라고 긍정적인 응답을 한 사람은 47.5%인 것에 비하여 '그렇지 않다'라고 부정적인 응답을 한 사람은 52.5%이었다. 애매한 수준의 응답결과이다. 그러나 보다 직설적으로 "남북한의 통일이 나 자신에게 이익이 될 것이라고 보는가?"에 대한 설문에 대해서는 '그렇다'라고 응답한 사람은 불과 27.7%이었고, '그렇지 않다'라고 부정적인 응답을 한 사람은 72.3%에 달하였다. 사실상 대다수의 남한사람들은 통일로 인하여 발생할 수 있는 새로운 변화를 두려워한다고도 하겠다. 2012년 나의 젊은 청년친구들에게 이와 관련된 설문을 한 것이 있다. 백 명의 젊은 대학생을 대상으로 "만일 지금 당장 통일이 된다면 찬성하겠는가, 반대하겠는가?"라는 질문을 던졌다. 응답자 가운데 83%가 '반대한다'고 답하였다. 찬성은 불과 17%에 불과하였다. 그런데 이런 질문을 연속하여 다시 던졌다. "만일 북한이 남한 수준의 경제력 수준이 된다면 통일에 대하여 찬성하겠는가, 반대하겠는가?"라고 물었다. 응답자 가운데 37%만이 '반대한다'고 답하였고 통일에 찬성한다는 의견이 63%에 달하였다. 물론 이와 같은 젊은 대학생들의 응답결과를 일반화하기는 어렵다. 그러나 분명한 것은 남한의 젊은이들은 가난한 북한과의 통일을 그다지 반갑게 여기지 않는다는 것이다.

이와 같은 응답결과에 대하여 함께 토론하여 보았다. 우선 A라는 남학생은 "만일 북한이 남한 수준으로 경제가 회복된다면 구태여 북한도 통일을 원할 이유가 없지 않을 것이다"라는 답변이 있었다. B라는 여학생은 "사실 북한이 남한 수준으로 경제력이 회복된다는 것, 불가능하지 않겠는가?"라는 반문도 있었다. 물론 전문가들의 답변이 아니어서 그 의미를 평가절하할 수도 있겠으나 필자는 이와 같은 젊은이들의 답변에 크게 자극을 받았다. 만일 북한이 잘살 수 있다면 사실상 통일이나 다름없는 상황이 한반도에서 일어날 수 있겠다는 일종의 깨달음이었다. 남한에 의하여 북한이 잘사는 것이 아니라 북한이 스스로 잘살 수 있도록 도울 수 있는 방법은 과연 없을까? 티 나지 않고 소문도 나지 않게, 그러나 결정적으로 이렇게 하면 잘살 수 있을 것이라고 조언할 수 있다면 참으로 좋겠다고 생각되었다. 잘살 수 있는 노하우를 전수하는 것이야말로 남한이 북한에게 할 수 있는 최고의 역할이며, 그 혜택은 전적으로 북한이 받아야 함도 당연하다고 하겠다.

2. 북한 권력엘리트의 변화

북한의 가장 강력한 권력엘리트들은 현재의 현상유지가 지속될 수 있는 시간적 여유가 그리 많지 않음을 인식하여야 한다. 강력한 군사적 권력이 유지되고 있을 때, 보다 유리한 협상력을 발휘하여 많은 것을 얻어낼 수 있어야 한다. 그것은 대외적으로뿐만 아니라 대내적으로도 그러하다. 북한의 국민들을 위하여 북한의 군사적 권력엘리트들은 노력하고 있음을 보일 수 있어야 하며 그것이 장차 북한의 국민들로 하여금 북한의 기존 권력엘리트들을 계속 존중할 수 있는 근거가 될 것이다. 앞서 언급한 두 번째 이야기 '어느 죄수의 쇼생크 탈출기'에서 세 명의 등장인물들을 재음미하여 보자. 쇼생크 감옥의 유능한 김강철 소장은 뛰어난 은행가 출신의 김철수가 무죄로 풀려날 수 있는 기회를 막아섰고, 그것이 비참한 종말을 초래할 수 있음을 꿈속에서 보았다. 북한의 권력엘리트는 지금 김강철 소장과 같은 중대 결정을 내리지 않으면 안 되는 상황이다. 김강철 소장은 중요한 시점에 가장 현명하고도 올바른 결정과 행동을 하였으며 그것은 그 자신뿐만 아니라 모두에게 가장 바람직한 결과를 맺을 수 있도록 하였다. 군사엘리트뿐만 아니라 북한의 대다수 권력엘리트는 경제를 제외한 대부분의 분야, 즉 군사, 외교적 측면에서 자신들의 역량 이상으로 뛰어나 능력을 발휘하였고 이에 대한 높은 평가는 마땅하다. 그러나 그

것이 과연 북한의 대다수 국민들에게 어떤 의미가 있었는가를 새삼 되짚어 보지 않을 수 없다. 진정으로 북한 국민 모두를 위한 북한 권력엘리트의 행동이었다면 직접적 이해관계가 없는 대다수의 사람들에게 지지를 받을 수 있을 것이다. 중국의 덩샤오핑을 중심으로 한 강력한 국가자본주의적 혁신을 과연 북한에서 할 수 있겠느냐는 질문도 받을 수 있다. 또한 베트남의 1986년 도이머이 정책처럼 공산정부가 적극적으로 주도하는 시장옹호적 혁신정책을 어떻게 북한에서 수행할 수 있느냐는 질문도 나올 수 있다. 휴전선 아래에 남한이 있는데 어떻게 중국처럼, 베트남처럼 혁신적 경제정책을 펴고 개방화할 수 있는가에 대한 질문들이 제기될 수도 있다. 이와 같은 맥락에서 아시아보다는 동유럽에서 있었던 혁신적 경험을 북한 정부와 북한 국민들에게 소개하지 않을 수 없다.

3. 새로운 북한 민주정부의 구상

체제를 전환하는 국가들에서 새롭게 정착시키지 않으면 안 되는 제도가 있다. 그것은 앞서 살펴보았던 개인의 소유권을 어떤 방식으로 정할 것인가에 대한 것이다. 일찍이 로크의 민주주의에서도 마르크스의 민주주의에서도 소유권을 어떻게 설정하느냐는 핵심 중의 핵심이었다. 특히 소련의 영향권에서 벗어난 이후, 급속히 발전된 동유럽의 동독, 헝가리, 체코는 각기 민주정부를 구성함에 있어서 독특한 특성을 갖고 있었으며 각기 다른 장단점을 보이고 있기에 북한의 정부혁신에 시사하는 바가 크다.

1) 동독식 민주정부

독일은 1989년 11월 베를린 장벽이 무너지면서 통일 독일에의 가능성이 높아졌을 때, 매우 신속하게 양국 통합을 추진하였다. 주변 국가들이 강대한 통일 독일에 대한 두려움이 크기 때문에 내부적 통합의 후유증과 많은 비용이 소요됨에도 불구하고 급속한 통합을 추진하지 않을 수 없었다. 우선 1990년 '통화, 경제, 사회동맹'의 규정에 따라서 구동독이 구서독의 법제를 대부분 수용하였고, 신탁관리청을 통하여 구동독지역의 국유재산을 사유화하는 업무를 진행하였다. 불과 1년 사이에 2만 5천여 개 소규모 기업(호텔, 식당, 영화관, 약국)을 매각 또는 사유화하였고, 1994년까지는 8천여 개 기업을 1만 5천여 개 기업으로 확대한 후, 중소기업에 매각하여 상호 경쟁하도록 하였다. 그러나 매우 빠른 매각작업으로 매각수익은 400억 마르크에 불과한 반면, 신탁청의 지출은 2,760억 마르크에 달하여 당시의 화폐가치로 한화 기준 약 120조 원의 손실을 보았다고 한다(이종원 외, 1997). 또한 동독의 경우, 소유주에 대한 소유권의 보장이라는 시장경제 이념에 지나치게 충실하고자 하여 결국 소유관계의 불확실로 발생된 약 200만 건 이상의 법적 분쟁으로 홍역을 앓기도 하였다. 동독의 경우, 서독의 경제력에 너무 많이 의존하였으며 그 결과, 상당기간 독일 전체의 경제가 취약해지는 한계도 있었다. 그러나 결국 통일된 독일은 현재 유럽 전체를 이끌어가는 핵심국가로 변모하였음은 의심의 여지가 없다. 특히 흥미로운 것은 2012년에 선출된 제11대 독일대통령인 요아힘 가우크(Joachim Gauck)를 비롯하여 유럽경제 위기 이후, 유럽연합(EU)을 이끌고 있는 앙겔라 메르켈(Angela D. Merkel) 수상 역시 동독 출신의 정치인이라는 점에서 동독이 서독을 병합시켰다는 말까지 나오고 있지만 별다른 거부반응이 독일 내부에서 나오고 있지 않다는 점이다.[42]

2) 헝가리식 민주정부

헝가리는 동유럽 국가들 가운데 상대적으로 오래전부터 경제개혁을 추진한 대표적 사례에 해당한다. 헝가리는 본격적인 사유화 이전부터 자율적 관리제도를 도입하여 각 기업에 종업원과 경영진이 함께 참여하는 기업평의회를 통하여 운영이 되었던 자율적 경영부분이 있었다. 1990년대에 이르러서는 본격적으로 국가재산청(State Property Agency)을 중심으로 국영기업을 민간화하고 외국의 자본을 유치하였으며 대량의 국유재산 매각작업을 추진하기도 하였다. 또한 헝가리는 앞서의 동독 사례와는 달리 공산정부의 몰수재산을 원소유자에게 반환하는 방식을 극히 축소시켜서 부분적 보상만을 인정하고 이를 위한 보상쿠폰을 발행하였다. 헝가리의 민주정부는 대체로 국유재산의 분배과정에서 발생되는 형평성과 효율성의 문제 가운데 후자를 더욱 중시하였다고 평가된다. 경쟁입찰을 통한 기업매각으로 외국자본을 확보하고 민간부문의 활성화를 촉진시켜 초기에는 상당히 혁신적 성과가 좋았던 것으로 보였다. 그러나 국민들에 대한 분배가 취약하여

---

42) 이종원 교수는 필자가 고민하고 있던 바를 선행적으로 진행하셨던 분으로 생각된다. 1996년 외국에서 진행되고 있던 러시아 지역의 토지감정평가 작업을 지켜보면서 많은 궁금증을 갖고 있었지만 그것이 북한에 어떤 의미를 줄 수 있는가에 대해서는 상당 부분 막막한 수준이었는데 이종원 교수가 대표저자로 출간한 1997년도의 연구저서를 발견하곤 기쁨을 감추기 어려울 정도로 흥분하였다. 특히 통일로 인한 남한의 경제적 부담증가라는 부정적 시각보다는 북한의 경제개발이 지니고 있는 잠재적 가치를 구체적 통계자료를 제시함으로써 통일이 지닌 긍정적 경제효과를 제시하였는데 이종원 교수의 대표적 저서로는 1997년에 발간된 『통일경제론』과 2011년 정년을 앞두고 발간된 『통일에 대비한 경제정책』 등이 있다.

대중적 지지기반이 약하였고 정치적 추진력이 약하다는 한계점도 지적되고 있다.

3) 체코식 민주정부

체코는 1989년 벨벳혁명 또는 신사혁명으로 일컬어지는 평화적 민주화 이행과정과 슬로바키아와의 평화적 분리협정을 통하여 1993년 독자적인 민주체코(Czech Republic) 정부를 구성하였다. 7만 8천여km^{2}의 북한 절반 정도 면적에 약 1천만 명의 인구를 지닌 체코는 이미 1인당 GDP가 미화 2만 달러를 상회하고 있다. 자동차 생산량이 백만대 이상을 돌파하였으며 유럽연합 가운데 가장 발전력이 강한 국가로 소개되고 있다. 체코는 공산정부하에서 민간부문이 불과 3.3%이었지만 몇 년 사이에 민간부문을 70% 수준까지 확장시킨 의회민주주의 국가이다. 특히 체코는 부의 편중문제가 매우 적고 부의 균등한 분배가 이상적으로 진행되고 있는 국가이기도 하다. 체코는 1990년대 초, 대부분의 국가기관을 소규모 민영화법과 대규모 민영화법에 따라서 전면 사유화하였다. 특히 체코에서는 성년의 국민 모두에게 사유화 증서(voucher)를 배분하였는데 절반은 즉시 양도할 수 있는 증서로, 절반은 양도 불가능한 증서로 배분하여 민영화된 기업의 주식을 구입하거나 또는 국가장기투자기금에 예치할 수 있도록 하였다. 이와 같은 사유화 증서에 의한 국가자본의 공평한 분배 및 민주화는 민영기업의 자산가치 기준에서 볼 때, 이미 초기 매입가치를 상회하고 있다고 한다. 체코의 성인 국민 대부분이 체코의 국가자산 또는 민영자산을 소유할 수 있게 되어 참여인구 비율을 기준으로 소유자 비율이

70%를 상회하였다는 연구보고도 있다. 체코의 혁신적 정책은 무산자에 속하였던 체코국민들을 일순간에 자본을 소유한 민주시민으로 전환시켰으며 이후 안정된 정치와 경제체제하에서 많은 외국자본을 유치할 수 있게 되어 각 개인별 자산가치도 증대시키면서 동시에 형평성 있는 분배도 가능하게 하였다.

이처럼 동구권의 세 국가가 보여준 민주화 과정에서 국유자산 또는 국가자본의 규모는 과연 얼마나 되고, 그것을 북한 국민 개인들에게 어떻게 분배할 것인가는 진정한 민주주의를 위하여 대단히 중요한 선결적 과제라고 하겠다. 이와 같은 맥락에서 과연 북한의 국가자본은 현재 얼마이고 향후 성공적인 북한의 민주화를 위하여 북한 국민들에게 분배될 수 있는 자본적 가치, 즉 종잣돈(seed money)은 얼마가 될 수 있는가를 측정하여 보았다.

제8장

남북한의 자본현황 비교

세 번째 이야기 '신콩쥐론'에서는 한 되의 쌀을 놓고도 각자의 생각
과 능력에 따라서 그 결과가 얼마나 큰 차이를 보일 수 있는가를 예시
하였다. 두 번째 규수와 세 번째 규수 사이에서의 서로 다른 결정이
어떤 결과를 가져오는가를 주목할 필요가 있다. 모든 민주시민들이 공
동의 국가자본을 공정하게 분배하여 나누는 것은 어찌 보면 매우 공
평하고 정의로운 것처럼 보일 수도 있기 때문이다. 그러나 사실 한 되
의 쌀처럼 대부분의 경우, 초기 국가자본은 적을 수밖에 없고 그것을
균등 배분하여 폐쇄적으로 관리한다면 그 결과는 너무도 처참한 빈곤
으로 나타날 수 있다. 따라서 콩쥐의 지혜, 즉 주권자와의 약속을 정확
히 잘 지키면서 동시에 개방적 시장의 논리에 따라서 작은 국가자본
을 보다 큰 국가자본으로 늘려 나가는 방안을 모색하여야 한다.

1. 남한의 국가자본

남한지역에서 1948년 대한민국이 출범할 때, 초기 국가자본(national capital)[43]은 어느 정도의 규모이었을까? 당시의 대한민국이 지니고 있던 국가자본은 아마도 선진국가의 그것과 비교하여 보면 한 됫박의 쌀 수준에 불과하였을 것이다. 그것도 6·25를 겪으면서 초기 자본조차 붕괴되었기에 대한민국은 무일푼에서 시작되었다고 하여도 지나치지 않을 것이다.[44] 그래도 대한민국은 국토인 9만 9,373km²의 토지가 토지자본으로 존속하고 있지 않았느냐고 반문할 수도 있었을지 모른다. 사실 1950년대의 남한지역 토지의 국제적 시세는 그 누구도 구매의사가 없는 거의 불모지 정도의 토지가치 수준이라고 하여도 과언이 아니다. 그런데 약 60여 년이 지난 현재의 대한민국 국가자본은 가히 엄청난 수준에 도달하여 있다. 2010년을 기준으로 통계청에서 조사한 바에 따르면 대한민국의 자본총액은 7,778조 원에 달한다고 한다. 이는 대한민국 국민 1인당 평균 1억 6,200만 원을 갖고 있는

---

43) 국가자본을 국가의 모든 재화라고 할 때, 정부와 기업 그리고 각 개인들의 모든 소유재화의 총 합계액의 집합을 지칭한다고 하겠다. 따라서 부채를 포함하는 국가자본과는 구분하기 위하여 국가자산이라는 용어를 사용하는 경우도 있으나 그 개념적 차이는 상대적이라고 하겠다.

44) 이승만은 해방 직전부터 경자유전(耕者有田)의 원칙을 주장하면서 정권을 잡은 직후, 구체적 토지개혁 작업을 주도하였다. 1949년 농지개혁안을 법률로 제정하였으며 채권을 발행하여 부재지주의 토지소유권을 정부가 유상으로 매수하는 한편, 농민들에게는 '분배농지예정통지서'를 발급하여 최소 비용으로 농지를 소유할 수 있는 기회를 제공하였다. 이승만의 농지개혁작업은 로크와 마르크스의 주장을 절묘하게 융합한 토지분배방식이라고 할 수 있다. 김일주 이승만 박사 기념사업회 사무총장은 이와 같은 농지분배방식이 공산혁명의 혁신적 '토지무상분배정책'의 효과를 사전에 반감시켜 남한의 공산화를 차단한 부분이 크다고 주장한 바 있다(조선일보, 2012.5.22). 농민이 다수를 차지하고 있었던 1949년의 상황과 지금의 상황은 분명히 다르지만 2012년 현재에도 토지소유권은 분명, 중요한 국가와 개인의 중요 자본재라는 것을 부정하기 어렵다. 특히 아시아에서 농업사회적 특성이 강했던 중국과 북한의 경우, 공산혁명에 대한 인민들의 절대적 지지는 무엇보다도 농촌에서의 토지무상분배에서 출발하였다고 해도 과언이 아니기 때문이다. 따라서 산업사회를 거쳐 정보사회로 진입하고 있는 현시점에서 북한은 새로운 혁신적 의미의 "제2차적 토지무상분배정책"을 실행함으로써 북한 인민들이 북한 정부에 대한 적극적 지지의사를 밝히고 자발적 참여로 이어지게 함이 중요하다고 하겠다.

것이며 4인 가족기준으로 보면 각 가정마다 평균 6억 4,800만 원을 갖고 있는 것이라고 하겠다. 또한 토지자본 3,568조는 국가 전체의 자본 가운데 45.9%를 차지하는데 대한민국 국민 1인당 평균적으로 7,433만 원의 토지를 소유하고 있다. 물론 국가의 공유재산에 귀속되어 개인적으로 처분하기 어려운 부분도 있으며 땅을 많이 갖은 개인과 그렇지 못한 개인에 따라서 소유액수는 크게 차이가 나는 것이 현재의 대한민국 현실이다. 그러나 민주국가에서 국가의 공유재산 역시 궁극적으로는 모든 국민의 것이므로 만일 대한민국의 모든 공유재산을 각 개인에게 균등하게 재배분한다면 이와 같은 토지자본을 귀속 받을 것이다.

<표 7> 대한민국의 국가자본[45]

(단위: 원)

구분	국가자본	입목 및 지하자원	토지자본	소비재 등 기타	고정자산 및 재고자산 등
전체 규모	7,778조	92조	3,568조	204조	3,913조
(비율)	(100%)	(1.2%)	(45.9%)	(2.6%)	(50.3%)
개인 규모	– 대한민국 국민 1인당 평균 총자본: 1억 6,200만 원 – 대한민국 국민 1인당 평균 토지자본: 7,433만 원				

자료: 통계청. 국가자산현황. 2011 재구성(국가자본은 국가순자산으로 산정함).

---

45) 통계청에서는 국가자산통계(1997~2008)를 공식문서로 2009년도에 발간한 바 있으며, 2011년도 말에는 2010년도를 기준으로 산정한 국가자산(잠정 값)을 발표하였다. 본 연구에서는 2011년도 통계청 국가자산현황 자료를 활용하여 재구성하였다. 여기에서 개인규모로 제시한 대한민국 국민 1인당 평균 총자본은 정부, 지방자치단체, 기업 그리고 일반인을 포함하여 국내의(부채를 제외한) 순자산 또는 자본의 총계 값을 국민 전체 수로 나눈 것을 의미한다.

2. 북한의 국가자본형성을 위한 제도적 현황

북한지역에서 1948년 조선공화국이 수립된 이후 사실상 개인적 소유물은 대부분 국가 또는 공산당 정부에 의하여 무상 몰수되었고 인민들에게 분배되었다. 약 60여 년이 경과된 지금에 와서 북한의 국가자본을 언급하는 것은 통상적인 시각에서 보면 큰 의미가 없는 작업일 수도 있다. 모든 생산수단에 대한 사적 소유권이 박탈되었고, 혹시 1950년대 이전의 토지소유자가 북한을 탈출하였다고 하여도 대부분 사망하였기 때문에 개인적 소유권 회복을 주장하기 어렵다. 그러나 모든 인민의 주권을 회복시키는 민주국가로 정부가 혁신을 취하려 한다면 이는 매우 중요한 작업이라고 하겠다.

1) 북한 헌법의 경제 관련 조항

북한의 2010년도 사회주의헌법 제2장은 경제와 관련된 상당히 변화된 인식들이 있음을 재발견할 필요가 있다.[46] 제20조에는 "조선민주주의인민공화국에서 생산수단은 국가와 사회협동단체가 소유한다"라고 규정하고, 동시에 제21조에는 "국가소유는 전체 인민의 소유이다. 국가소유권의 대상에는 제한이 없다. 나라의 모든 자연부원, 철도, 항공운수, 체신기관과 중요공장, 기업소, 항만, 은행은 국가만이

---

46) 북한의 2010년도 사회주의 헌법은 과거의 북한 헌법들과 상당한 차이를 보이고 있으며 최근 2012년에 재차 개정되었다는 소식도 있으나 본 연구에서는 통일부에서 공식 발표한 자료를 근거로 북한 헌법의 특성을 소개하고 있다. 참고로 Appendix 3에서는 1980년대 조선로동당의 규약을 게재하고 있는데 아직 마르크스주의가 깊게 자리 잡고 있음을 볼 수 있다. 이에 비하여 Appendix 4에서는 2010년도 북한 헌법을 게재하고 있는데 이전에 비하여 마르크스가 주장했던 상당 부분이 희석되고, 대신 로크가 주장했던 요소들, 즉 개인소유권에 대한 내용들이 이미 포함되어 있음을 확인하여 볼 수 있다.

소유한다. 국가는 나라의 경제발전에서 주도적 역할을 하는 국가소유를 우선적으로 보호하며 장성시킨다"라고 규정함으로써 철저한 자본의 국유화를 명시하고 있다. 그러나 제22조에서는 "사회협동단체 소유는 해당 단체에 들어 있는 근로자들의 집단적 소유이다. 토지, 농기계, 배, 중소공장, 기업소 같은 것은 사회협동단체가 소유할 수 있다. 국가는 사회협동단체 소유를 보호한다"라고 규정하면서 제23조에서는 "국가는 농민들의 사상의식과 기술문화 수준을 높이고 협동적 소유에 대한 전인민적 소유의 지도적 역할을 높이는 방향에서 두 소유를 유기적으로 결합시키며 협동경리에 대한 지도와 관리를 개선하여 사회주의적 협동경리제도를 공고 발전시키며 협동단체에 들어 있는 전체 성원들의 자원적 의사에 따라 협동단체 소유를 점차 전인민적 소유로 전환시킨다"라고 다소 애매하게 소유의 경계점을 설정하고 있다.

그런데 제24조의 내용에는 상당히 다른 의미에서의 개인의 소유권에 대한 인식이 규정되어 있다. 즉, "개인소유는 공민들의 개인적이며 소비적인 목적을 위한 소유이다. 개인소유는 로동에 의한 사회주의 분배와 국가와 사회의 추가적 혜택으로 이루어진다. 텃밭 경리를 비롯한 개인부업 경리에서 나오는 생산물과 그 밖의 합법적인 경리 활동을 통하여 얻은 수입도 개인소유에 속한다. 국가는 개인소유를 보호하며 그에 대한 상속권을 법적으로 보장한다"라고 명시하면서 해석 여하에 따라서는 북한에서 개인의 소유권을 국가가 보장한다는 의미로 이해할 수도 있다.

2) 북한의 '개인소유권' 보장

공산국가의 특성상 헌법의 규정내용과 그것의 실제운영이 차이를
보일 수 있다. 그렇지만 북한의 헌법에서 명시적으로 개인의 소유를
보호하고 그 개인의 소유권에 대한 상속권까지 보장하겠다고 명시한
것은 사실상 마르크스의 공산주의와 대비되는 상반된 내용이다. 이미
제도적으로 북한에서는 부분적으로 개인의 소유권을 인정할 수 있는
근거 조항이 마련되어 있으며 이는 남북한 상호 간의 대표적 경제협
력 현장인 개성공단에서 그 실천적 사례를 발견할 수 있다.

[작은 이야기 1] 남북한의 개성공단 공동운영 사례[47)

남북이 함께 잡은 양날의 칼. 우리 기업 123곳이 군사분계선 3㎞
너머 북한 땅에서 북한 주민 5만 1,000명을 고용해 제품을 생산 중인
개성공단 얘기다. 2004년 12월 개성공단 기업 입주가 시작된 지 8년.
그 사이 한반도에 숱한 안보 위기가 닥칠 때도 남북한은 개성공단의
운명을 쉽게 거론하지 않았다. 2010년 천안함 폭침 도발 이후에도 우
리 정부는 5·24 대북 제재조치를 발표하면서 개성공단을 예외로 뒀
다. 북한은 지난 2년 새 근로자를 1만 명이나 더 투입했다. 통근 도로
확·포장 공사도 진행 중이다. 정부 고위 소식통은 21일 "5·24 조치
이후 개성공단 운영에 막강한 영향력을 행사하는 군부의 김영철 국
방위 정책국장(현 정찰총국장)이 수시로 위협적인 언사를 하곤 했지

---

47) 남북한의 개성공단 공동운영 사례에 대한 내용은 중앙일보 2012년 5월 22일자 김수정, 정용수, 이원진
   기자가 쓴 글을 발췌하여 소개한 내용이다. 간략하지만 현재의 개성공단 현황을 구체적으로 잘 소개해주
   고 있다.

만 최근엔 '잘해 보자'며 협조적인 자세를 보이고 있다"고 말했다. 개
성공단의 실적은 남북관계의 경색 분위기와는 사뭇 다른 모습이다.
지난 3년간 추가로 입주한 기업은 55개, 연간 생산액도 2007년 1억
8,000만 달러에서 지난해 4억 달러를 넘어섰다. 2005년(1,491만 달러)
실적의 약 30배다. 공단의 누적 생산액은 지난해 말 기준 15억 달러
에 이른다. 물론 5·24 조치의 그늘도 있다. 남북 당국 간 협의가 중
단되면서 북한이 소득세와 관리비를 일방적으로 올리는 등 횡포를
부린다는 게 입주 기업 관계자들의 얘기다. 전현준 통일연구원 선임
연구위원은 "북한에 개성공단은 현금을 낳는 황금알인 동시에 시장
경제의 학습장이고, 남한으로선 북한을 개혁·개방으로 이끌 모판인
동시에 유사시 근로자들의 인질화를 걱정해야 하는 양날의 칼"이라
고 말했다.

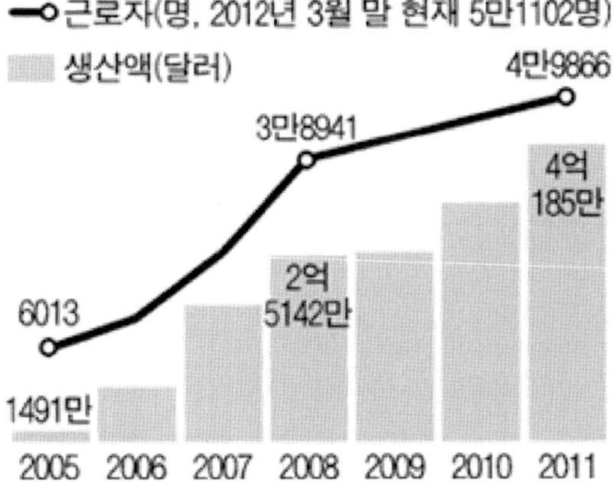

〈그림 4〉 개성공산 생산액 및 북한근로자

북한 당국은 근로자 5만 1,000명이 받는 임금(1인당 월평균 126.4달러)을 거둬 북한 돈 5,000원과 현물쿠폰으로 주민들에게 지급한 뒤 나머지를 챙긴다. 연간 총임금 7,780만 달러 가운데 5,000만 달러가 북한 당국의 수중에 들어갈 것이란 게 전문가들의 분석이다. 남북 모두가 다른 관점에서 의미를 두는 것은 근로자 5만 명이다. 4인 가구 기준 20여 만 명이 공단에 기대 생계를 유지하며 상대적으로 윤택한 삶을 살아왔다. 초반기에 입주한 한 업체 대표는 "여성 근로자들을 면접할 때 행색이 초라하고 너무나 공격적이어서 '여기에 내가 뭐 하러 왔나'고 후회할 정도였다"며 "그러나 몇 년 뒤부터 공단 주변의 모든 것이 상전벽해 수준으로 변했다"고 말했다. 천안함 사건 이후 개성공단 폐쇄까지 고민했던 정부는 '5만 명의 희망'을 근거로 방향을 틀었다고 한다. 정부 관계자는 "폐쇄 시 우리 기업들에 보전해줄 보상금까지 계산해둔 상태였다"며 "그러나 북한 주민들이 시장경제에 접하는 경험을 늘리고, 향후 남북관계 복원을 고려해 중단하지 않았다"고 말했다.

3) 북한 국민의 소득증대 정책

북한 정부의 개성공단 실험은 상당 부분 성공적이라고 할 수 있다. 북한 헌법에는 세금이 없다고 하지만 사실상 정부조직에 세금이 없으면 안 된다. 남한에도 국유화된 기업이 있지만 두 가지 한계점이 있다. 첫째, 민간기업이 하면 국가 부담 없이 할 수 있는데, 국영기업이 하면 국가부담이 생긴다. 둘째, 민간기업이 하면 세금을 내는데 국영기업이 하면 세금을 내지 않는다. 정부는 일시적으로 대규모의 국유화를 통하여 잘못된 생산구조를 바꾼다든지 왜곡된 분배적 구조를 고쳐 나간다는 측면에서 일정 기간 국유화를 시행할 수 있다. 그러나 그것은 최단기간에 종료하는 것이 바람직하다. 만일 국유상태로 지속될 경우, 기업의 경쟁력은 점차 약화될 수밖에 없기 때문에 비효율성이 증가될 가능성이 높다. 예컨대 개성공단에서 123개 기업이 비슷한 조건에서 생산활동을 하지만, 잘하는 기업과 잘 못하는 기업이 있을 수밖에 없다. 잘하는 기업은 더욱 많은 자본을 모을 수 있고 잘 못하는 기업은 파산할 수 있다. 만일 잘하는 기업이나 못하는 기업 모두에게 동일한 조건에서 국유화를 시킨다면 그것은 잘하는 기업에 피해를 주고 못하는 기업에 이익을 주는 결과를 가져올 수 있다. 따라서 북한 국민의 소득증대 정책도 이와 같은 측면에서 열심히 일하는 국민들이 더 많은 이익을 얻을 수 있게 하고, 반대로 게으른 국민들이 적은 이익을 얻을 수 있도록 하는 것이 바람직하다고 하겠다.

개성공단의 실험적 사례는 북한 국민들의 높은 생산성이 어느 지역의 그것보다 높다는 것을 예시한 것이며, 이는 북한 국민들에게 좋은 기회가 부여될 경우, 얼마든지 많은 부(富)를 창출할 수 있는 가능성이 있음을 확인시켜 준 사례라고 하겠다. 현행 북한의 헌법 제25조에도 이와 같은 취지의 내용은 분명히 규정되어 있다. "조선민주주의인민공화국은 인민들의 물질문화생활을 끊임없이 높이는 것을 자기 활동의 최고원칙으로 삼는다. 세금이 없어진 우리나라에서 늘어나는 사회의 물질적 부는 전적으로 근로자들의 복리증진에 돌려진다. 국가는 모든 근로자들에게 먹고 입고 쓰고 살 수 있는 온갖 조건을 마련하여 준다." 북한 정부는 북한의 모든 근로자들이 잘 먹고 잘 입고 잘 쓸 수 있게 그 역할을 함이 당연하다.

제9장

북한의 국가자본 확대방안

두 번째 이야기 '어느 죄수의 쇼생크 탈출기'에서 언급한 바와 같이 수십 년을 감옥에서 복역한 김철수가 무죄가 입증되어 자유로워졌다 하여도 그가 경제적 자유를 얻지 못한다면 그것은 또 다른 고통의 시작일 뿐, 진정한 자유라고 할 수 없을 것이다. 아무리 잠재적 능력을 지니고 있다고 하여도 갑작스럽게 무일푼으로 정글에 가서 살 수는 없기 때문이다. 북한은 자신이 지니고 있는 국가자본을 재발견하고 그것의 가치를 확대시키는 방안을 고민하여야 한다. 이는 북한의 진정한 민주주의를 위하여 필수적 요건이라고 하겠다. 최소한 '한 됫박의 쌀'이라 할지언정 과연 북한 국민들에게 얼마나 자본을 부여할 수 있는가를 측정하고 이를 확대하는 작업은 북한의 국가발전을 위해서도 필수적이라고 하겠다.

1. 북한 토지의 자본화

사실상 북한의 자본 가운데 산림, 지하자원, 소비재, 고정자산 등을 모두 합산한다고 하여도 지하자원과 군사무기류를 제외하면 큰 경제적 가치를 부여하는 데 어려움이 있다. 그렇지만 북한의 토지는 상대적으로 명확한 국가자본으로 그 가치를 평가할 수 있다. 물론 북한의 토지 역시 60년 전의 그것을 기준으로 가치를 평가한다면 높은 가격을 매길 수 없다. 그러나 현재 동아시아지역의 경제규모와 인접하여 있는 남한의 경제발전 그리고 중요한 지정학적 위치 등으로 북한 토지의 가치는 그 어느 때보다 높이 평가될 수 있다. 또한 인접국가인 중국은 여러 측면에서 장기적, 안정적 투자를 하기 어려운 공산정부에 의하여 통제되고, 일본은 민주정부이기는 하지만 대지진과 쓰나미 등 여러 가지 자연적 재해 발생으로 인하여 토지와 같은 자본재 분야에 장기 투자하는 것이란 두려운 일이다.

북한의 토지는 21세기에 들어오면서 사실상 그 가치가 급등하고 있다. 중국이 개방되면서 세계의 경제활동 축이 대서양과 태평양을 건너, 동아시아 방면으로 옮겨졌기 때문이다. 중국의 베이징과 상하이, 러시아의 블라디보스토크, 일본의 도쿄와 오사카를 연결하여 하나의 원을 그린다면 그 지역이 바로 동아시아의 핵심지역이다. 그런데 그 가운데, 즉 계란노른자의 위치에 평양과 서울이 위치하여 있다. 물론 북한의 지정학적 위치는 대단히 높은 토지가치를 갖고 있을 수 있지만 사실상 이 지역은 개발불가지역(開發不可地域)이다. 그 결과 남한 역시 그 토지적 가치가 저평가된 부분도 있지만 북한의 경우는 아예 토지의 소유와 거래가 불가능하기 때문에 당연히 그 어떤 화폐적 가치로도 평가할 수 없다. 그러나 만일 북한지역이 신뢰할 수 있는 민주정부에 의한 토지의 개별적 소유권이 정당하게 보장될 수 있다면 과연 어떠한 변화가 일어날 수 있는지를 가정하여 북한 토지의 경제적 가치를 평가할 수 있다. 물론 이를 위해서는 북한의 주변국들이 함께 보증을 해주어야 하겠으나 남한의 대한민국 단독으로도 이를 보증할 수 있을 것이다. 단지 북한에 개인의 토지 소유권을 인정하는 신뢰할 수 있는 민주정부라면 그 보증을 회피할 이유가 없다는 조건이 붙을 뿐이다. 이런 가정에서 추정하여 보면 북한의 토지를 담보로 설정할 수 있는 북한 국채, 즉 토지채권은 일정 액수로 북한 정부가 발행할 수 있다. 북한 토지를 담보가치로 설정하여 발행되어 유통될 수 있는 북한 채권이 이른바 북한의 기본적 국가자본이라고 하겠다.

2. 북한 토지의 가치평가

그렇다면 북한 전체 토지의 가치는 과연 얼마나 될 것인가? 이와 관련된 기존의 연구자료를 아쉽게도 찾지 못하여 부득이 다음과 같은 방식으로 감정 평가하였다. 북한지역의 토지면적과 토지이용, 관련된 세부적 계획 등을 정확히 파악하는 것은 사실상 어려운 작업이다. 그렇지만 기본적인 사항을 토대로 통상적인 토지감정의 방식에 의하여 대략적인 북한 토지의 총 가치를 평가하면 다음과 같다.48) 북

---

48) 미국의 하버드국제개발연구소(HIID)에서는 1996년 당시, 개방화된 러시아 전 국토에 대한 토지감정평가 작업을 진행하고 있었다. 필자는 우연히 이를 옆에서 관찰할 기회가 있었는데, 미국에서 구소련의 토지를 감정 평가한다는 것 자체가 신기하기도 하였지만 그때는 그 작업이 왜 이루어지고 있는지 잘 이해하지 못하였다. 필자가 토지평가방법에 대하여 잘 모르고 이에 대해서 귀찮게 물어보자 당시 Roy Kelly 교수는 고맙게도 미국의 저명한 토지감정평가사 한 분을 모셔다가 3박 4일 동안 개인교습을 받을 수 있도록 기회를 주었다. 그 당시의 경험을 바탕으로 북한에 대한 토지감정평가를 이번 연구에서 실험적으로 적용하여 보았다. 따라서 보다 전문적인 평가는 보다 경험이 많은 전문감정평가사의 연구가 있어야 할 것임을 밝혀 둔다.

한 전체 면적 12만 4,000km² 가운데 산림지역은 68.1%이고 주거지역은 불과 1.1%에 불과한 것으로 위성사진은 판독하고 있다. 그 밖에 농경지가 20.2%이고 또는 강이나 해안 등 기타지역이 약 10.6%인 것으로 보인다. 따라서 북한의 대부분의 지역은 몇몇 도시지역의 인구집중지역을 제외하고는 크게 개발된 지역이 없는 토지로 판단되며 토지 전체에 대한 가치를 총괄적으로 하여도 크게 오차가 나지 않는 신규 개척지에 가깝다고 하겠다. 비유럽지역의 공산체제하에서 이루어지는 토지평가 작업은 마치 새로운 공간에 대하여 선을 긋는 것과 같은 특성이 있다. 이는 산업화된 자본주의 국가에서의 토지평가 작업과는 확연히 구분되며 동시에 전통적인 왕권국가에서의 토지평가 작업과도 다르다고 하겠다.

<표 8> 북한의 토지이용 현황

구분	산림	주거지	경지	초지	수역	기타	합계
면적(천ha)	8,446	139	2,376	1,066	164	209	12,400
비율(%)	68.1	1.1	20.2	8.6	1.3	1.7	100

자료: 박상호, 「북한의 토지제도에 대한 소고」, 「한국토지법학회」, 2004(재인용).
차건환, 「통일 후 북한 토지의 감정평가 적용방안 연구」, 2010, 서강대학교 학위논문.

이와 같은 북한 토지의 특성상 그 가치를 평가하는 것에 다양한 방법이 있을 수 있다. 우선 실거래가격을 기준으로 북한 토지를 누군가가 모두 구매한다면 그 판매가격을 기준으로 평가할 수 있을 것이다(판매가격 기준). 또는 일부 지역의 실질적인 토지거래가 있었다면 그것을 기준으로 환산 평가할 수도 있을 것이다(인근지역 거래가격 환산기준). 그렇지만 사실상 개성공단이나 금강산지역을 기준으로 토지를 평가함에는 정치적 요소가 너무 많이 개입되어 있어서 북한 전체 토지의 가치를 평가하는 데 오히려 그 정확성을 저해할 수도 있다. 따라서 북한의 전체 토지를 하나로 설정하고 그것의 가장 인접한 지역의 토지가치를 기준으로 북한 토지의 가치를 평가하는 방식을 취할 수 있다(인접토지 평가기준).

본 연구에서는 북한에 인접한 남한의 토지가치를 근거로 평가하는 방식을 택하여 북한 토지의 가치를 측정하여 보았다. 남한에서 북한 토지에 가장 근접하여 토지가치가 평가되어 있는 지역이 민간인통제구역 내에 있다. 실제 거래가 이루어지고 있으며 매해 개별공시지가가 발표되는 지역이다. 그 지역 가운데 대표성이 강한 지역을 선정하였으며 위치는 '경기도 파주시 군내면 방목리 산 38번지'이다. 이곳은 민통선에서 북쪽으로 10Km에 위치하여 있으며 휴전선과 비무장지역에 가장 근접한 지역이면서 특이성이 적고 면적이 넓은 임야이다. 실제 거래가 이루어질 수 있는 북한 토지에 가장 가까운 남한지역의 토지라고 하겠다. 이곳의 면적은 50,678m²이며, 지목은 임야이고 개별공시지가는 2008년 10,200원/m², 2011년 9,770원/m²이었다. 남북교류가 활성화되면 그 가치가 상승하고 그렇지 못하면 다소 하락하는 특성을 보이고 있기에 편의상 이 토지의 기준가치를 약 10,000원/m²이라고 평가하고자 한다. 이처럼 남쪽지역에 가장 근접하여 있는 북한의 인접 토지 기준가치를 10,000원/m²라고 할 때, 현재 실질적인 거래와 토지평가가 이루어지고 있지 않은 북한의 토지를 이 인접토지의 개별공시가격으로 환산하여 볼 수 있다. 물론 정확하고 세부적인 감정평가는 전문가들에 의하여 실사를 통하여 추후에 자세히 이루어져야 하겠으나 개괄적 평가근거와 인접 토지 평가기준 방식에 의하여 감정 평가된 북한 토지의 전체가치는 약 1,240조 원이라고 하겠다. 이는 북한의 토지를 전체로 보고, 하나의 필지로 평가한 것이므로 각 지역을 용도 구분하고 개발계획이 적용된다면 각 지역의 토지가격은 이와 같은 1,240조 원 이내에서 각기 다른 토지가격으로 분류될 것이다.

3. 북한 국민 1인당 평균 토지자본

북한의 토지를 담보로 하여 채권액을 설정, 발행할 수 있는 북한 전체의 국가자본 규모는 약 1,240조 원이라고 할 수 있다. 이에 대한 북한지역의 국민 1인당 설정, 분배받을 수 있는 개인자본은 약 5,636만 원에 달한다고 하겠다.[49] 만일 10년 만기의 채권을 설정하고 이를 즉시 할인받아 현금화할 수도 있겠으나 이에 대한 일정한 제한은 필요하다. 그러나 분명한 것은 북한지역의 모든 국민들에게 공평하게 일정한 종잣돈, 즉 개인자본을 설정할 수 있는 토대가 북한의 토지에서 발생하며 이는 북한 국민 모두가 평등한 소유권이 함께 설정된 민주국가 북한을 향한 새로운 출발이 될 수 있는 측면이다.[50]

---

49) 북한의 정확한 인구수는 조사기관에 따라서 큰 차이를 보이고 있으나 본 연구에서는 2,200만 명을 기준으로 산정하였음을 밝혀 둔다(미국 CIA자료 참조).

50) 북한 국민은 북한의 토지를 담보로 개인의 자본을 형성할 수 있는 기회를 균등하게 부여받을 수 있다. 이것은 그동안 북한 국민의 주체적 지위를 경제적 측면에서 실질적 화폐단위로 환산한 액수가 될 수 있다. 또한 북한 국민들이 향후 분배받을 수 있는 경제가치를 명시화시킬 수 있는 근거 있는 화폐 값이기도 하다. 그러나 만일 이와 같은 화폐적 가치를 준비가 잘 되어 있지 못한 상태에서 그대로 각 개인들에게 분배한다면 많은 북한 국민들이 실수를 할 수 있기 때문에 일정 기간 개방경제에 대한 치열한 학습과 공부를 하여야 한다. 또한 이와 같은 북한 토지를 담보로 한 개인자본의 형성기회는 향후 북한 국민들 모두에게 새로운 희망의 가치로 제공될 수 있다. 남한의 경우, 1970년대 민주화를 늦추고 경제발전에 모든 것을 전념할 수 있도록 내세웠던 구호 가운데 수출 100억 달러, 국민소득 1,000달러와 같은 분명한 목표 값이 있었다. 북한의 경우에도 북한 국민들에게 분명한 발전의 목표와 그것의 개인귀속적 결과물에 대한 명확한 목표 값을 제시할 필요가 있다. 이는 북한의 개방이 단계적으로 이루어진다고 하여도 북한을 떠나지 않고 더욱 발전될 공화국의 미래에 동참할 수 있는 이른바 구심력(求心力)으로 작용할 수 있을 것이다.

<표 9> 북한의 토지담보부 채권발행 가능금액(개인자본)

(단위: 원)

구분	국가자본 (채권발행)	입목 및 지하자원	토지자본	소비재 등 기타	고정자산 및 재고자산 등
전체 규모	1,240조	NA	1,240조	NA	NA
(비율)	100%	-	100%	-	-
개인 규모	* 북한 국민 1인당 평균 토지자본(개인자본): 5,636만 원(예상 값) cf) 남한 국민 1인당 평균 토지자본(개인자본): 7,433만 원				

마르크스가 언급한 사유재산의 왜곡 부분을 해소하고 그것의 균등한 분배를 실천하고자 했던 사례는 역사적으로 오래전 아시아의 어느 국가의 사례에서도 찾아볼 수 있다. 북중국지역에서 유목민을 농경민으로 정착시키기 위한 북위(北魏)의 균전제(均田制)가 이와 유사하다. 또한 조선의 실학자 유형원의 이상적 토지제도개혁안에서도 비슷한 사례를 찾아볼 수 있다. 산업자본국가의 모순을 해소하면서 동시에 산업공산국가의 잘못된 문제점을 해결하기 위한 절충적 방안으로서 북한 정부의 혁신적 방안은 바로 토지자본의 재평가와 균등한 개인분배에서 출발할 수 있다. 폐쇄화된, 그리고 공유적 자본재로서의 북한 토지의 가치는 정확히 평가하기 어렵지만 북한의 모든 자본을 총 합산하여도 약 200조를 넘지 않을 것으로 추계된다. 이는 남한의 국내총생산규모(GDP)의 약 2.56%에 불과한 북한의 생산력을 통하여 환산하여도 비슷한 규모로 평가될 수 있다. 그러나 북한의 토지를 개인적 소유권이 보장된 자본재로 환산하여 평가한다면 그 자체만으로도 남한 전체 토지 가치의 34.7%를 상회한다. 물론 지하자원 등 희소한 광물류 등에 대한 추상적 평가도 가능하겠지만 경제적 평가에 있어서 이와 같은 접근은 상당 부분 한계점이 있기 때문에 본 연구의

대상에서는 제외하고자 한다. 이처럼 개인적 소유권이 개별적으로 보장된 북한의 토지에 대한 외부적 투자가 안정적으로 유입된다면 중장기적으로 북한의 여타 자본들의 가치도 비례적으로 상승할 것이다. 그 결과 단계적으로 개방화되고 민주화된 북한에서 현재 토지가치가 점진적으로 상승하여, 두 배의 가치로 상승하는 시점을 기준으로 북한의 여타 자본적 가치도 함께 상승하였을 때, 북한지역의 국가자본은 약 5,403조 원에 이를 것이다. 이는 남한의 현재 국가자본 7,778조 원에 대비할 때 약 69.5% 수준에 달하는 시점이기도 하다. 참고로 남한의 경우 2000년도 3,400조 원의 국가자본이 2010년도 7,779조 원으로 2.3배 증가했음을 고려할 때, 그 기간은 불과 10년 정도밖에 소요되지 않을 수도 있다. 또한 북한의 인구가 현재와 비교하여 크게 변하지 않는다면 북한지역 국민들의 개인자본은 현재의 폐쇄체제하에서의 국민 1인당 909만 원에서 2억 4,560만 원으로 폭증할 수 있을 것으로 예상된다. 그러나 이와 같은 비전에도 불구하고 그것의 현실화를 위해서는 북한 정부의 적극적이고 분명한 혁신적 의지가 적절하게 도입되고 실행되어야 할 것이다.

〈표 10〉 북한 국가자본의 변화 예상 값(개인자본)

(단위: 원)

구분	국가자본	입목 및 지하자원	토지자본	소비재 등 기타	고정자산 및 재고자산 등
현재의 남한	7,778조(100%)	92조(1.2%)	3,568(45.9%)	204조(2.6%)	3,913조(50.3%)
현재의 북한	200조(100%)	NA	0	NA	NA
혁신북한	1,240조(620%)	NA	1,240조	NA	NA
혁신북한 +10년	5,403조(2,700%)	NA	2,480조	NA	NA

	현재의 남한지역 국민 1인당 평균자본: 1억 6,200만 원
개인 규모	현재의 북한지역 국민 1인당 평균자본: 909만 원
	혁신북한의 경우, 국민 1인당 평균자본: 5,636만 원(예상 값)
	혁신 이후+10년, 북한 국민 1인당 평균자본: 2억 4,560만 원(예상 값)

자료: 통계청, 국가자산현황, 2011 재구성(국가자본은 국가순자산으로 산정함).
미국 CIA 통계자료에 따라서 재구성(북한과 남한 관련 자료참조).
혁신북한, 혁신북한+10 관련 통계 값은 추정된 것임.

[작은 이야기 2] '초기자본'의 중요성을 강조한 버핏과 개성상인[51]

가난한 두 청년 '김부국'과 '김빈국'이 살고 있었다. 둘 다 어려운 환경에서 제대로 배운 것도 없었고 가진 것도 없었다. 그래서 하루하루 열심히 살지 않으면 안 되었다. 하루 벌어 보아야 5만 원. 여기에서 이것저것 떼면 남는 것도 없었다. 김빈국은 자신의 신세를 한탄하면서 일이 끝나면 소주 한잔 거나하게 마시고 취하여 잠이 들었다. 포장마차에서 한잔 마시는 낙으로 살아가는 것이 김빈국의 유일한 기쁨이었다. 그러나 김부국은 달랐다. 똑같이 5만 원의 일당을 받았지만 김부국은 차곡차곡 돈을 모았다. 이를 보며 김빈국은 빈정거리기 시작했다. "야, 김부국, 너 그 돈 모아야 얼마나 된다고 그러냐. 하루에 기껏 힘들게 일해야 번 돈이 고작 5만 원인데, 거기서 뭐를 남겨서 돈을 모으냐? 점심도 제대로 먹지 않고 술 한 모금 안 먹고 남겨야 하루에 2만 원밖에 안 되는데……."

10년이 지났다. 김부국은 어느새 100억짜리 빌딩을 보유한 잘나가는 부자가 되었다. 여전히 빈곤했던 김빈국이 옛 친구 김부국을 만나

---

51) 세계 최고의 부자라고 일컬어지는 워런 버핏(Warren E. Buffett)이 주장하는 부자의 논리 가운데 유명한 스노볼(snowball effect) 이야기가 있다. 개인이나 국가에게 초기자본을 형성하는 것이 얼마나 어렵고, 그 것이 또한 얼마나 중요한가를 일깨워주는 좌우명 같은 내용이다. 다음은 우리나라 개성상인들 사이에 자식에게만 알려 준다는 '푼돈으로 목돈 만들기' 이야기이다.

서 이를 알고 깜짝 놀라 물었다. "어떻게 된 것이야? 너도 나만큼 배운 게 없고 가진 것도 없었는데, 갑자기 어디서 로또 당첨이라도 되었냐?" 김부국은 씩 웃기만 하였다. 김부국이 말은 안 하였지만 김부국의 로또는 사실 '복리의 마법'과 '선한 마음'에서 비롯된 것이었다. 김부국은 1,000만 원을 모을 때까지, 꼬박 일 년이 넘게 걸렸다. 하루에 2만 원씩 1년 내내 모아도 사실 얼마 안 되는 돈이었다. 그러나 일단 1,000만 원이 2,000만 원이 되는 데 걸린 시간은 절반밖에 안 걸렸다. 모아둔 1,000만 원에 이자가 붙고 추가로 계속 2만 원씩 불입하여 여기에 다시 이자가 붙기 때문에 이자에 이자가 붙는 식의 복리의 마법으로 1,000만 원이라는 작은 눈뭉치는 점차 빠른 속도로 눈덩이처럼 불어났다. 김부국은 드디어 3년 만에 5,000만 원을 모을 수 있었고 작은 연립주택 하나를 간신히 살 수 있었다.

그러나 김부국은 그 연립주택에 살지 않고 월세로 임대를 주었으며 그 수입은 또다시 저축하면서 계속 아끼며 악착같이 일했다. 드디어 김부국에게도 기회가 왔다. 연립주택 지역이 워낙 낙후된 지역이어서 재개발지역에 편입되었는데 이럭저럭해서 1억 원을 받을 수 있었다. 김부국은 5년째 되던 해 그가 그동안 열심히 모았던 1억 원과 집을 판 돈을 모두 합쳐 2억 원으로 목 좋은 곳에 상가점포를 하나 매입하게 되었다. 허술한 건물이었지만 위치가 좋아서 장사가 잘 되는 곳이었다. 건물주 할아버지는 나이가 너무 많아서 건물관리를 하기 어려워 아예 지분을 떼어서 상가 하나를 별도로 김부국에게 부분 매각한 것이었다. 평소 건물주 할아버지를 대신하여 많이 도와 드리고 있었던 김부국에게 어느 날 할아버지가 놀라운 제안을 하셨다. 아예 건물을 다 사서 전체적으로 잘 관리하는 것이 어떻겠느냐는 것이었다. 김부국은 좀 당황스러웠다. 건물을 담보로 건물 가치의 50%에 대하여 은행융자를 받더라도 최소한 10억은 추가로 더 있어야 했다. 건물주 할아버지는 김부국에게 그 10억 원을 빌려주고 대신 다달이 이자를 내라고 하셨다. 그 이자로 할아버지는 편안하게 사시겠다고 하였다. 할아버지는 김부국의 성실함을 익히 잘 알고 계셨고, 무엇보다 그를 매우 신뢰할 수 있는 젊은이라고 평가하고 있었다. 세상 어디에도 그렇지만, 그 동네에도 못된 사기꾼들이 있어서 틈만 나면 할아버지에게서 빌딩을 뺏어 보려고 했던 놈들이 있었다. 김부국도 그런 사기행각에서 한몫 잡으라고 몇 차례 유혹을 받기도 하였다. 그때마다 김부국은 보이지 않게 사기꾼들을 쫓아 버렸지만 그 소문은 발없이도 천리를 갔고 할아버지도 잘 아는 내용이었다. 김부국은 선하고 정직하며 부지런한 청년이었고 돈이 되지 않는 허드렛일조차 도맡아 할아버지를 성실하게 도와 드렸다. 건물주 할아버지의 제안은 놀라웠지만 어찌 보면 그럴 만한 제안이었던 것이다. 할아버지는 속으로 낡은 건물의 새로운 주인을 찾게 되어서 참으로 기뻤다고 한다. 그렇지만 할아버지는 김부국에게 절대 내색하지 않았으며, 공짜로 무엇인가를 해주지도 않았고, 꼬박꼬박 이자를 끝까지 한 푼도 깎아주지 않고 잘 받았으며 김부국도 기한을 잘 지켰다.

드디어 8년째 되던 해, 김부국은 22억 원짜리 건물을 자신의 이름으로 소유하게 되었다. 절반은 은행의 융자로, 절반은 이전 건물주 할아버지가 빌려 주신 돈으로 해결하였지만 어쨌든 상가 하나밖에 없던 김부국이 드디어 건물 전체를 소유하게 된 것이었다. 김부국은 아침부터 저녁까지 그 낡은 건물을 하나하나 꼼꼼하게 살피며 잘 관리하였다. 특히 낡은 건물의 외관을 예쁘게 치장하였고, 화장실 청소를 매일 깔끔하게 하였다. 물론 자금이 부족하여 많은 돈을 들일 수는 없었으나 비가 새는 곳은 직접 방수액을 섞은 시멘트로 잘 발라 메웠고, 흰색 페인트로 창문과 입구 주변을 멋지게 칠했더니 운치가 있어 보이는 매력적인 빈티지한 건물로 바뀌었다. 워낙 위치가 좋은 곳인데 그동안 낡고 관리가 잘 안 되었던 건물이었다. 그런데 성실한 김부국의 노력과 세심한 관리 덕분에 임차인들이 서로 들어오고 싶어하는 멋진 건물로 탈바꿈한 것이었다.

10년째 되는 오늘, 김부국의 건물은 100억 원을 줄 테니 제발 좀 팔라고 하는 인기 있는 건물이 되었다. 나중에 안 이야기이지만, 전 주인 할아버지는 60년 전 6·25 때 북한의 개성에서 사시다 힘들게 혼자 남쪽으로 내려와 사셨던 이른바 개성 출신의 부자이셨다. 할아버지는 김부국의 성실함을 보면서 마치 자신의 젊은 시절 모습을 보는 것 같았고, 북에 두고 온 큰아들을 보는 것 같다고 주변 사람들에게 말씀하셨다고 한다. 김부국은 지금도 건물의 입구에 들어설 때마다 할아버지께 감사드렸고, 할아버지의 존함을 따서 건물이름을 새로이 지었고, 현관 작은 동판에는 할아버지와 함께 찍은 사진을 깊이 새겨 넣었다. 개성의 부자 할아버지는 김부국이 작은 푼돈도 소중히 여길 줄 아는 선한 부자라는 것을 미리 아신 것 같았다.

제10장

북한 정부의 신(新)혁신방향

앞서 제7장에서는 북한의 새로운 민주주의에 대한 내용을, 제8장에서는 남한과 북한의 자본현황을 비교하였고, 제9장에서는 북한의 국가자본의 확대방안을 살펴보았다. 이와 같은 논의에 근거하여 북한 정부의 혁신을 위한 주요 방안들을 제시하여 보고자 한다. 우선 첫 번째 단계에서는 북한 정부의 이미지 혁신, 제도 혁신을 담고 있다. 두 번째 단계에서는 북한 정부 권력구조의 혁신적 변화, 기득권층에 대한 보상, 국민의 공평한 재산권 형성을 제시하고자 한다. 그리고 세 번째 단계에서는 북한의 자주적 민주정부 수립을 위한 국제연합(UN)과 국제사회의 협력을 통한 북한 민주정부의 적극적 역할을 소개하여 본다.

1. 제1단계: 평화적, 개방적 조치로 국제사회 신뢰 구축

1) 6자회담의 적극 활용

북한이라는 얼룩말이 안전하게 귀환되어야 할 시점이다. 봉건체제와 일본의 군국주의를 피해서 도망했던 마르크스 동물원이 파산하면서 북한이라는 얼룩말은 이제 새롭게 민주국가로 귀환되어야 한다. 이를 위해서 북한을 둘러싼 각 국가들의 협조가 필수적이다. 우선 대한민국 국민들의 자발적 이해와 협력이 가장 중요하다. 어떠한 사상적 편향과 개인적 선호를 떠나서 이제 21세기를 향한 북한의 새로운 출발에 협력하고 도울 준비가 되어야 한다. 이미 김대중 정부와 노무현 정부를 통하여 북한에 대한 금전적, 물질적 지원이 사실상 얼마나 어려운가를 충분히 보았다. 또한 이명박 정부의 북한에 대한 강경적 대응 또한 참으로 무의미하다는 것도 인식하게 되었다. 그리고 북한을 이대로 방치하고 무관심하게 있는 것 역시 사실은 가장 위험할 수 있다는 것도 여러 정황을 통하여 이해되고 있다. 그러나 북한 정부도 연평도에 대한 포격사건은 나이가 많은 중장년보다 젊은 남한의 청년세대들에게 그 혐오증이 극대화되었음을 이해하여야 한다. 젊은 통일세대를 적으로 만들고 반감을 갖게 만드는 계기를 또다시 만들어서는 결코 안 된다. 이와 같은 군사적 위협은 민주국가인 남한을 더욱 단합되게 하는 효과가 있으며 북한에 대한 강경책을 취하는 정부를 지지하는 결과를 초래할 수 있다. 따라서 북한 정부는 현재 가장 유력하게 활용될 수 있는 6자회담을 통하여 북한의 변화 모색과 이를 공고히 할 수 있는 관련 국가들 상호 간의 분명한 합의문 도출에 적극적으로 나섬으로써 유화적 자세를 표시할 필요가 있다.

2) 국가이미지 혁신

북한 정부는 우선 북한의 국가이미지를 혁신할 필요성이 있다. 과거의 북한에 대한 국제사회 인식이 보편적으로 좋다고 보기 어렵기 때문이다. 물론 국가생존 전략이라는 차원에서 군사력 중심의 주체적이며 강인한 이미지가 불가피했다고 하겠으나 새로운 21세기를 향한 북한의 새로운 혁신을 위해서라면 부드럽게 변화된 국가이미지 개선 작업이 이루어져야 한다. 대표적으로 국호와 국기를 새롭게 혁신할 필요가 있다. 이와 관련해서는 추가적인 조사와 관련 연구가 있어야겠으나 북한 정부의 의지 여하에 따라서 북한의 우수한 인력을 활용하여 최소의 비용으로 큰 효과를 거둘 수 있는 부분이라고 하겠다. 특히 북한의 정부는 새로운 리더가 등장하였고 아직 그 리더에 대한 구체적인 이미지가 형성되어 있지 않은 상태이다. 따라서 북한 정부는 이와 같은 변화의 시기에 국가이미지를 혁신하여 그 효과를 극대화할 수 있을 것으로 판단된다.

3) 국호의 변경

현재의 국호인 조선민주주의인민공화국(DPRK; Democratic Peoples' Republic of Korea)은 직전의 조선왕조를 이어받은 것 같은 이미지가 있으며 그것은 봉건적 속성과 수구적 특성을 강하게 풍긴다. 새로운 변화에 맞는 좀 더 혁신적이고 개방화된 이미지의 국호가 필요하다고 하겠다.

이와 같은 맥락에서 북한은 국내적으로는 강성대국의 이미지와 부합되면서 동시에 국제적으로는 이념적으로 편향되지 않은 국호로 고려민주공화국(DRK; Democratic Republic of Korea)으로 개명하는 것이 바람직하다고 판단된다. 이와 관련해서도 역시 북한 정부의 의지 여하에 따라서 최소비용으로 국가이미지의 변화를 긍정적으로 끌어올릴 수 있다.

4) 국기의 변경

현재의 국기인 인공기는 직선과 원 그리고 별로 구성되어 있다. 그러나 이것은 단선적이고 편향된 강한 느낌은 주지만 아름답고 기품 있는 이미지에서는 취약하다. 따라서 보다 개방적이고 부드러운 느낌을 줄 수 있는 국기로 변경하는 것이 북한의 국가적 이미지를 부드럽고 평화로운 느낌으로 바꿔줄 수 있다. 만일 북한의 꽃 진달래를 아름답게 형상화한다면 보다 많은 세계의 젊은이들에게 긍정적인 국가 이미지로 전달될 수 있지 않을까라는 판단도 하였다. 북한의 국기가 매우 예뻐서 마스코트처럼 가슴에 달 수 있도록 디자인되었으면 하는 바람이다. 개인의 사진이나 강한 이미지의 국기 배지를 다는 것보다 꽃장식의 문양을 달 수 있다면 전체적 분위기를 쇄신하는 데 도움이 될 수 있다고 하겠다. 참고로 세계의 시장에서 활동하는 기업에게 그 기업의 이미지는 기업의 생존에 직결되는 성과로 연결되며 이는 어떠한 개방된 국가도 예외일 수 없다고 하겠다.

5) 제도의 혁신

새로운 고려민주공화국은 조선공화국이라는 현행 헌법의 봉건적 속성을 넘어서야 한다. 그것은 대한민국의 헌법, 일본의 헌법, 중국의 헌법, 그리고 미국의 헌법보다 더 고귀한 민주주의 이념을 담을 수 있는 전문에서 출발하여야 한다. 또한 헌법의 각 조항들은 새로운 국가의 틀을 만들어 나갈 수 있는 비전과 방향을 제시하여야 할 것이며 이는 개인과 국가의 적절한 관계형성을 설정하는 내용이 되어야 한다. 또한 새로운 헌법은 당연히 조선노동당 규약에 앞서야 할 것이며 고려민주공화국의 이상과 이념을 현실적으로 구체화시킬 수 있도록 각 국가기관과 정부의 조직구성을 재정립하여야 한다. 이를 위하여 단계적이지만 분명하고도 명시적인 개방과 개혁의 조치로서 자유롭고 공정한 지방선거를 실시하는 것이 필요하다. 중앙정부 차원에서는 일정 기간 그 체제적 안정성을 위하여 선거를 유보하여야겠으나 지방정부 차원에서는 자유롭고 공정한 선거를 시행할 수 있는 제도와 그것의 실천을 이루어야 한다. 국제사회는 단순한 구호나 선전이 아닌 북한의 혁신정부가 수행하는 실천적 행동을 보면서 신뢰할 수 있기 때문이다.

2. 제2단계: 영세중립국의 지위 확보

1) 제1의 선택: 고려민주공화국의 자체적 혁신

새로운 고려민주공화국은 국제사회에서 영세중립국으로서의 지위를 확고히 보장받아야 한다. 고려민주공화국은 중국이나 러시아, 미국이나 일본에게서 영향이나 간섭을 받아서는 안 될 것이며 그 지정학적 중요성으로 어느 쪽으로도 치우치지 않을 수 있도록 중립국의 지위를 확보해야 한다. 이를 위하여 국제연합뿐만 아니라 대한민국 및 관련 주변 당사국들의 적극적인 동참을 통하여 영구히 어떠한 외세로부터의 침입과 영향력에서 독립될 수 있어야 한다. 군사적 협박보다는 평화적이고 구체적인 영세중립국으로서의 지위 확보를 위한 명분 있는 협상과 요구로 국제사회를 설득시킬 수 있고 이를 통하여 다수의 국가들을 고려민주공화국 편으로 만들 수 있다고 하겠다. 이와 같은 고려민주공화국의 영세중립국화에는 국제연합 사무총장의 적극적 역할이 긴요하다. 적절한 시점에서 한국 출신의 반기문 사무총장을 북한으로 초청하여 그의 적극적 지원을 받을 필요도 있다. 북한을 둘러싸고 있는 다양한 강대국들의 이해관계를 적절히 조정하여 좋은 결과물을 얻어내는 데 있어서 사무총장은 충분한 능력과 자질을 갖추고 있다고 하겠다. 국제연합 사무총장의 지원을 얻으면서 고려민주공화국의 영세중립국화 지위를 획득함이 필요하다고 판단된다.

2) PLAN B(제2의 선택): 국제연합과 북한 정부의 협동신탁정부 구성

제1의 선택이 여의치 않을 경우를 대비한 PLAN B를 가정하면 다음과 같다. 그것은 부득이 국제연합과 북한 정부가 함께하는 협동신탁정부 구성이라고 하겠다. 대한민국을 비롯하여 미국, 러시아, 중국, 일본은 북한의 민주정부를 적극 지지하고 협조하여야 하며 이를 위한 공동결의와 함께 다음과 같은 합의문을 국제연합에 제출하여야 한다.

"우리 5개국 모두는 북한의 민주주의를 위한 공동사업에 적극 참여하고, 이를 위하여 북한에서 발행될 토지채권 및 시설채권에 대한 신용을 동등하게 보증하며, 동시에 이를 공정하게 집행하고 관리할 국제연합과 북한 정부의 협동신탁정부(UDcoTgo: UN-DPR Cooperative Trusteeship Government) 구성을 요청하는 한편, 국제연합의 군사적 관할하에서 고려민주공화국의 영세중립국 지위를 존중하여 어떠한 타 국가의 군사적 도발에 대해서도 공동 방위하도록 한다."

북한에서 구성될 민주정부를 위하여 국제연합과 북한 정부의 협동신탁정부는 향후 10년간 국제연합의 직접 관할하에서 중립적 집행부로 구성되어야 한다. 이는 현재의 북한 정부를 토대로 구성하되 그것의 새로운 경제정책과 외교정책 그리고 다양한 개방활동에 있어서는 국제연합이 직접적인 지원역할을 맡아야 한다. 특히 북한을 제외한 5개국은 북한에서 발행하게 될 토지채권과 시설채권 약 1,500조에 대한 공동보증을 하여야 한다.[52] 각 국가별로는 약 300조 원 규모의 보증이지만 직접적인 투자나 현물 지급은 아니고 국제연합 집행부에 보증규모를 담보하는 국채 또는 정부증서를 보관시킬 수 있어야 한다. 만일 중국이나 미국이 자국의 신용보증서를 국제연합에서 위탁관리하는 데 동의함에도 불구하고 러시아 또는 일본이 이를 거부한다면 영세중립국 북한에 대한 이해관계에서 러시아와 일본은 치명적인 손실을 받을 수도 있다. 각국의 이해관계를 따져 보았을 때 신용보증을 하지 않는 국가는 오히려 큰 손해를 볼 수 있는 구조로 만들어야

---

52) 토지채권의 규모는 1,240조 원 규모이다. 그리고 시설채권은 기존의 각종 공공건물과 호텔 등 기타 수익 자산들을 담보로 체코정부가 발행한 Voucher 방식과 유사하게 산정하여 약 200조 원에서 260조 원의 가치로 평가한 사항이다.

한다. 이와 같은 과정에서 국제연합은 매우 좋은 지렛대로 활용될 수 있다. 각국의 이해관계 측면에서 볼 때, 현재의 폐쇄적 북한은 가치가 없지만 개방적 민주국가로서의 북한은 그 잠재력과 투자의 가치가 매우 크기 때문에 관련 국가들이 신용보증에서 적극적일 수 있다. 그러나 개방화와 민주화 과정에서 외세의 침입 가능성은 철저히 막아야 한다. 이를 위하여 북한은 예방적 조치로서 국제연합을 방어의 지렛대로 적극 활용하여야 한다.

3. 제3단계: 북한의 토지담보부 채권 발행

북한 정부가 국제사회의 신뢰(credit)를 얻는 것은 북한의 국가자본이 국제적 화폐가치(credit)로 평가될 수 있는 것을 의미하며 신뢰할 수 있는 북한이라면 북한의 토지가치는 이에 상응할 수 있는 가치로 평가될 수 있고 이를 근거로 채권을 발행할 수 있다.

1) 채권이란?

채권은 고정수익금(fixed income)을 제공해주는 자산이다. 미래의 정해진 시점에 정해진 금액을 받을 수 있다는 것은 채권이 지니고 있는 가장 큰 장점이다. 채권은 만기까지 보유하여 정해진 금액을 받을 수 있고, 만기 이전에 매도하여 현금을 확보할 수도 있다. 채권은 채권발행자(국가, 지방자치단체, 주식회사 또는 특별 공기업)가 이자와 원금의 상환조건을 미리 정한 채무증서라고 하겠다(김형호, 2012). 만일 북한이 현재 상태에서 국가가 발행하는 채권을 발행한다면 그것은 가장 고(高)위험성을 지닌 법정관리 회사채보다 훨씬 가치가 낮은 정크본드에 불과할 것이다. 그렇지만 북한 정부가 혁신적 조치를 취한다면 그 가치는 급변할 수 있다. 만일 휴전선에 인접한 개성지역을 담보로 북한 정부가 토지담보부 채권발행을 한다면 그것은 거짓된 채권이다. 현재 북한 정부에서는 토지의 사유화를 전면적으로 부인하고 있기 때문이다. 그러나 북한 정부가 민주체코 정부와 같이 신뢰할 수 있는 정부이고 그 정부가 개성지역의 토지를 담보로 채권을 발행한다면 그것은 남한의 경기도 수원지역보다 오히려 더 높은 가치로 상향 평가될 수 있다.

2) 북한의 토지담보부 채권(토지채권) 발행

북한이 혁신정부에 의하여 신뢰할 수 있는 개방과 개혁에 의하여 근본적인 변화를 일으킨다면 북한 전체 토지를 담보로 발행할 수 있는 채권규모는 앞서 살펴본 바와 같이 한화 기준으로 약 1,240조 원이 될 것이다. 이는 미국달러 기준으로 환산하면 약 1조 1,200억 달러를 상회한다. 시장의 신뢰에 따라서 재평가되어야 할 화폐적 액수이지만 만일 대한민국의 국채 수준의 신뢰를 받는다면 그 가치에 프리미엄이 붙을 것이다. 그러나 신뢰가 사라지거나 낮아진다면 반대로 대폭 할인된 가치로 평가될 것이다. 체코 정부와 같은 수준의 국제적 신뢰만 갖는다고 하여도 북한 정부는 다음과 같은 채권을 발행할 수 있을 것이다. 예컨대 연 5%의 고정이자가 지불될 수 있는 연금식 토지채권(10년 만기)으로 설정된 경우를 가정하여 보자. 북한 정부가 발행한 토지채권이 액면가 그대로 평가되어 거래될 수 있다면 매년 62

조 원의 이자수익이 북한 국민 각각에게 분할 지불될 수 있다. 또한 10년 후에는 채권의 원금을 찾을 수도 있는데 이는 민주체코에서 사유화 증서(voucher)로 성인 국민들에게 분배되었던 방식과 비슷하다. 북한의 경우, 사실상 군사시설과 광산 등을 제외하면 가치 있는 고정자본재를 찾기 힘든 상황이기 때문에 토지를 근거로 이를 유동화하여 토지담보부 채권 이른바 토지채권을 발행할 수 있다는 것이다. 이는 북한의 4인 가족기준 각 세대에 매년 1,127만 원을 지원할 수 있고, 10년 후에는 2억 2천만 원 이상을 현금으로 지급받을 수 있는 자본이 된다. 특히 중요한 토지채권의 가치는 토지매수권리에서 비롯된다.

3) 토지채권의 토지매수권리

북한의 토지채권은 10년 만기 이후, 북한의 각 지역마다 세분화된 토지의 규모(필지획정)와 감정 평가된 가치(공시지가)에 따라서 각자 지니고 있는 토지채권을 이용하여 토지를 구입할 수 있는 권리가 주어질 수 있다. 만일 토지채권을 곧바로 현금화하지 않고, 토지매수권 증서 또는 토지구매 바우처로 교환될 수도 있다. 북한 토지에 대한 소유권은 바로 이와 같은 토지채권에 의해서만 살 수 있기 때문에 북한 국민 각각에 대한 국가 전체의 토지자본에 대한 균등분배와 토지의 실제적 가치 또는 시장재로의 전환을 동시에 가져올 수 있다. 본격적인 경쟁적 토지거래가 시작되는 시점으로 본다면 시장적 조건에 따라서 북한의 토지채권 가치는 변화될 수 있다. 만일 성공적으로 북한의 혁신이 진행되고 외부로부터의 안정적 투자가 지속적으로 유입된다면 10년 후의 북한 토지채권 가격은 사실상 200% 이상, 즉 각 세대당 4억 4천만 원 이상의 자본으로 전환될 수 있다. 그러나 반대로 실패한다면 그 토지채권은 다시금 휴지 조각이 되어 버릴 수도 있다.

따라서 모든 북한 국민들이 각자 모두가 북한의 토지국채의 소유자로 인정받고 그것이 보장받는 상황에서는 북한 국민은 북한 토지에 대한 실질적인 주권자이며 주인으로서의 자세가 새롭게 표출될 수 있다. 이른바 '제2의 토지무상분배혁명', 즉 북한의 모든 국민들에게 북한의 토지가 공평하게 무상으로 분배되는 것이며 동시에 모든 국민들이 각기 공평한 자본확충의 기회를 잡을 수 있는 것이다. 로크와 마르크스적 민주주의 논거의 공통분모를 북한에서 실현하는 것이다. 또한 북한 정부의 혁신이 성공하여야 북한 국민 각각이 소유한 채권가치도 상승한다는 것은 이른바 실질적 민주주의에 대한 공고한 연대의식을 확보할 수 있는 토대가 될 수 있다. 급격한 권력변화에 대한 중요한 안전장치가 될 수 있다는 것이다.

제11장

국가자본과 개인자본의 증대 및 분배

1. 국가적 인프라 건설

북한 정부가 혁신을 통하여 조속한 기간 내에 이루어야 할 것은 국가적 인프라 건설이라고 하겠다. 토지담보부 채권을 발행하고 이를 통하여 매년 일정 금액의 토지담보부 채권운영 이익금을 모든 북한 국민들에게 분배하면서 약 30%의 세금을 원천 징수하여 북한 정부의 세입예산으로 활용한다. 동시에 대륙 간 가스관, 물류유통망을 비롯한 동아시아 공동프로젝트에 적극 참여하여 정부의 세입예산을 확대시켜 나가면서 그 재원으로 국가도로 및 기간시설도 동시에 건설하여야 한다. 이 과정에서 특히 북한의 국가토지계획 등을 새로이 구축하고 21세기에 맞는 환경친화적 개발과 지속가능한 개발이 동시에 가능할 수 있도록 모든 지혜를 모아야 할 것이다. 북한은 아시아의 영세중립국으로 유럽의 스위스 이상의 지위를 갖출 수 있도록 국가

인프라를 구축하여야 한다.

2. 아시아의 최고유망투자지역으로 전환

북한 정부의 혁신적 조치는 북한지역을 아시아 최고유망투자지역으로 전환시키는 데 결정적 역할을 할 수 있다. 상대적으로 북한은 그 본래적 가치에 비하여 저평가되어 있으므로 북한 정부의 혁신은 투자자에게 최고의 효용성과 높은 수익률을 얻을 수 있는 지역이 될 수 있다. 상대적으로 일본은 자연재해로 투자의 효용성이 매우 낮으며, 중국은 불안정한 정치제도 및 개인투자자들의 소유권 불안으로 더 이상의 투자적·효용적 가치를 높이기 어려운 상황이다. 이에 비하여 북한은 일본과 중국의 신규자본을 유치하여 그 산출적 가치를 극대화할 수 있는 부분이 많으며 여기에는 대한민국의 자본 역시 예외일 수 없다.

3. 북한 국민들에 대한 평등한 토지채권 분배

북한 정부의 초기적 혁신과제가 일단 완성되면 조속히 모든 북한 국민들이 토지채권을 똑같이 분배받을 수 있게 하여야 한다. 그러나 최소한 10년의 기간은 안정적 개방에 필요한 시민교육 차원에서도 필요하다. 이와 같은 일정기간 이후, 북한 국민 개개인들이 분배받은 채권은 북한 내에서 토지를 구매하거나(토지구매는 토지채권으로만 취득할 수 있으므로), 국내외 투자자들에게 채권을 매각함으로써 북한 국민의 개인자본(세대당 2억 2천만 원 분배)을 형성할 수 있도록 진행되어야 한다. 이는 지속적 국가발전을 위하여 각 개인들이 자신의 것을 소유하고 적극적으로 증대시켜 나가야만 국가 전체의 국부도 증대될 수 있기 때문이다. 북한의 각 국민들이 공평하게 국가자본을 소유하고 새로운 투자를 유치할 수 있도록 북한을 전환시켰을 경우 더욱 놀라운 성과를 얻을 수 있다. 예컨대 북한 국민들이 모두 함께 새로운 공화국을 위하여 노력하고 각자 최선을 다한다면, 북한 토지채권 가격은 10년 안에 액면가격의 두 배, 세 배 이상으로 가치상승할 수도 있기 때문에 즉시 환매하지 않는 것이 오히려 이익이 될 수도 있다. 물론 반대로 실패한다면 그 모든 채권들은 휴지 조각이 될 수도 있다. 가장 자유로우면서 동시에 빈부의 격차가 거의 없는 부자나라로 북한의 고려민주공화국이 성장하였을 때, 진정한 의미의 남북교류가 이루어지고 통일이라는 단어가 무색할 정도로 자유로운 왕래가 남북한에 이루어질 수 있을 것이다.

4. 북한 민주정부의 선택

고려민주공화국에 의한 자체적 변화에 의한 혁신, 또는 국제연합에 의한 영세중립국가 지위하에서 10년간 신탁통치를 받으며 민주국가 북한으로서의 준비는 착실히 추진되지 않으면 안 된다. 동구권의 민주체코가 그러했던 것처럼 북한의 국민들은 더욱 빠른 시간에 시행착오를 줄이면서 모든 북한 국민들이 북한의 국가자본을 공평하게 분배받고, 동시에 국가자본을 모두 함께 확대시켜 나갈 수 있는 방법도 터득하여야 한다. 진정한 민주국가 국민으로서의 민주교육과 함께 실천적 행동을 훈련받아야 하며 북한 국민들의 독자적 판단에 의거하여 새로이 구성된 정당을 통하여 북한 국민들은 민주정부를 선택하여야 한다. 이를 위하여 앞서 언급한 바와 같이 지방정부에 대한 민주적 선거를 진행하여 실질적인 민주정부의 선택방법을 모든 국민들이 학습할 수 있도록 하여야 한다.

5. 남한 정부와 북한 정부의 선택

남한과 북한에 대한 선택이 가능할 수 있는 시점이 바로 통일의 시점이라고 하겠다. 마치 각기 다른 지방정부를 선택하는 것처럼 한민족 가운데 남한을 선택하는 국민과 북한을 선택하는 국민이 균형을 이룰 때 사실상 진정한 의미의 통일이 이루어지는 것이라고 하겠다. 이는 대륙과 해양의 만남이며 동아시아의 새로운 역사가 한반도에 의하여 결정되는 시점이라고 하겠다. 통일, 그것은 역사의 진보이며 또한 새로운 아시아적 가치를 통하여 세계적 보편가치를 실천하는 단계이다. 농업사회와 산업사회의 국가적 탄생과 모순을 극복할 단계에 이르는 것이다. 즉, 정보사회의 성숙기에 접어들면서 다양한 가치를 수용하고 발전시킬 수 있는 신개념의 국가적 틀이 형성되는 분수령이라는 것이다. 따라서 한민족 내부의 통일 그 이상의 의미를 가지며, 유럽연합의 태동이 독일통일에서 본격화되었던 것처럼, 남북한의 통일은 보다 완전한 아시아연합의 시작을 알릴 것이다. 각각의 자유로운 개인이 선택할 수 있는 보다 바람직한 평등한 사회로 구성된 다양한 국가들이 존재하는 아시아에서 20억 사람들의 보다 나은 삶이 선택될 수 있다고 하겠다.

[작은 이야기 3] 문화개방주의와 한류(韓流)

대한민국 정부의 문화체육부가 1995년 2월, 한국갤럽에 의뢰하여 전국의 성인남녀 약 1천여 명을 대상으로 "일본 대중문화에 대한 개방 여부"를 묻는 설문조사를 한 적이 있다. 응답결과는 84.2%가 '개방 반대'이었고, 이와 같은 사회적 분위기 속에서 한국계 일본 여가수인 미야코 하루미의 국내공연은 정부(문체부)에 의하여 무산되었다. 그런데 얼마 지나지 않은 1997년, 대한민국이 송두리째 망하는 것 아니냐는 우려가 나올 정도의 국가적 위기를 경험하게 되었다. 국제통화기금(IMF)의 긴급구제금융을 받은 대한민국은 제2의 경제국치일이라고 할 만큼 치욕적인 지위에서 외국세력에 의해서 경제 간섭을 받게 되었다. 그리고 등장한 정부가 김대중 정부이다. 당선자의 지위에서 김대중은 국민들에게 호소하였다. 그의 특유한 선동가적 목소리 톤으로 "국민 여러분, 금을 모아 주십시오. 대한민국을 살릴 수 있게 동참해주세요!"를 외쳤고 장롱 속의 돌반지들이 속속 튀어나왔다. 최근의 유럽 금융위기 상황에서 국가부도 위기에 처하여 있는 국가들이 국민들에게 금을 내놓으라면 과연 금을 내놓을 국민들이 과연 얼마나 될 것인가 반문하게 된다. 그래서인지 한국은 최단 기간 내에 심각한 경제적 고통은 겪었지만 경제위기를 잘 극복하였다.

그런데 사실은 비슷한 시기에 더욱 큰 변화가 있었는데 이 부분은 그냥 잊히는 것 같아 글로 남겨두고자 한다. 그것은 IMF 경제위기 상황 속에서 김대중 당선자가 "문화 쇄국주의만큼 자신에게 불리한 것은 없어요"라고 외쳤던 부분이다. 한국계 일본인 가수가 한국에서 공연하는 것조차 두려워하였던 당시의 분위기 속에서 김대중의 이와 같은 주장은 많은 우려감을 낳기에 충분하였다. 부산지역의 경우, 이미 위성으로 일본의 방송시청을 너무도 많이 하여서 국내방송 시청률을 상회할 정도라고 걱정들이 많았다. 이 와중에 혹시라도 일본 영화가 개방되면 한국의 모든 영화관은 왜색영화로 도배할 것이라고까지 하였다. 그러나 김대중 당선자는 대통령에 취임하면서 빠른 속도로 문화개방 정책을 정말 용기 있게(?) 추진하였고, 수많은 일본 영화가 시중에 개방되었다. 한동안 "오겐끼 데스까"라는 영화 대사가 사람들의 입을 떠나지 않았으며 「셸 위 댄스」가 인기를 끌기도 하였다. 그렇지만 우려했던 것처럼 큰 변화가 갑자기 나타나지 않았다. 몇 편의 일본 영화 이후, 대부분 "좀 그렇다"라는 반응이 많았던 것 같다. 일본은 심지어 일본 영화 전용관을 서울의 한복판, 명동에 세우기도 하였으나 몇몇 사람만 보는 수준이었고 곧 일본 영화 전용관은 문을 닫았다. 그런데 어느 날, 그 변화는 대한민국이 아니라 일본에서 터졌다. 정말 어느 날 갑자기 잠에서 깨어 보니 일본에서 '욘사마'가 등장하였고, 「겨울연가」를 시청한 수많은 일본 주부들이 대한민국으로 몰려왔다.

필자 역시 일본을 몇 차례 방문한 경험이 있지만 그것은 크게 「겨울연가」 이전(before)과 이후(after)로 나누어지는 것 같다. 이전에는 나의 성이 김(金)이라는 이유만으로 갑자기 불친절하고 거만해하던 일본인들의 편협함을 경험했던 경우가 많아서 정말 일본에 가기 싫을 정도였다. 그런데 「겨울연가」 이후에는 나의 성이 김(金)이라는 이유만으로 더 많은 관심과 친절함을 일본인으로부터 받았다. 어느 일본 학자는 한국 드라마 때문에 일본 남편들이 아주 고생한다고 푸념을 늘어놓기도 하였다. 한국 남자들은 저렇게 친절하고 여주인공들을 가슴 따뜻하게 품어주는데 너희 일본 남편들은 그동안 정말 권위적이었고 못되었다는 이야기를 많이 들어 정말 힘들다는 것이다. 중국을 방문하여 호텔 방에서 늦은 시간 텔레비전을 시청하면 한국에서 미처 보지 못했던 드라마들을 시청할 수 있었고, 싱가포르 호텔에서는 화면 아래, 자막이 아랍어로 적힌 한국 드라마를 볼 수 있었다. 심지어 미국 뉴욕공항 라운지에서 만난 이집트 사람은 짧은 영어로 한국 드라마의 「대장금」을 한참이나 이야기하면서 한국에 꼭 오고 싶다고 하였다. 물론 이와 같은 것은 필자의 개인적 경험의 몇 가지 사례에 불과하지만 더 이상 대한민국은 문화적으로 약소국가는 아닌 것 같다. 또한 대한민국의 새로운 문화는 전 세계적으로 새로운 파장을 만들어내고 있는데 이는 드라마, 영화, 음악 등 다양한 장르에 걸쳐 있는 것으로 보인다. 이른바 한류(K-Wave)라는 용어로 지칭되는 새로운 문화흐름이 1997년 그 당시, 문화쇄국주의에 계속 막혀 있었다면 오늘날의 한류, 그 가능성도 없었을 것이다. 만일 대한민국이 권위주의적, 폐쇄적 정부의 통제하에서 계속 두려운 마음을 갖고 일본의 문화를 막으려고만 하였다면 그 결과는 문화적 빈곤, 아니 문화적 식민지로 전락하였을 것이라는 우려감 섞인 아찔함도 있다.

민주주의는 참으로 시끄럽고 복잡하기 마련이다. 그것은 각각의 개인을 중시하고 그들의 소리를 경청하기 때문일 것이다. 그러나 민주주의는 위기적 상황에서 분명한 힘을 갖고 움직인다. 국가가 부도 위기에 빠졌다고 하는데 주인 된 국민들 모두가 함께 일어나서 그 위기를 극복하기 위하여 자신의 소중한 금을 내놓는 것은 어찌 보면 당연하다. 그러나 만일 이전의 군사정부 상황에서 금을 내놓으라고 강제하였다면, 그 금은 장롱 속의 더 구석진 곳으로 옮겨졌을 것이다. 문화도 마찬가지라고 본다. 만일 군사정부에서 모든 국민들을 동원하여 큰 행사를 치르면서 그 위용을 내세운다면 놀라워하는 사람들도 있을 것이다. 그러나 결코 그런 행사를 돈 내고 보러 오는 사람은 없을 것이다. 단지 돌아서서 한마디씩 할 것이다. "저기 동원된 사람들 참 고생했겠어!" 민주주의의 다양성은 문화를 수없이 다양한 색깔로 만들면서 그 다양한 무지갯빛 매력을 발산시킬 수 있는 값진 토양이라 하겠다. 오늘도 2NE1과 샤이니(SHINee)의 뮤직비디오는 세계의 유튜브(You tube)를 뜨겁게 달구고 있다. 용기 있는 문화개방주의의 성과물이다.

제12장

결 론

　민주주의를 향한 북한의 정부혁신론은 이상과 현실을 넘나들고 있다. 세계에서 가장 인구가 많은 중국, 땅덩어리가 가장 넓은 러시아, 돈이 가장 많은 일본 그리고 최고의 힘을 지니고 있는 미국, 이른바 4대 강국의 틈바구니에 위치한 한반도의 이상과 현실을 맞추어 나가는 힘든 과정이었다. 우선 민주주의를 향한 17세기의 로크와 19세기의 마르크스가 주장한 생생한 글을 통하여 21세기의 민주주의는 과연 어떻게 발전되어야 할 것인가를 고민하였다. 그리고 각기 다른 시각에서 민주주의를 외치며 갈등하였던 한반도의 남한과 북한은 지난 60여 년 동안 어떤 논리에서 그들의 체제를 각기 주장하였으며 그것의 오류는 무엇인가를 생각하여 보았다. 결국 현재의 우리에게 있어서 이데올로기는 민족의 분단을 초래할 이념적 잣대가 아니라 보다 나은 민주주의를 향한 새로운 과제를 제시하는 데 유익함이 있음을 판단하였다. 따라서 본 연구의 주된 내용물인 북한 정부의 혁신적 과제는 좌파와 우파의 그 어느 쪽도 아닌 북한 국민들이 현재 처하여 있는 위기적 상황을 극복하는 데 도움이 될 사회과학적 처방을 제시하는 것으로 귀결되었다.

"북한의 국민들이 잘산다면, □□□□은(는) 통일을 두려워할 필요가 없다"라는 명제를 항상 머릿속에 걸어놓고 북한 정부의 혁신과제를 도출하고자 하였다. 이 명제에는 여러 가지의 주어가 삽입될 수 있을 것이다. 그 주어는 북한 정부, 북한 청년들이 될 수도 있고 남한 정부, 남한 청년들이 될 수도 있다. 어떠한 선입견이나 관련된 이해관계에서도 벗어나고자 노력하였다. 단지 정부혁신이라는 차원에서 북한의 모든 국민들이 잘살 수 있도록 하기 위해서 과연 어떤 방법과 과제가 제시될 수 있는가를 고민하였다. 그리고 이 과정에서 지극히 통학문적인 접근방법을 활용하였다. 그것은 다양한 연구 분야에서 이루어진 수많은 결과물들을 북한에 초점을 맞추어 재해석하고 다시 꿰어 맞추는 작업이었다. 다양한 학술적 내용들을 북한의 현실에 맞추어 재단하는 것이 그리 만만한 작업은 아니었다. 그러나 용기를 갖고 새롭게 접근하면서 북한이 잘사는 방법을 고민한 결과, 북한 국민들이 미처 모르고 있던 값진 유산이 고스란히 남겨져 있음을 찾아내었다. 그것은 북한의 토지이었다. 60여 년 전의 북한 토지는 큰 가치가 없었고 이는 남한의 토지도 마찬가지이었다. 그러나 21세기에는 다르다. 세계의 중심축은 아시아로 이동되고 있으며 개방화된 중국과 잘사는 일본 모두, 세계에서 가장 많은 자본을 현재 축적한 이웃으로 변화되었다. 그러나 지난 20년 동안, 북한은 절대개발불가(絶對開發不可) 지역으로 폐쇄적으로 방치되어 있었다. 지정학적 위치에서 북한은 아시아의 교량이라고 할 수 있다. 이와 같은 북한에서 앞서 제시된 내용과 같이 북한이 신뢰할 수 있는 민주주의 국가로 재등장한다면 북한은 토지를 담보로 국가자본을 급속히 재확충할 수 있는 매우 좋은 기회를 만들 수 있다는 것이다.

현재의 가치로 환산한다면 북한의 국가자본은 200조 또는 300조 원에도 미치지 못한다. 또한 외부에서는 투자는커녕 원조조차 꺼리고 있는 실정이다. 그러나 북한이 혁신을 통하여 민주국가로 변모한다면 북한의 토지가치는 1,240조 원을 상회하고 이를 통하여 토지담보부 채권을 발행하여 그 운영수익으로 북한의 국민들을 빈곤에서 구제할 수 있다. 특히 북한 국민들에게 그 채권을 분배하는 계획과 국가발전 계획을 동시에 제시함으로써 모든 북한 국민들이 미래지향적 북한 정부의 계획에 적극 동참하게 함으로써 안정적으로 국가발전을 단기 간 내에 성취할 수 있는 가능성도 분명 존재하고 있다. 이와 같은 혁 신적 작업이 성공적으로 수행된다면 북한의 토지채권 가치는 짧은 시간 내에 몇 배의 가치로 증폭될 수 있고, 그렇게 되면 북한의 국민 과 남한의 국민 상호 간에 경제적 격차가 거의 없어질 수 있고, 경우 에 따라서는 북한이 남한보다 더 잘살 수 있는 가능성도 있다. 사실 북한의 경제는 해방으로부터 1970년대 중반까지 약 30년 동안 남한 의 경제를 앞질러 왔던 것도 사실이다. 그러나 1980년대를 전후로 북 한은 더욱 폐쇄화되었고, 남한은 더욱 개방화되었기에 그 선택의 차 이는 엄청난 경제적 격차로 나타났다. 단지 20년 동안, 개방(開放)이냐 폐쇄(閉鎖)냐의 선택 차이가 지금의 격차로 이어졌음을 간과해서는 안 된다. 만일 남한이 1980년대와 같은 군사정부가 계속 통치하여 민 주주의를 실행하지 못했다면 그리고 개방하지 않았다면 남한 역시 북한과 큰 차이 없었을 수도 있다. 또한 중국도 1980년대 개방화를 하지 않았다면 북한보다 오히려 더 빈곤하였을 것이고, 아시아가 세계의 중심지로 변화되는 일도 없었을 것이다.

지금까지 제시되었던 필자의 주장은 한낱 이상에 불과할 수도 있다. 실제로 이런 선택을 하면 이와 같은 가능성과 결과물을 얻을 수 있을 것이라고 제시할 뿐, 그것의 구체적 실천과 실현은 결국 북한 국민과 북한 정부의 의지, 그리고 실천 여부에 달려 있기 때문이다. 그럼에도 불구하고 필자는 이와 같은 제언을 하지 않을 수 없었으며 그것이 이 시대에 필자가 해야 할 과제라고 판단했다. 남한의 경제위기를 극복하는 방안으로 제시했던 경공업 분야의 남북한 파트너십 구축방안이 그러했던 것처럼, 당시로서는 허황된 이상일 수도 있었지만 지금은 개성공단이 남북경협의 현실로 나타나는 장면을 보여 주고 있다. 그래서 다시 한번 더 용기를 내고자 하였다. 언제가 또 누군가가 북한을 위하여 북한을 위한 국부론(國富論)에 대한 방법을 찾을 때, 그때를 위하여 연구를 하지 않으면 안 되었다. 이미 분단의 두 세대가 지났고, 이념이 세계를 가르던 시대도 지났다. 국가의 경계조차 희미해지고 있는 정보시대에 우리의 훌륭한 북한 동포가 경제적 어려움을 겪고 있음은 참으로 안타까운 일이다. 그렇지만 생각과 행동을 바꾸면 짧은 시간 내에 그 어려움이라는 어두움을 단숨에 말끔히 극복할 것으로 확신한다. 잘사는 북한의 동포, 성공하는 북쪽 친척들이 될 수 있기를 소망한다.

참고문헌

강재언, 『한국 근대사 연구』, 한울사, 1982.

고든 털럭, 김행범 외(역), 『사적욕망과 공공수단』, 대영문화사, 2005.

곽동기, 『북한의 경제발전 전략』, 도서출판 615, 2008.

기 소르망, 홍상희 외(역), 『중국이라는 거짓말』, 문학세계사, 2006.

김근식, 사회주의 체제전환과 북한변화, 통일과 평화, 제2집 2호, 2010.

김유향 외, 「튀니지의 자스민혁명과 SNS의 역할」, 국회입법조사처, 2011.1.31.

김영웅 외, 『베트남 이코노믹스』, 한국경제신문사, 2008.

김정훈, 『시민의 정부혁신론』, 대영문화사, 1997.

김정훈, 『자원순환사회와 NGO』, 대영문화사, 2006.

김형호, 『채권투자노트』, 2012.

데이비드 S. 랜즈, 안진환 외(역), 『국가의 부와 빈곤』, 한국경제신문, 2009.

마르크스, 엥겔스, 강유원(역), 『공산당 선언』, 이론과 실천, 2008.

마르크스, 엥겔스, 남상일(역), 『공산당 선언』, 백산서당, 1989.

민병천·전신욱 외, 『북한학 입문』, 들녘, 2001.

문지영, 『홉스와 로크, 국가를 계약하라』, 김영사, 2007.

손호철·김원(편), 『세계화와 한국의 국가-시민사회』, 이매진, 2009.

안병만, 『한국정부론』, 다산출판사, 1993.

안보길, 『이승만 다시보기』, 기파랑, 2011.

오원철, 『박정희는 어떻게 경제강국을 만들었나』, 동서문화사, 2006.

유시민, 『국가란 무엇인가』, 돌베개, 2011.

윤대규 외, 『북한 경제개혁을 위한 새로운 패러다임』, 한울, 2006.

윤덕희, 동유럽의 체제전환-유럽통합 관계에 대한 연구, 국가전략, 제14권 1호, 2008.
윤명선, 『미국 기본권 연구』, 경희대학교 출판국, 2004.
이석용, 『국제인권법』, 세창출판사, 2005.
이승종·김혜정, 『시민참여론』, 박영사, 2011.
이승현·김갑식, 「통일비용: 논의의 현황과 쟁점」, 국회입법조사처, 2010.
이종원 외, 『통일 경제론』, 해남, 1997.
이종원, 『통일에 대비한 경제정책』, 해남, 2011.
엘리너 오스트롬, 윤홍근(역), 『공유의 비극을 넘어』, 랜덤하우스, 2010.
정종섭, 『대한민국 헌법을 읽자』, 일빛, 2002.
제프리 D. 삭스, 김현구(역), 『빈곤의 종말』, 21세기 북스, 2006.
조길태 외, 『세계문화사』, 학문사, 1981.
조민 외, 『통일비전 개발』, 늘품, 2011.
김일주, 「농지개혁안(1949)에 대한 글」, 조선일보, 2012.5.22.
조지 오웰, 박지은(역), 『1984년/동물농장』, 동서문화사, 2009.
존 로크, 이극찬(역), 『시민정부론』, 연세대학교 출판부, 1970.
존 로크, 조현수(편), 『통치론』, 타임기획, 2005.
김수정·정용수·이원진, 「개성공단에 대한 글」, 중앙일보, 2012.5.22.
새뮤엘 헌팅톤, 이희재(역), 『문명의 충돌』, 김영사, 1997.
임진석(편), 『마르크스 사상사전』, 청아출판사, 1988.
존 롤즈, 황경식(역), 『정의론』, 이학사, 2003.
최영진, 『동양과 서양』, 지식산업사, 1993.
최형익, 『실질적 민주주의』, 한신대학교 출판부, 2009.
토크빌, 임효선 외(역), 『미국의 민주주의』, 한길사, 1997.
김규원, 「북한개정헌법에 대한 글」, 한겨레신문, 2012.5.31.

Ashcraft, Richard, *Revolutionary Politics and Locke's "Two Treatises of Government"*, Princeton: Princeton University Press, 1986.
Becker, Jasper, *Rogue Regime: Kim Jong Il and the Looming Threat of North Korea*, Oxford University Press, 2005.
Cumings, Bruce, *North Korea: Another Country*, New Press, 2004.
Harrold, Michael, *Comrades and Strangers: Behind the Closed Doors of North Korea*, Wiley Publishing, 2004.
Hunt, Tristran, *Marx's General: The Revolutionary Life of Friedrich Engels*, Metropolitan

Books, 2009.

Laslett, Peter, "Introduction", *Two Treatises of Government,* Cambridge: Cambridge University Press, 1988.

Locke, John, *Two Treatises of Government,* 1680.

Gutenberg E-Book of Second Treatise of Government, by John Locke, 2005.

Marx, Karl and Friedrich Engels, *Manifesto of the Communist Party,* 1848.

Gutenberg E-Book of The Communist Manifesto by Karl Marx and Friedrich Engels, 2005.

Pangle, Thomas L., *The Spirit of Modern Republicanism,* Chicago: University of Chicago Press, 1988.

Rawls, John, A Theory of Justice, Harvard University Press, 1971.

Seymour-Smith, Maerin, *The 100 Most Influential Books Ever Written: The History of Thought from Ancient Times to Today,* Secaucus, NJ: Citadel Press, 1998.

Strauss, Leo, *Natural Right and History,* Chicago: University of Chicago Press, 1953.

Waldron, Jeremy, *God, Locke, and Equality,* Cambridge: Cambridge University Press, 2002.

Zuckert, Michael P., *Launching Liberalism,* University Press of Kansas, 2002.

Appendix

로크와 마르크스의 주장이 조합된
대한민국 헌법

대한민국 헌법

[시행 1988.2.25] [헌법 제10호, 1987.10.29, 전부개정]

국회법무담당관실 자료

전문

유구한 역사와 전통에 빛나는 우리 대한국민은 3·1운동으로 건립된 대한민국임시정부의 법통과 불의에 항거한 4·19 민주이념을 계승하고, 조국의 민주개혁과 평화적 통일의 사명에 입각하여 정의·인도와 동포애로써 민족의 단결을 공고히 하고, 모든 사회적 폐습과 불의를 타파하며, 자율과 조화를 바탕으로 자유민주적 기본질서를 더욱 확고히 하여 정치·경제·사회·문화의 모든 영역에 있어서 각인의 기회를 균등히 하고, 능력을 최고도로 발휘하게 하며, 자유와 권리에 따르는 책임과 의무를 완수하게 하여, 안으로는 국민생활의 균등한

향상을 기하고 밖으로는 항구적인 세계평화와 인류공영에 이바지함
으로써 우리들과 우리들의 자손의 안전과 자유와 행복을 영원히 확
보할 것을 다짐하면서 1948년 7월 12일에 제정되고 8차에 걸쳐 개정
된 헌법을 이제 국회의 의결을 거쳐 국민투표에 의하여 개정한다.

제1장 총강

제1조

① 대한민국은 민주공화국이다.

② 대한민국의 주권은 국민에게 있고, 모든 권력은 국민으로부터
나온다.

제2조

① 대한민국의 국민이 되는 요건은 법률로 정한다.

② 국가는 법률이 정하는 바에 의하여 재외국민을 보호할 의무를
진다.

제3조 대한민국의 영토는 한반도와 그 부속도서로 한다.

제4조 대한민국은 통일을 지향하며, 자유민주적 기본질서에 입각한 평화적
통일정책을 수립하고 이를 추진한다.

제5조

① 대한민국은 국제평화의 유지에 노력하고 침략적 전쟁을 부인한다.

② 국군은 국가의 안전보장과 국토방위의 신성한 의무를 수행함을
사명으로 하며, 그 정치적 중립성은 준수된다.

제6조

① 헌법에 의하여 체결·공포된 조약과 일반적으로 승인된 국제법

규는 국내법과 같은 효력을 가진다.

② 외국인은 국제법과 조약이 정하는 바에 의하여 그 지위가 보장
된다.

제7조

① 공무원은 국민전체에 대한 봉사자이며, 국민에 대하여 책임을
진다.

② 공무원의 신분과 정치적 중립성은 법률이 정하는 바에 의하여
보장된다.

제8조

① 정당의 설립은 자유이며, 복수정당제는 보장된다.

② 정당은 그 목적·조직과 활동이 민주적이어야 하며, 국민의 정
치적 의사형성에 참여하는 데 필요한 조직을 가져야 한다.

③ 정당은 법률이 정하는 바에 의하여 국가의 보호를 받으며, 국가
는 법률이 정하는 바에 의하여 정당운영에 필요한 자금을 보조
할 수 있다.

④ 정당의 목적이나 활동이 민주적 기본질서에 위배될 때에는 정
부는 헌법재판소에 그 해산을 제소할 수 있고, 정당은 헌법재판
소의 심판에 의하여 해산된다.

제9조 국가는 전통문화의 계승·발전과 민족문화의 창달에 노력하여야 한다.

제2장 국민의 권리와 의무

제10조 모든 국민은 인간으로서의 존엄과 가치를 가지며, 행복을 추구할 권
리를 가진다. 국가는 개인이 가지는 불가침의 기본적 인권을 확인하

고 이를 보장할 의무를 진다.

제11조

① 모든 국민은 법 앞에 평등하다. 누구든지 성별·종교 또는 사회적 신분에 의하여 정치적·경제적·사회적·문화적 생활의 모든 영역에 있어서 차별을 받지 아니한다.

② 사회적 특수계급의 제도는 인정되지 아니하며, 어떠한 형태로도 이를 창설할 수 없다.

③ 훈장 등의 영전은 이를 받은 자에게만 효력이 있고, 어떠한 특권도 이에 따르지 아니한다.

제12조

① 모든 국민은 신체의 자유를 가진다. 누구든지 법률에 의하지 아니하고는 체포·구속·압수·수색 또는 심문을 받지 아니하며, 법률과 적법한 절차에 의하지 아니하고는 처벌·보안 처분 또는 강제노역을 받지 아니한다.

② 모든 국민은 고문을 받지 아니하며, 형사상 자기에게 불리한 진술을 강요당하지 아니한다.

③ 체포·구속·압수 또는 수색을 할 때에는 적법한 절차에 따라 검사의 신청에 의하여 법관이 발부한 영장을 제시하여야 한다. 다만, 현행범인인 경우와 장기 3년 이상의 형에 해당하는 죄를 범하고 도피 또는 증거인멸의 염려가 있을 때에는 사후에 영장을 청구할 수 있다.

④ 누구든지 체포 또는 구속을 당한 때에는 즉시 변호인의 조력을 받을 권리를 가진다. 다만, 형사피고인이 스스로 변호인을 구할 수 없을 때에는 법률이 정하는 바에 의하여 국가가 변호인을 붙

인다.

⑤ 누구든지 체포 또는 구속의 이유와 변호인의 조력을 받을 권리
가 있음을 고지받지 아니하고는 체포 또는 구속을 당하지 아니
한다. 체포 또는 구속을 당한 자의 가족 등 법률이 정하는 자에
게는 그 이유와 일시·장소가 지체 없이 통지되어야 한다.

⑥ 누구든지 체포 또는 구속을 당한 때에는 적부의 심사를 법원에
청구할 권리를 가진다.

⑦ 피고인의 자백이 고문·폭행·협박·구속의 부당한 장기화 또
는 기망 기타의 방법에 의하여 자의로 진술된 것이 아니라고 인
정될 때 또는 정식재판에 있어서 피고인의 자백이 그에게 불리
한 유일한 증거일 때에는 이를 유죄의 증거로 삼거나 이를 이유
로 처벌할 수 없다.

제13조

① 모든 국민은 행위 시의 법률에 의하여 범죄를 구성하지 아니하
는 행위로 소추되지 아니하며, 동일한 범죄에 대하여 거듭 처벌
받지 아니한다.

② 모든 국민은 소급입법에 의하여 참정권의 제한을 받거나 재산
권을 박탈당하지 아니한다.

③ 모든 국민은 자기의 행위가 아닌 친족의 행위로 인하여 불이익
한 처우를 받지 아니한다.

제14조 모든 국민은 거주·이전의 자유를 가진다.

제15조 모든 국민은 직업선택의 자유를 가진다.

제16조 모든 국민은 주거의 자유를 침해받지 아니한다. 주거에 대한 압수나
수색을 할 때에는 검사의 신청에 의하여 법관이 발부한 영장을 제시

하여야 한다.

제17조 모든 국민은 사생활의 비밀과 자유를 침해받지 아니한다.

제18조 모든 국민은 통신의 비밀을 침해받지 아니한다.

제19조 모든 국민은 양심의 자유를 가진다.

제20조

① 모든 국민은 종교의 자유를 가진다.

② 국교는 인정되지 아니하며, 종교와 정치는 분리된다.

제21조

① 모든 국민은 언론·출판의 자유와 집회·결사의 자유를 가진다.

② 언론·출판에 대한 허가나 검열과 집회·결사에 대한 허가는 인정되지 아니한다.

③ 통신·방송의 시설기준과 신문의 기능을 보장하기 위하여 필요한 사항은 법률로 정한다.

④ 언론·출판은 타인의 명예나 권리 또는 공중도덕이나 사회윤리를 침해하여서는 아니 된다. 언론·출판이 타인의 명예나 권리를 침해한 때에는 피해자는 이에 대한 피해의 배상을 청구할 수 있다.

제22조

① 모든 국민은 학문과 예술의 자유를 가진다.

② 저작자·발명가·과학기술자와 예술가의 권리는 법률로써 보호한다.

제23조

① 모든 국민의 재산권은 보장된다. 그 내용과 한계는 법률로 정한다.

② 재산권의 행사는 공공복리에 적합하도록 하여야 한다.

③ 공공필요에 의한 재산권의 수용·사용 또는 제한 및 그에 대한 보상은 법률로써 하되, 정당한 보상을 지급하여야 한다.[53]

제24조 모든 국민은 법률이 정하는 바에 의하여 선거권을 가진다.

제25조 모든 국민은 법률이 정하는 바에 의하여 공무담임권을 가진다.

제26조

① 모든 국민은 법률이 정하는 바에 의하여 국가기관에 문서로 청원할 권리를 가진다.

② 국가는 청원에 대하여 심사할 의무를 진다.

제27조

① 모든 국민은 헌법과 법률이 정한 법관에 의하여 법률에 의한 재판을 받을 권리를 가진다.

② 군인 또는 군무원이 아닌 국민은 대한민국의 영역 안에서는 중대한 군사상 기밀·초병·초소·유독음식물공급·포로·군용물에 관한 죄 중 법률이 정한 경우와 비상계엄이 선포된 경우를 제외하고는 군사법원의 재판을 받지 아니한다.

③ 모든 국민은 신속한 재판을 받을 권리를 가진다. 형사피고인은 상당한 이유가 없는 한 지체 없이 공개재판을 받을 권리를 가진다.

④ 형사피고인은 유죄의 판결이 확정될 때까지는 무죄로 추정된다.

⑤ 형사피해자는 법률이 정하는 바에 의하여 당해 사건의 재판절

---

53) 대한민국의 헌법에는 로크와 마르크스의 서로 다른 민주주의 실천론이 황금비율처럼 조화되어 있는 조항들이 있다. 대표적 조항 가운데 하나가 바로 대한민국 헌법 제23조이다. 헌법 제23조 제1항은 "모든 국민의 재산권은 보장된다"라고 규정되어 있기에 로크의 사유재산권을 분명히 명시한 부분이다. 동시에 헌법 제23조 제2항에는 "재산권의 행사는 공공복리에 적합하도록 하여야 한다"라고 사유재산권의 절대성은 부정하면서 마르크스적 사유재산권 제한을 부분 수용하고 있다. 그리고 헌법 제23조 제3항에서는 재차 "공공필요에 의한 재산의 수용·사용 또는 제한 및 그에 대한 보상은 법률로써 하되, 정당한 보상을 지급하여야 한다"라고 언급함으로써 사유재산권 주장에 대한 로크적 시각과 마르크스적 시각의 균형점을 제시하고 있다.

차에서 진술할 수 있다.

제28조 형사피의자 또는 형사피고인으로서 구금되었던 자가 법률이 정하는 불기소처분을 받거나 무죄판결을 받은 때에는 법률이 정하는 바에 의하여 국가에 정당한 보상을 청구할 수 있다.

제29조

① 공무원의 직무상 불법행위로 손해를 받은 국민은 법률이 정하는 바에 의하여 국가 또는 공공단체에 정당한 배상을 청구할 수 있다. 이 경우 공무원 자신의 책임은 면제되지 아니한다.

② 군인·군무원·경찰공무원 기타 법률이 정하는 자가 전투·훈련 등 직무집행과 관련하여 받은 손해에 대하여는 법률이 정하는 보상 외에 국가 또는 공공단체에 공무원의 직무상 불법행위로 인한 배상은 청구할 수 없다.

제30조 타인의 범죄행위로 인하여 생명·신체에 대한 피해를 받은 국민은 법률이 정하는 바에 의하여 국가로부터 구조를 받을 수 있다.

제31조

① 모든 국민은 능력에 따라 균등하게 교육을 받을 권리를 가진다.

② 모든 국민은 그 보호하는 자녀에게 적어도 초등교육과 법률이 정하는 교육을 받게 할 의무를 진다.

③ 의무교육은 무상으로 한다.

④ 교육의 자주성·전문성·정치적 중립성 및 대학의 자율성은 법률이 정하는 바에 의하여 보장된다.

⑤ 국가는 평생교육을 진흥하여야 한다.

⑥ 학교교육 및 평생교육을 포함한 교육제도와 그 운영, 교육재정 및 교원의 지위에 관한 기본적인 사항은 법률로 정한다.

제32조

① 모든 국민은 근로의 권리를 가진다. 국가는 사회적·경제적 방법으로 근로자의 고용의 증진과 적정임금의 보장에 노력하여야 하며, 법률이 정하는 바에 의하여 최저임금제를 시행하여야 한다.

② 모든 국민은 근로의 의무를 진다. 국가는 근로의 의무의 내용과 조건을 민주주의 원칙에 따라 법률로 정한다.

③ 근로조건의 기준은 인간의 존엄성을 보장하도록 법률로 정한다.

④ 여자의 근로는 특별한 보호를 받으며, 고용·임금 및 근로조건에 있어서 부당한 차별을 받지 아니한다.

⑤ 연소자의 근로는 특별한 보호를 받는다.

⑥ 국가유공자·상이군경 및 전몰군경의 유가족은 법률이 정하는 바에 의하여 우선적으로 근로의 기회를 부여받는다.

제33조

① 근로자는 근로조건의 향상을 위하여 자주적인 단결권·단체교섭권 및 단체행동권을 가진다.

② 공무원인 근로자는 법률이 정하는 자에 한하여 단결권·단체교섭권 및 단체행동권을 가진다.

③ 법률이 정하는 주요방위산업체에 종사하는 근로자의 단체행동권은 법률이 정하는 바에 의하여 이를 제한하거나 인정하지 아니할 수 있다.

제34조

① 모든 국민은 인간다운 생활을 할 권리를 가진다.

② 국가는 사회보장·사회복지의 증진에 노력할 의무를 진다.

③ 국가는 여자의 복지와 권익의 향상을 위하여 노력하여야 한다.

④ 국가는 노인과 청소년의 복지향상을 위한 정책을 실시할 의무
를 진다.

⑤ 신체장애자 및 질병·노령 기타의 사유로 생활능력이 없는 국
민은 법률이 정하는 바에 의하여 국가의 보호를 받는다.

⑥ 국가는 재해를 예방하고 그 위험으로부터 국민을 보호하기 위
하여 노력하여야 한다.

제35조

① 모든 국민은 건강하고 쾌적한 환경에서 생활할 권리를 가지며,
국가와 국민은 환경보전을 위하여 노력하여야 한다.

② 환경권의 내용과 행사에 관하여는 법률로 정한다.

③ 국가는 주택개발정책 등을 통하여 모든 국민이 쾌적한 주거생
활을 할 수 있도록 노력하여야 한다.

제36조

① 혼인과 가족생활은 개인의 존엄과 양성의 평등을 기초로 성립
되고 유지되어야 하며, 국가는 이를 보장한다.

② 국가는 모성의 보호를 위하여 노력하여야 한다.

③ 모든 국민은 보건에 관하여 국가의 보호를 받는다.

제37조

① 국민의 자유와 권리는 헌법에 열거되지 아니한 이유로 경시되
지 아니한다.

② 국민의 모든 자유와 권리는 국가안전보장·질서유지 또는 공공
복리를 위하여 필요한 경우에 한하여 법률로써 제한할 수 있으
며, 제한하는 경우에도 자유와 권리의 본질적인 내용을 침해할
수 없다.

제38조 모든 국민은 법률이 정하는 바에 의하여 납세의 의무를 진다.

제39조

① 모든 국민은 법률이 정하는 바에 의하여 국방의 의무를 진다.

② 누구든지 병역의무의 이행으로 인하여 불이익한 처우를 받지 아니한다.

제3장 국회

제40조 입법권은 국회에 속한다.

제41조

① 국회는 국민의 보통·평등·직접·비밀선거에 의하여 선출된 국회의원으로 구성한다.

② 국회의원의 수는 법률로 정하되, 200인 이상으로 한다.

③ 국회의원의 선거구와 비례대표제 기타 선거에 관한 사항은 법률로 정한다.

제42조 국회의원의 임기는 4년으로 한다.

제43조 국회의원은 법률이 정하는 직을 겸할 수 없다.

제44조

① 국회의원은 현행범인인 경우를 제외하고는 회기 중 국회의 동의 없이 체포 또는 구금되지 아니한다.

② 국회의원이 회기 전에 체포 또는 구금된 때에는 현행범인이 아닌 한 국회의 요구가 있으면 회기 중 석방된다.

제45조 국회의원은 국회에서 직무상 행한 발언과 표결에 관하여 국회 외에서 책임을 지지 아니한다.

제46조

① 국회의원은 청렴의 의무가 있다.

② 국회의원은 국가이익을 우선하여 양심에 따라 직무를 행한다.

③ 국회의원은 그 지위를 남용하여 국가·공공단체 또는 기업체와의 계약이나 그 처분에 의하여 재산상의 권리·이익 또는 직위를 취득하거나 타인을 위하여 그 취득을 알선할 수 없다.

제47조

① 국회의 정기회는 법률이 정하는 바에 의하여 매년 1회 집회되며, 국회의 임시회는 대통령 또는 국회재적의원 4분의 1 이상의 요구에 의하여 집회된다.

② 정기회의 회기는 100일을, 임시회의 회기는 30일을 초과할 수 없다.

③ 대통령이 임시회의 집회를 요구할 때에는 기간과 집회요구의 이유를 명시하여야 한다.

제48조 국회는 의장 1인과 부의장 2인을 선출한다.

제49조 국회는 헌법 또는 법률에 특별한 규정이 없는 한 재적의원 과반수의 출석과 출석의원 과반수의 찬성으로 의결한다. 가부동수인 때에는 부결된 것으로 본다.

제50조

① 국회의 회의는 공개한다. 다만, 출석의원 과반수의 찬성이 있거나 의장이 국가의 안전보장을 위하여 필요하다고 인정할 때에는 공개하지 아니할 수 있다.

② 공개하지 아니한 회의내용의 공표에 관하여는 법률이 정하는 바에 의한다.

제51조 국회에 제출된 법률안 기타의 의안은 회기 중에 의결되지 못한 이유로 폐기되지 아니한다. 다만, 국회의원의 임기가 만료된 때에는 그러하지 아니한다.

제52조 국회의원과 정부는 법률안을 제출할 수 있다.

제53조

① 국회에서 의결된 법률안은 정부에 이송되어 15일 이내에 대통령이 공포한다.

② 법률안에 이의가 있을 때에는 대통령은 제1항의 기간 내에 이의서를 붙여 국회로 환부하고, 그 재의를 요구할 수 있다. 국회의 폐회 중에도 또한 같다.

③ 대통령은 법률안의 일부에 대하여 또는 법률안을 수정하여 재의를 요구할 수 없다.

④ 재의의 요구가 있을 때에는 국회는 재의에 붙이고, 재적의원 과반수의 출석과 출석의원 3분의 2 이상의 찬성으로 전과 같은 의결을 하면 그 법률안은 법률로써 확정된다.

⑤ 대통령이 제1항의 기간 내에 공포나 재의의 요구를 하지 아니한 때에도 그 법률안은 법률로서 확정된다.

⑥ 대통령은 제4항과 제5항의 규정에 의하여 확정된 법률을 지체없이 공포하여야 한다. 제5항에 의하여 법률이 확정된 후 또는 제4항에 의한 확정법률이 정부에 이송된 후 5일 이내에 대통령이 공포하지 아니할 때에는 국회의장이 이를 공포한다.

⑦ 법률은 특별한 규정이 없는 한 공포한 날로부터 20일을 경과함으로써 효력을 발생한다.

제54조

① 국회는 국가의 예산안을 심의·확정한다.

② 정부는 회계연도마다 예산안을 편성하여 회계연도 개시 90일 전까지 국회에 제출하고, 국회는 회계연도 개시 30일 전까지 이를 의결하여야 한다.

③ 새로운 회계연도가 개시될 때까지 예산안이 의결되지 못한 때에는 정부는 국회에서 예산안이 의결될 때까지 다음의 목적을 위한 경비는 전년도 예산에 준하여 집행할 수 있다.

1. 헌법이나 법률에 의하여 설치된 기관 또는 시설의 유지·운영

2. 법률상 지출의무의 이행

3. 이미 예산으로 승인된 사업의 계속

제55조

① 한 회계연도를 넘어 계속하여 지출할 필요가 있을 때에는 정부는 연한을 정하여 계속비로서 국회의 의결을 얻어야 한다.

② 예비비는 총액으로 국회의 의결을 얻어야 한다. 예비비의 지출은 차기국회의 승인을 얻어야 한다.

제56조 정부는 예산에 변경을 가할 필요가 있을 때에는 추가경정 예산안을 편성하여 국회에 제출할 수 있다.

제57조 국회는 정부의 동의 없이 정부가 제출한 지출예산 각항의 금액을 증가하거나 새 비목을 설치할 수 없다.

제58조 국채를 모집하거나 예산 외에 국가의 부담이 될 계약을 체결하려 할 때에는 정부는 미리 국회의 의결을 얻어야 한다.

제59조 조세의 종목과 세율은 법률로 정한다.

제60조

① 국회는 상호원조 또는 안전보장에 관한 조약, 중요한 국제조직에 관한 조약, 우호통상항해조약, 주권의 제약에 관한 조약, 강화조약, 국가나 국민에게 중대한 재정적 부담을 지우는 조약 또는 입법사항에 관한 조약의 체결·비준에 대한 동의권을 가진다.

② 국회는 선전포고, 국군의 외국에의 파견 또는 외국군대의 대한민국 영역 안에서의 주류에 대한 동의권을 가진다.

제61조

① 국회는 국정을 감사하거나 특정한 국정사안에 대하여 조사할 수 있으며, 이에 필요한 서류의 제출 또는 증인의 출석과 증언이나 의견의 진술을 요구할 수 있다.

② 국정감사 및 조사에 관한 절차 기타 필요한 사항은 법률로 정한다.

제62조

① 국무총리·국무위원 또는 정부위원은 국회나 그 위원회에 출석하여 국정처리상황을 보고하거나 의견을 진술하고 질문에 응답할 수 있다.

② 국회나 그 위원회의 요구가 있을 때에는 국무총리·국무위원 또는 정부위원은 출석·답변하여야 하며, 국무총리 또는 국무위원이 출석요구를 받은 때에는 국무위원 또는 정부위원으로 하여금 출석·답변하게 할 수 있다.

제63조

① 국회는 국무총리 또는 국무위원의 해임을 대통령에게 건의할 수 있다.

② 제1항의 해임건의는 국회재적의원 3분의 1 이상의 발의에 의하

여 국회재적의원 과반수의 찬성이 있어야 한다.

제64조

① 국회는 법률에 저촉되지 아니하는 범위 안에서 의사와 내부규율에 관한 규칙을 제정할 수 있다.

② 국회는 의원의 자격을 심사하며, 의원을 징계할 수 있다.

③ 의원을 제명하려면 국회재적의원 3분의 2 이상의 찬성이 있어야 한다.

④ 제2항과 제3항의 처분에 대하여는 법원에 제소할 수 없다.

제65조

① 대통령·국무총리·국무위원·행정각부의 장·헌법재판소 재판관·법관·중앙선거관리위원회 위원·감사원장·감사위원 기타 법률이 정한 공무원이 그 직무집행에 있어서 헌법이나 법률을 위배한 때에는 국회는 탄핵의 소추를 의결할 수 있다.

② 제1항의 탄핵소추는 국회재적의원 3분의 1 이상의 발의가 있어야 하며, 그 의결은 국회재적의원 과반수의 찬성이 있어야 한다. 다만, 대통령에 대한 탄핵소추는 국회재적의원 과반수의 발의와 국회재적의원 3분의 2 이상의 찬성이 있어야 한다.

③ 탄핵소추의 의결을 받은 자는 탄핵심판이 있을 때까지 그 권한 행사가 정지된다.

④ 탄핵결정은 공직으로부터 파면함에 그친다. 그러나 이에 의하여 민사상이나 형사상의 책임이 면제되지는 아니한다.

제4장 정부

제1절 대통령

제66조

① 대통령은 국가의 원수이며, 외국에 대하여 국가를 대표한다.

② 대통령은 국가의 독립·영토의 보전·국가의 계속성과 헌법을 수호할 책무를 진다.

③ 대통령은 조국의 평화적 통일을 위한 성실한 의무를 진다.

④ 행정권은 대통령을 수반으로 하는 정부에 속한다.

제67조

① 대통령은 국민의 보통·평등·직접·비밀선거에 의하여 선출한다.

② 제1항의 선거에 있어서 최고득표자가 2인 이상인 때에는 국회의 재적의원 과반수가 출석한 공개회의에서 다수표를 얻은 자를 당선자로 한다.

③ 대통령후보자가 1인일 때에는 그 득표수가 선거권자 총수의 3분의 1 이상이 아니면 대통령으로 당선될 수 없다.

④ 대통령으로 선거될 수 있는 자는 국회의원의 피선거권이 있고 선거일 현재 40세에 달하여야 한다.

⑤ 대통령의 선거에 관한 사항은 법률로 정한다.

제68조

① 대통령의 임기가 만료되는 때에는 임기만료 70일 내지 40일 전에 후임자를 선거한다.

② 대통령이 궐위된 때 또는 대통령 당선자가 사망하거나 판결 기타의 사유로 그 자격을 상실한 때에는 60일 이내에 후임자를 선거한다.

제69조 대통령은 취임에 즈음하여 다음의 선서를 한다.

"나는 헌법을 준수하고 국가를 보위하며 조국의 평화적 통일과 국민의 자유와 복리의 증진 및 민족문화의 창달에 노력하여 대통령으로서의 직책을 성실히 수행할 것을 국민 앞에 엄숙히 선서합니다."

제70조 대통령의 임기는 5년으로 하며, 중임할 수 없다.

제71조 대통령이 궐위되거나 사고로 인하여 직무를 수행할 수 없을 때에는 국무총리, 법률이 정한 국무위원의 순서로 그 권한을 대행한다.

제72조 대통령은 필요하다고 인정할 때에는 외교·국방·통일 기타 국가안위에 관한 중요정책을 국민투표에 붙일 수 있다.

제73조 대통령은 조약을 체결·비준하고, 외교사절을 신임·접수 또는 파견하며, 선전포고와 강화를 한다.

제74조

① 대통령은 헌법과 법률이 정하는 바에 의하여 국군을 통수한다.

② 국군의 조직과 편성은 법률로 정한다.

제75조 대통령은 법률에서 구체적으로 범위를 정하여 위임받은 사항과 법률을 집행하기 위하여 필요한 사항에 관하여 대통령령을 발할 수 있다.

제76조

① 대통령은 내우·외환·천재·지변 또는 중대한 재정·경제상의 위기에 있어서 국가의 안전보장 또는 공공의 안녕질서를 유지하기 위하여 긴급한 조치가 필요하고 국회의 집회를 기다릴 여유가 없을 때에 한하여 최소한으로 필요한 재정·경제상의

처분을 하거나 이에 관하여 법률의 효력을 가지는 명령을 발할 수 있다.

② 대통령은 국가의 안위에 관계되는 중대한 교전상태에 있어서 국가를 보위하기 위하여 긴급한 조치가 필요하고 국회의 집회가 불가능한 때에 한하여 법률의 효력을 가지는 명령을 발할 수 있다.

③ 대통령은 제1항과 제2항의 처분 또는 명령을 한 때에는 지체 없이 국회에 보고하여 그 승인을 얻어야 한다.

④ 제3항의 승인을 얻지 못한 때에는 그 처분 또는 명령은 그때부터 효력을 상실한다. 이 경우 그 명령에 의하여 개정 또는 폐지되었던 법률은 그 명령이 승인을 얻지 못한 때부터 당연히 효력을 회복한다.

⑤ 대통령은 제3항과 제4항의 사유를 지체 없이 공포하여야 한다.

제77조

① 대통령은 전시·사변 또는 이에 준하는 국가비상사태에 있어서 병력으로써 군사상의 필요에 응하거나 공공의 안녕질서를 유지할 필요가 있을 때에는 법률이 정하는 바에 의하여 계엄을 선포할 수 있다.

② 계엄은 비상계엄과 경비계엄으로 한다.

③ 비상계엄이 선포된 때에는 법률이 정하는 바에 의하여 영장제도, 언론·출판·집회·결사의 자유, 정부나 법원의 권한에 관하여 특별한 조치를 할 수 있다.

④ 계엄을 선포한 때에는 대통령은 지체 없이 국회에 통고하여야 한다.

⑤ 국회가 재적의원 과반수의 찬성으로 계엄의 해제를 요구한 때
에는 대통령은 이를 해제하여야 한다.

제78조 대통령은 헌법과 법률이 정하는 바에 의하여 공무원을 임면한다.

제79조

① 대통령은 법률이 정하는 바에 의하여 사면·감형 또는 복권을
명할 수 있다.

② 일반사면을 명하려면 국회의 동의를 얻어야 한다.

③ 사면·감형 및 복권에 관한 사항은 법률로 정한다.

제80조 대통령은 법률이 정하는 바에 의하여 훈장 기타의 영전을 수여한다.

제81조 대통령은 국회에 출석하여 발언하거나 서한으로 의견을 표시할 수
있다.

제82조 대통령의 국법상 행위는 문서로써 하며, 이 문서에는 국무총리와 관
계 국무위원이 부서한다. 군사에 관한 것도 또한 같다.

제83조 대통령은 국무총리·국무위원·행정각부의 장 기타 법률이 정하는
공사의 직을 겸할 수 없다.

제84조 대통령은 내란 또는 외환의 죄를 범한 경우를 제외하고는 재직 중
형사상의 소추를 받지 아니한다.

제85조 전직대통령의 신분과 예우에 관하여는 법률로 정한다.

제2절 행정부

제1관 국무총리와 국무위원

제86조

① 국무총리는 국회의 동의를 얻어 대통령이 임명한다.

② 국무총리는 대통령을 보좌하며, 행정에 관하여 대통령의 명을 받아 행정각부를 통할한다.

③ 군인은 현역을 면한 후가 아니면 국무총리로 임명될 수 없다.

제87조

① 국무위원은 국무총리의 제청으로 대통령이 임명한다.

② 국무위원은 국정에 관하여 대통령을 보좌하며, 국무회의의 구성원으로서 국정을 심의한다.

③ 국무총리는 국무위원의 해임을 대통령에게 건의할 수 있다.

④ 군인은 현역을 면한 후가 아니면 국무위원으로 임명될 수 없다.

제2관 국무회의

제88조

① 국무회의는 정부의 권한에 속하는 중요한 정책을 심의한다.

② 국무회의는 대통령·국무총리와 15인 이상 30인 이하의 국무위원으로 구성한다.

③ 대통령은 국무회의의 의장이 되고, 국무총리는 부의장이 된다.

제89조 다음 사항은 국무회의의 심의를 거쳐야 한다.

1. 국정의 기본계획과 정부의 일반정책

2. 선전·강화 기타 중요한 대외정책

3. 헌법개정안·국민투표안·조약안·법률안 및 대통령령안

4. 예산안·결산·국유재산처분의 기본계획·국가의 부담이 될 계약 기타 재정에 관한 중요사항

5. 대통령의 긴급명령·긴급재정경제처분 및 명령 또는 계엄과 그 해제

6. 군사에 관한 중요사항

7. 국회의 임시회 집회의 요구

8. 영전수여

9. 사면·감형과 복권

10. 행정각부 간의 권한의 획정

11. 정부안의 권한의 위임 또는 배정에 관한 기본계획

12. 국정처리상황의 평가·분석

13. 행정각부의 중요한 정책의 수립과 조정

14. 정당해산의 제소

15. 정부에 제출 또는 회부된 정부의 정책에 관계되는 청원의 심사

16. 검찰총장·합동참모의장·각군참모총장·국립대학교총장·대
    사 기타 법률이 정한 공무원과 국영기업체 관리자의 임명

17. 기타 대통령·국무총리 또는 국무위원이 제출한 사항

제90조

① 국정의 중요한 사항에 관한 대통령의 자문에 응하기 위하여 국
  가원로로 구성되는 국가원로자문회의를 둘 수 있다.

② 국가원로자문회의의 의장은 직전대통령이 된다. 다만, 직전대통
  령이 없을 때에는 대통령이 지명한다.

③ 국가원로자문회의의 조직·직무범위 기타 필요한 사항은 법률
  로 정한다.

제91조

① 국가안전보장에 관련되는 대외정책·군사정책과 국내정책의
  수립에 관하여 국무회의의 심의에 앞서 대통령의 자문에 응하
  기 위하여 국가안전보장회의를 둔다.

② 국가안전보장회의는 대통령이 주재한다.

③ 국가안전보장회의의 조직·직무범위 기타 필요한 사항은 법률로 정한다.

제92조

① 평화통일정책의 수립에 관한 대통령의 자문에 응하기 위하여 민주평화통일자문회의를 둘 수 있다.

② 민주평화통일자문회의의 조직·직무범위 기타 필요한 사항은 법률로 정한다.

제93조

① 국민경제의 발전을 위한 중요정책의 수립에 관하여 대통령의 자문에 응하기 위하여 국민경제자문회의를 둘 수 있다.

② 국민경제자문회의의 조직·직무범위 기타 필요한 사항은 법률로 정한다.

제3관 행정각부

제94조 행정각부의 장은 국무위원 중에서 국무총리의 제청으로 대통령이 임명한다.

제95조 국무총리 또는 행정각부의 장은 소관사무에 관하여 법률이나 대통령령의 위임 또는 직권으로 총리령 또는 부령을 발할 수 있다.

제96조 행정각부의 설치·조직과 직무범위는 법률로 정한다.

제4관 감사원

제97조 국가의 세입·세출의 결산, 국가 및 법률이 정한 단체의 회계검사와 행정기관 및 공무원의 직무에 관한 감찰을 하기 위하여 대통령 소속 하에 감사원을 둔다.

제98조

① 감사원은 원장을 포함한 5인 이상 11인 이하의 감사위원으로 구
성한다.

② 원장은 국회의 동의를 얻어 대통령이 임명하고, 그 임기는 4년
으로 하며, 1차에 한하여 중임할 수 있다.

③ 감사위원은 원장의 제청으로 대통령이 임명하고, 그 임기는 4년
으로 하며, 1차에 한하여 중임할 수 있다.

제99조 감사원은 세입·세출의 결산을 매년 검사하여 대통령과 차년도국회
에 그 결과를 보고하여야 한다.

제100조 감사원의 조직·직무범위·감사위원의 자격·감사대상공무원의
범위 기타 필요한 사항은 법률로 정한다.

제5장 법원

제101조

① 사법권은 법관으로 구성된 법원에 속한다.

② 법원은 최고법원인 대법원과 각급법원으로 조직된다.

③ 법관의 자격은 법률로 정한다.

제102조

① 대법원에 부를 둘 수 있다.

② 대법원에 대법관을 둔다. 다만, 법률이 정하는 바에 의하여 대
법관이 아닌 법관을 둘 수 있다.

③ 대법원과 각급법원의 조직은 법률로 정한다.

제103조 법관은 헌법과 법률에 의하여 그 양심에 따라 독립하여 심판한다.

제104조

① 대법원장은 국회의 동의를 얻어 대통령이 임명한다.

② 대법관은 대법원장의 제청으로 국회의 동의를 얻어 대통령이 임명한다.

③ 대법원장과 대법관이 아닌 법관은 대법관회의의 동의를 얻어 대법원장이 임명한다.

제105조

① 대법원장의 임기는 6년으로 하며, 중임할 수 없다.

② 대법관의 임기는 6년으로 하며, 법률이 정하는 바에 의하여 연임할 수 있다.

③ 대법원장과 대법관이 아닌 법관의 임기는 10년으로 하며, 법률이 정하는 바에 의하여 연임할 수 있다.

④ 법관의 정년은 법률로 정한다.

제106조

① 법관은 탄핵 또는 금고 이상의 형의 선고에 의하지 아니하고는 파면되지 아니하며, 징계처분에 의하지 아니하고는 정직·감봉 기타 불리한 처분을 받지 아니한다.

② 법관이 중대한 심신상의 장해로 직무를 수행할 수 없을 때에는 법률이 정하는 바에 의하여 퇴직하게 할 수 있다.

제107조

① 법률이 헌법에 위반되는 여부가 재판의 전제가 된 경우에는 법원은 헌법재판소에 제청하여 그 심판에 의하여 재판한다.

② 명령·규칙 또는 처분이 헌법이나 법률에 위반되는 여부가 재판의 전제가 된 경우에는 대법원은 이를 최종적으로 심사할 권

한을 가진다.

③ 재판의 전심절차로서 행정심판을 할 수 있다. 행정심판의 절차는 법률로 정하되, 사법절차가 준용되어야 한다.

제108조 대법원은 법률에 저촉되지 아니하는 범위 안에서 소송에 관한 절차, 법원의 내부규율과 사무처리에 관한 규칙을 제정할 수 있다.

제109조 재판의 심리와 판결은 공개한다. 다만, 심리는 국가의 안전보장 또는 안녕질서를 방해하거나 선량한 풍속을 해할 염려가 있을 때에는 법원의 결정으로 공개하지 아니할 수 있다.

제110조

① 군사재판을 관할하기 위하여 특별법원으로서 군사법원을 둘 수 있다.

② 군사법원의 상고심은 대법원에서 관할한다.

③ 군사법원의 조직·권한 및 재판관의 자격은 법률로 정한다.

④ 비상계엄하의 군사재판은 군인·군무원의 범죄나 군사에 관한 간첩죄의 경우와 초병·초소·유독음식물공급·포로에 관한 죄 중 법률이 정한 경우에 한하여 단심으로 할 수 있다. 다만, 사형을 선고한 경우에는 그러하지 아니하다.

제6장 헌법재판소

제111조

① 헌법재판소는 다음 사항을 관장한다.

1. 법원의 제청에 의한 법률의 위헌 여부 심판

2. 탄핵의 심판

3. 정당의 해산 심판

4. 국가기관 상호 간, 국가기관과 지방자치단체 간 및 지방자치단 체 상호 간의 권한쟁의에 관한 심판

5. 법률이 정하는 헌법소원에 관한 심판

② 헌법재판소는 법관의 자격을 가진 9인의 재판관으로 구성하며, 재판관은 대통령이 임명한다.

③ 제2항의 재판관 중 3인은 국회에서 선출하는 자를, 3인은 대법원장이 지명하는 자를 임명한다.

④ 헌법재판소의 장은 국회의 동의를 얻어 재판관 중에서 대통령이 임명한다.

제112조

① 헌법재판소 재판관의 임기는 6년으로 하며, 법률이 정하는 바에 의하여 연임할 수 있다.

② 헌법재판소 재판관은 정당에 가입하거나 정치에 관여할 수 없다.

③ 헌법재판소 재판관은 탄핵 또는 금고 이상의 형의 선고에 의하지 아니하고는 파면되지 아니한다.

제113조

① 헌법재판소에서 법률의 위헌결정, 탄핵의 결정, 정당해산의 결정 또는 헌법소원에 관한 인용결정을 할 때에는 재판관 6인 이상의 찬성이 있어야 한다.

② 헌법재판소는 법률에 저촉되지 아니하는 범위 안에서 심판에 관한 절차, 내부규율과 사무처리에 관한 규칙을 제정할 수 있다.

③ 헌법재판소의 조직과 운영 기타 필요한 사항은 법률로 정한다.

제7장 선거관리

제114조

① 선거와 국민투표의 공정한 관리 및 정당에 관한 사무를 처리하기 위하여 선거관리위원회를 둔다.

② 중앙선거관리위원회는 대통령이 임명하는 3인, 국회에서 선출하는 3인과 대법원장이 지명하는 3인의 위원으로 구성한다. 위원장은 위원 중에서 호선한다.

③ 위원의 임기는 6년으로 한다.

④ 위원은 정당에 가입하거나 정치에 관여할 수 없다.

⑤ 위원은 탄핵 또는 금고 이상의 형의 선고에 의하지 아니하고는 파면되지 아니한다.

⑥ 중앙선거관리위원회는 법령의 범위 안에서 선거관리·국민투표관리 또는 정당사무에 관한 규칙을 제정할 수 있으며, 법률에 저촉되지 아니하는 범위 안에서 내부규율에 관한 규칙을 제정할 수 있다.

⑦ 각급 선거관리위원회의 조직·직무범위 기타 필요한 사항은 법률로 정한다.

제115조

① 각급 선거관리위원회는 선거인명부의 작성 등 선거사무와 국민투표사무에 관하여 관계 행정기관에 필요한 지시를 할 수 있다.

② 제1항의 지시를 받은 당해 행정기관은 이에 응하여야 한다.

제116조

① 선거운동은 각급 선거관리위원회의 관리하에 법률이 정하는 범

위 안에서 하되, 균등한 기회가 보장되어야 한다.

② 선거에 관한 경비는 법률이 정하는 경우를 제외하고는 정당 또는 후보자에게 부담시킬 수 없다.

제8장 지방자치

제117조

① 지방자치단체는 주민의 복리에 관한 사무를 처리하고 재산을 관리하며, 법령의 범위 안에서 자치에 관한 규정을 제정할 수 있다.

② 지방자치단체의 종류는 법률로 정한다.

제118조

① 지방자치단체에 의회를 둔다.

② 지방의회의 조직·권한·의원선거와 지방자치단체의 장의 선임방법 기타 지방자치단체의 조직과 운영에 관한 사항은 법률로 정한다.

제9장 경제

제119조

① 대한민국의 경제질서는 개인과 기업의 경제상의 자유와 창의를 존중함을 기본으로 한다.

② 국가는 균형 있는 국민경제의 성장 및 안정과 적정한 소득의 분배를 유지하고, 시장의 지배와 경제력의 남용을 방지하며, 경제

주체 간의 조화를 통한 경제의 민주화를 위하여 경제에 관한 규
제와 조정을 할 수 있다.

제120조

① 광물 기타 중요한 지하자원·수산자원·수력과 경제상 이용할
수 있는 자연력은 법률이 정하는 바에 의하여 일정한 기간 그
채취·개발 또는 이용을 특허할 수 있다.

② 국토와 자원은 국가의 보호를 받으며, 국가는 그 균형 있는 개
발과 이용을 위하여 필요한 계획을 수립한다.

제121조

① 국가는 농지에 관하여 경자유전의 원칙이 달성될 수 있도록 노
력하여야 하며, 농지의 소작제도는 금지된다.

② 농업생산성의 제고와 농지의 합리적인 이용을 위하거나 불가피
한 사정으로 발생하는 농지의 임대차와 위탁경영은 법률이 정
하는 바에 의하여 인정된다.

제122조 국가는 국민 모두의 생산 및 생활의 기반이 되는 국토의 효율적이
고 균형 있는 이용·개발과 보전을 위하여 법률이 정하는 바에 의
하여 그에 관한 필요한 제한과 의무를 과할 수 있다.

제123조

① 국가는 농업 및 어업을 보호·육성하기 위하여 농·어촌종합개
발과 그 지원 등 필요한 계획을 수립·시행하여야 한다.

② 국가는 지역 간의 균형 있는 발전을 위하여 지역경제를 육성할
의무를 진다.

③ 국가는 중소기업을 보호·육성하여야 한다.

④ 국가는 농수산물의 수급균형과 유통구조의 개선에 노력하여 가

격안정을 도모함으로써 농·어민의 이익을 보호한다.

⑤ 국가는 농·어민과 중소기업의 자조조직을 육성하여야 하며, 그 자율적 활동과 발전을 보장한다.

제124조 국가는 건전한 소비행위를 계도하고 생산품의 품질향상을 촉구하기 위한 소비자보호운동을 법률이 정하는 바에 의하여 보장한다.

제125조 국가는 대외무역을 육성하며, 이를 규제·조정할 수 있다.

제126조 국방상 또는 국민경제상 긴절한 필요로 인하여 법률이 정하는 경우를 제외하고는, 사영기업을 국유 또는 공유로 이전하거나 그 경영을 통제 또는 관리할 수 없다.

제127조

① 국가는 과학기술의 혁신과 정보 및 인력의 개발을 통하여 국민경제의 발전에 노력하여야 한다.

② 국가는 국가표준제도를 확립한다.

③ 대통령은 제1항의 목적을 달성하기 위하여 필요한 자문기구를 둘 수 있다.

제10장 헌법개정

제128조

① 헌법개정은 국회재적의원 과반수 또는 대통령의 발의로 제안된다.

② 대통령의 임기연장 또는 중임변경을 위한 헌법개정은 그 헌법개정 제안 당시의 대통령에 대하여는 효력이 없다.

제129조 제안된 헌법개정안은 대통령이 20일 이상의 기간 이를 공고하여야 한다.

제130조

① 국회는 헌법개정안이 공고된 날로부터 60일 이내에 의결하여야
하며, 국회의 의결은 재적의원 3분의 2 이상의 찬성을 얻어야
한다.

② 헌법개정안은 국회가 의결한 후 30일 이내에 국민투표에 붙여
국회의원선거권자 과반수의 투표와 투표자 과반수의 찬성을 얻
어야 한다.

③ 헌법개정안이 제2항의 찬성을 얻은 때에는 헌법개정은 확정되
며, 대통령은 즉시 이를 공포하여야 한다.

부칙 〈헌법 제10호, 1987.10.29〉 부칙 더 보기(요약보기)

제1조 이 헌법은 1988년 2월 25일부터 시행한다. 다만, 이 헌법을 시행하기
위하여 필요한 법률의 제정·개정과 이 헌법에 의한 대통령 및 국회
의원의 선거 기타 이 헌법시행에 관한 준비는 이 헌법시행 전에 할 수
있다.

제2조

① 이 헌법에 의한 최초의 대통령선거는 이 헌법시행일 40일 전까
지 실시한다.

② 이 헌법에 의한 최초의 대통령의 임기는 이 헌법시행일로부터
개시한다.

제3조

① 이 헌법에 의한 최초의 국회의원선거는 이 헌법공포일로부터 6
월 이내에 실시하며, 이 헌법에 의하여 선출된 최초의 국회의원
의 임기는 국회의원선거 후 이 헌법에 의한 국회의 최초의 집회

일로부터 개시한다.

② 이 헌법공포 당시의 국회의원의 임기는 제1항에 의한 국회의 최초의 집회일 전일까지로 한다.

제4조

① 이 헌법시행 당시의 공무원과 정부가 임명한 기업체의 임원은 이 헌법에 의하여 임명된 것으로 본다. 다만, 이 헌법에 의하여 선임방법이나 임명권자가 변경된 공무원과 대법원장 및 감사원장은 이 헌법에 의하여 후임자가 선임될 때까지 그 직무를 행하며, 이 경우 전임자인 공무원의 임기는 후임자가 선임되는 전일까지로 한다.

② 이 헌법시행 당시의 대법원장과 대법원판사가 아닌 법관은 제1항 단서의 규정에 불구하고 이 헌법에 의하여 임명된 것으로 본다.

③ 이 헌법 중 공무원의 임기 또는 중임제한에 관한 규정은 이 헌법에 의하여 그 공무원이 최초로 선출 또는 임명된 때로부터 적용한다.

제5조 이 헌법시행 당시의 법령과 조약은 이 헌법에 위배되지 아니하는 한 그 효력을 지속한다.

제6조 이 헌법시행 당시에 이 헌법에 의하여 새로 설치될 기관의 권한에 속하는 직무를 행하고 있는 기관은 이 헌법에 의하여 새로운 기관이 설치될 때까지 존속하며 그 직무를 행한다.

로크사상에 기초한 미국연방 헌법[54]

전문

우리들 연합주(The United States)의 인민은 더욱 완벽한 연방(Union)을 형성하고, 정의를 확립하고, 국내의 안녕을 보장하고, 공동의 방위를 도모하고, 국민의 복지를 증진하고, 우리들과 우리들의 후손에게 자유와 축복을 확보할 목적으로 미국(The United States of America)을 위하여 이 헌법을 제정한다.[55]

---

54) 미국 헌법의 역문은 미국 공보원의 자료를 토대로 인용된 것임을 밝혀 두며, 로크의 주장이 상당 부분 인용되어 있음을 확인할 수 있다. 'Article 1'을 제1장, 'Section 1'을 제1절, 'Clause 1'을 〈1항〉으로 구분하였다.

55) We the people of the United States, in order to form a more perfect union, establish justice, insure domestic tranquility, provide for the common defense, promote the general welfare, and secure the blessings of liberty to ourselves and our posterity, do ordain and establish this Constitution for the United States of America. 원문에는 전문이라고 명시하지 않았으나 구분 짓기 위하여 전문이라고 표하였다.

제1장(입법부)

제1절

이 헌법에 의하여 부여되는 모든 입법 권한은 미국연방의회(Congress of the United States)에 속하며, 연방의회는 상원(Senate)과 하원(House of Representatives)으로 구성한다.

제2절(하원)

<1항> 하원은 각 주의 주민이 2년마다 선출하는 의원으로 구성하며, 각 주의 선거인은 주 의회의 의원 수가 가장 많은 의원의 선거인에게 요구되는 자격 요건을 구비해야 한다.

<2항> 누구든지 연령이 만 25세에 미달한 자, 미국 시민으로서의 기간이 7년이 못 되는 자, 그리고 선거 당시에 선출되는 주의 주민이 아닌 자는 하원의원이 될 수 없다.

<3항> <하원의원의 수와 직접세는 연방에 가입하는 각 주의 인구수에 비례하여 각 주에 배정한다. 각 주의 인구수는 연기 계약 노무자를 포함한 자유인의 총수에, 과세하지 아니하는 인디언을 제외하고, 그 밖의 인구(흑인 노예-역주) 총수의 5분의 3을 가산하여 결정한다>(수정 제13조, 제14조 참조). 인구수의 산정은 제1회 연방의회를 개최한 후 3년 이내에 행하며, 그 후는 10년마다 법률이 정하는 바에 따라 행한다. 하원의원의 수는 인구 3만 명당 1인의 비율을 초과하지 못한다. 다만, 각 주는 적어도 1명의 하원의원을 가져야 한다. 위의 인구수의 산정이 있을 때까지 뉴햄프셔

주는 3명, 매사추세츠 주는 8명, 로드아일랜드 주와 프로비
던스 식민지는 1명, 코네티컷 주는 5명, 뉴욕 주는 6명, 뉴
저지 주는 4명, 펜실베이니아 주는 8명, 델라웨어 주는 1명,
메릴랜드 주는 6명, 버지니아 주는 10명, 노스캐롤라이나
주는 5명, 사우스캐롤라이나 주는 5명, 그리고 조지아 주는
3명의 의원을 각기 선출할 수 있다.

<4항> 어떤 주에서든 그 주에서 선출하는 하원의원에 결원이 생
겼을 경우에는, 그 주의 행정부가 그 결원을 채우기 위한
보궐선거의 명령을 내려야 한다.

<5항> 하원은 그 의장과 그 밖의 임원을 선임하며 탄핵권을 전유
한다.

제3절(상원)

<1항> 상원은 <각 주 주 의회에서 선출한>(수정 제7조로 개정)
6년 임기의 상원의원 2명씩으로 구성되며 각 상원의원은 1
표의 투표권을 가진다.

<2항> 상원의원들의 제1회 선거의 결과로 당선되어 회합하면, 즉
시로 의원 총수를 가능한 한 동수의 3개 부류로 나눈다. 제
1부류의 의원은 2년 만기로, 제2부류의 의원은 4년 만기로,
그리고 제3부류의 의원은 6년을 만기로 그 의석을 비워야
한다. 이렇게 하여 상원의원의 총수의 3분의 1이 2년마다
개선될 수 있게 한다. <그리고 어떤 주에서든 주 의회의 후
회 중에 사직 또는 그 밖의 원인으로 상원의원의 결원이 생
길 때에는 그 주의 행정부는 다음 회기의 주 의회가 결원을

보충할 때까지 잠정적으로 상원의원을 임명할 수 있다>(수
정 제17조).

<3항> 연령이 30세에 미달하거나, 미국 시민으로서의 기간이 9년
이 되지 아니하거나, 또는 선거 당시 선출되는 주의 주민이
아닌 자는 상원의원이 될 수 없다.

<4항> 미국의 부통령(Vice President)은 상원 의장이 된다. 다만, 표
결에서 가부 동수일 경우를 제외하고는 투표권이 없다.

<5항> 상원은 의장 이외의 임원들을 선임하며, 부통령이 결원일
경우나, 부통령이 대통령의 직무를 집행하는 때에는 임시
의장을 선임한다.

<6항> 상원은 모든 탄핵 심판의 권한을 전유한다. 이 목적을 위하
여 상원이 개회될 때, 의원들은 선서 또는 확약을 해야 한
다. 미국 대통령을 심판할 경우에는 연방 대법원장(Chief
Justice)을 의장으로 한다. 누구라도 출석 의원 3분의 2 이상
의 찬성 없이는 유죄 판결을 받지 아니한다.

<7항> 탄핵 심판에서의 판결을 면직 그리고 명예직, 위임직, 또는
보수를 수반하는 미국의 공직에 취임, 재직하는 자격을 박
탈하는 것 이상이 될 수 없다. 다만, 이같이 유죄 판결을 받
은 자일지라도 법률의 규정에 따른 기소, 재판, 판결 및 처
벌을 면할 수 없다.

제4절(연방의회의 조직)

<1항> 상원의원과 하원의원을 선거할 시기, 장소 및 방법은 각 주
에서 그 주 의회가 정한다. 그러나 연방의회는 언제든지 법

률에 의하여 그러한 규정을 제정 또는 개정할 수 있다<다
만, 상원의원의 선거 장소에 관하여는 예외로 한다>(수정
제17조로 개정).

<2항> 연방의회는 매년 적어도 1회 집회해야 한다<그 집회의 시
기는 법률에 의하여 다른 날짜를 지정하지 아니한 12월 첫
번째 월요일로 한다>(수정 제2조 참조).

제5절

<1항> 각 원은 그 소속 의원의 당선, 득표수 및 자격을 판정한다.
각 원은 소속 의원의 과반수가 출석함으로써 의사를 진행
시킬 수 있는 정족수를 구성한다. 정족수에 미달하는 경우
에는 출석 의원이 연일 휴회할 수 있으며, 각 원에서 정하
는 방법과 벌칙에 따라 결석 의원의 출석을 강요할 수 있다.

<2항> 각 원은 의사 규칙을 결정하며, 원내의 질서를 문란케 한
의원을 징계하며, 의원 3분의 2 이상의 찬성을 얻어 의원
을 제명할 수 있다.

<3항> 각 원은 의사록을 작성하여 각 원에서 비밀에 붙여져야 한
다고 판단하는 부분을 제외하고, 이것을 수시로 공표해야
한다. 각 원은 출석 의원 수의 5분의 1 이상이 요구할 경우
에는 어떠한 문제에 대하여도 소속 의원의 찬반 투표를 의
사록에 기재해야 한다.

<4항> 연방의회의 회기 중에는 어느 의원도 다른 의원의 동의 없
이 3일 이상 휴회하거나, 회의장을 양원이 개최한 장소 이
외의 장소로 옮길 수 없다.

제6절

<1항> 상원의원과 하원의원은 그 직무에 대하여 법률이 정하고 미국 국고로부터 지급되는 보수를 받는다. 양원의 의원은 반역죄, 중죄 및 치안 방해죄를 제외하고는 어떠한 경우에도 그 의원의 회의 출석 중에 그리고 의사당까지의 왕복 도중에 체포되지 아니하는 특권이 있다. 양원의 의원은 원내에서 행한 발언이나 토론에 관하여 원외에서 문책받지 아니한다.

<2항> 상원의원 또는 하원의원은 재임 기간에 신설되거나 봉급이 인상된 어떠한 미국의 공직에도 임명될 수 없다. 미국의 어떠한 공직에 있는 자라도 재직 중에 양원 중의 어느 의원의 의원이 될 수 없다.

제7절

<1항> 세입 징수에 관한 모든 법률안은 먼저 하원에서 제안되어야 한다. 다만, 상원은 이에 대해 법안에서와 마찬가지로 수정안을 발의하거나 수정을 가하여 동의할 수 있다.

<2항> 하원과 상원을 통과한 모든 법률안은 법률로 확정되기에 앞서 대통령에게 이송되어야 한다. 대통령이 이를 승인하는 경우에는 이에 서명하며, 승인하지 아니하는 경우에는 이의서를 첨부하여 이 법률안을 발의한 의원으로 환부해야 한다. 법률안을 환부받은 의원은 이의의 대략을 의사록에 기록한 후 이 법률안을 다시 심의해야 한다. 다시 심의한 결과, 그 의원의 3분의 2 이상의 찬성으로 가결할 경우

에는 이 의원은 이 법률안을 대통령의 이의서와 함께 다른
의원으로 이송해야 한다. 다른 의원에서 이 법률안을 재심
하여 의원의 3분의 2 이상의 찬성으로 가결할 경우에는 이
법률안은 법률로 확정된다. 이 모든 경우에서 양원은 호명,
구두 표결로 결정하며, 그 법률안에 대한 찬성자와 반대자
의 성명을 각 원의 의사록에 기재해야 한다. 법률안이 대
통령에게 이송된 후 10일 이내(일요일은 제외)에 의회로
환부되지 아니할 때에는 그 법률안은 대통령이 이에 서명
한 경우와 마찬가지로 법률로 확정된다. 다만, 연방의회가
휴회하여 이 법률안을 환부할 수 없는 경우에는 법률로 확
정되지 아니한다.

<3항> 상, 하 양원의 의결을 필요로 하는 모든 명령, 결의 또는 표
결(휴회에 관한 결의는 제외)은 이를 대통령에게 이송해야
하며, 대통령이 이를 승인해야 효력을 발생한다. 대통령이
이를 승인하지 아니하는 경우에는 법률안에서와 같은 규칙
및 제한에 따라서 상원과 하원에서 3분의 2 이상의 의원의
찬성으로 다시 가결해야 한다.

제8절(연방의회에 부여된 권한)

<1항> 연방의회는 다음의 권한을 가진다. 미국 채무를 지불하고,
공동 방위와 일반 복지를 위하여 조세, 관세, 부과금 및 소
비세를 부과, 징수한다. 다만, 관세, 공과금, 및 소비세는 미
국 전역을 걸쳐서 획일적이어야 한다.

<2항> 미국의 신용으로 금전을 차입한다.

<3항> 외국과의, 주 상호 간의 그리고 인디언 부족과의 통상을 규
제한다.

<4항> 미국 전체에 공통되는 획일적인 귀화 규정과 파산 문제에
대한 획일적인 법률을 제정한다.

<5항> 화폐를 주조하고 그 화폐 및 외국 화폐의 가치를 규정하며,
도량형의 기준을 정한다.

<6항> 미국의 유가 증권 및 통화의 위조에 관한 벌칙을 정한다.

<7항> 우편 관서와 우편 도로를 건설한다.

<8항> 저작자와 발명자에게 그들의 저술과 발명에 대한 독점적인
권리를 일정 기간 확보해줌으로써 과학과 유용한 기술의
발달을 촉진시킨다.

<9항> 연방 대법원 아래에 하급 법원을 조직한다.

<10항> 공해에서 범한 해적 행위 및 중죄 그리고 국제법에 위배
되는 범죄를 정의하고 이에 대한 벌칙을 정한다.

<11항> 전쟁을 포고하고 나포 허가장을 수여하고, 지상 및 해상
에서의 나포에 관한 규칙을 정한다.

<12항> 육군을 모집, 편성하고 이를 유지한다. 다만, 이 목적을 취
한 경비의 지출 기간은 2년을 초과하지 못한다.

<13항> 해군을 창설하고 이를 유지한다.

<14항> 육, 해군의 통수 및 규제에 관한 규칙을 정한다.

<15항> 연방 법률을 집행하고, 반란을 진압하고, 침략을 격퇴하기
위하여 민병의 소집에 관한 규칙을 정한다.

<16항> 민병대의 편성, 무장 및 훈련에 관한 규칙과 미국의 군무
에 복무하는 자들을 다스리는 규칙을 정한다. 다만, 각 주

는 민병대의 장교를 임명하고, 연방의회가 정한 군율에
따라 민병대를 훈련시키는 권한을 각각 보유한다.

<17항> 특정 주가 미국에 양도하고, 연방의회가 이를 수령함으로
써 미국 정부의 소재지가 되는 지역(1평방 마을을 초과하
지 못함)에 대하여는 어떠한 경우를 막론하고 독점적인
입법권을 행사하며, 요새, 무기고, 조병창, 조선소 및 기타
필요한 건물을 세우기 위하여 주 의회의 승인을 얻어 구입
한 모든 장소에 대해서도 이와 똑같은 권한을 행사한다.

<18항> 위에 기술한 권한들과 이 헌법이 미국 정부 또는 그 부처
또는 그 관리에게 부여한 모든 기타 권한을 행사하는 데
필요하고 적절한 모든 법률을 제정한다.

제9절(연방의회에 금지된 권한)

<1항> 연방의회는 기존의 각 주 중 어느 주가 허용함이 적당하다
고 인정하는 사람들(흑인 노예-역주)의 이주 또는 입국을
1808년 이전에는 금지하지 못한다. 다만, 이러한 사람들의
입국에 대하여 1인당 10달러를 초과하지 아니하는 한도 내
에서 입국세를 부과할 수 있다.

<2항> 인신 보호 영장에 관한 특권은 반란 또는 침략의 경우에
공공의 안정상 요구되는 때를 제외하고는 이를 정지시킬
수 없다.

<3항> 개인의 권리박탈법(Bill of Attainder) 또는 소급처벌법을 통
과시키지 못한다.

<4항> 인두세나 그 밖의 직접세는 앞서 규정한 인구 조사 또는

산정에 비례하지 아니하는 한, 이를 부과하지 못한다.

<5항> 주로부터 수출되는 물품에 조세 또는 관세를 부과하지 못한다.

<6항> 어떠한 통상 또는 세 수입 규정에 의하여도, 어느 주의 항구도 다른 주의 항구보다 특혜대우를 할 수 없다. 또한 어느 주에 도착 예정이거나 어느 주를 출항한 선박을 다른 주에서 강제로 입, 출항 수속을 하게 하거나, 관세를 지불하게 할 수 없다.

<7항> 국고금은 법률에 따른 지출 승인에 의하여만 지출할 수 있다. 또한 모든 공금의 수납 및 지축에 관한 정식 결산서는 수시로 공표해야 한다.

<8항> 미국은 어떠한 귀족의 칭호도 수여하지 아니한다. 미국 정부에서 유급직 또는 위임에 의한 관직에 있는 자는 누구라도 연방의회의 승인 없이는 어떠한 국왕, 왕족 또는 외국으로부터도 종류 여하를 막론하고 선물, 보수, 관직 또는 칭호를 받을 수 없다.

제10절(주에 금지된 권한)

<1항> 어느 주라도 조약, 동맹 또는 연합을 체결하거나, 나포 허가장을 수여하거나, 화폐를 주조하거나, 신용 증권을 발행하거나, 금화 및 은화 이외의 것으로써 채무 지불의 법정 수단으로 삼거나, 사권박탈법, 소급절차법 또는 계약상의 채무에 해를 주는 법률 등을 제정하거나 또는 귀족의 칭호를 수여할 수 없다.

<2항> 어느 주라도 연방의회의 동의 없이는 수입품 또는 수출품
에 대하여 검사법의 시행상 절대 필요한 경우를 제외하고
는 공과금 또는 관세를 부과하지 못한다. 어느 주에서나
수입품 또는 수출품에 부과하는 모든 공과금이나 관세의
순 수입은 미국 국고의 용도에 제공해야 한다. 또 연방의
회는 이런 종류의 모든 주의 법률을 개정하고 통제할 수
있다.

<3항> 어느 주라도 군대나 군함을 보유할 수도 없고, 다른 주나
외국과 협정이나 맹약을 체결할 수 없으며, 실제로 침공당
하고 있거나 지체할 수 없을 만큼 급박한 위험에 처해 있
지 아니하고는 교전할 수 없다.

제2장(행정부)

제1절

<1항> 행정권은 미국 대통령(President of the United States of America)
에 속한다. 대통령의 임기는 4년으로 하며, 동일한 임기의
부통령과 함께 다음과 같은 방법에 의하여 선출된다.

<2항> 각 주는 그 주의 주 의회가 정하는 바에 따라, 그 주가 연방
의회에 보낼 수 있는 상원의원과 하원의원의 총수와 동수
의 선거인을 임명한다. 다만, 상원의원이나 하원의원, 또는
미국에서 위임에 의한 또는 유급의 관직에 있는 자는 선거
인이 될 수 없다.

<3항> <선거인은 각기 자기 주에서 회합하여 비밀 투표에 의하

여 2인을 선거하되, 그 중 1인은 선거인과 동일한 주의 주민이 아니어야 한다. 선거인은 모든 득표자들의 명부와 각 득표자의 득표수를 기재한 표를 작성하여 서명하고 증명한 다음, 봉함하여 상원 의장 앞으로 미국 정부 소재지로 송부한다. 상원 의장은 상원의원 및 하원의원들 앞에서 모든 증명서를 개봉하고 계표한다. 최고 득표자의 득표수가 임명된 선거인의 총수의 과반수가 되었을 때에는 그가 대통령으로 당선된다. 과반수 득표자가 2인 이상이 되고, 그 득표수가 동수일 경우에는 하원이 즉시 비밀투표로 그중의 1인을 대통령으로 선임해야 한다. 과반수 득표자가 없을 경우에는 하원이 동일한 방법으로 최다 득표자 5명 중에서 대통령을 선임한다. 다만, 이러한 방법으로 대통령을 선거할 때에는 선거를 주 단위로 하고, 각 주의 하원의원은 1표의 투표권을 가지며, 그 선거에 필요한 정족수는 각 주의 하원의원의 3분의 2로부터 1명 또는 그 이상의 의원의 출석으로 성립되며, 전체 주의 과반수의 찬성을 얻어야 선출될 수 있다. 어떤 경우에서나, 대통령을 선출하고 난 뒤에 최다수의 득표를 한자를 부통령으로 한다. 다만, 동수의 득표자가 2인 이상 있을 때에는 상원이 비밀투표로 그 중에서 부통령을 선출한다>(1804년에 비준된 수정 헌법 제2조로 대통령과 부통령의 선거는 분리 실시되었으므로 이 항목은 사문화되었다. 또한 1828년 이후 정당 정치의 발달로 각 주는 대통령의 선거인을 일반 유권자가 선출하게 되었으므로 대통령의 선출은 실질적으로 일반 유권자의 투표로써 결정하게 되었다. 그러므로 현재는 대통령의 선거인의 투표는 하나의 의식에 지나지 않게 되었다-역주).

<4항> 연방의회는 선인들의 선임 시기와 이들의 투표일을 결정할 수 있으며, 이 투표일은 미국 전역을 통하여 같은 날이 되어야 한다.

<5항> 출생에 의한 미국 시민이 아닌 자, 또는 본 헌법의 제정 시에 미국 시민이 아닌 자는 대통령으로 선임될 자격이 없다. 연령이 35세에 미달한 자, 또는 14년간 미국 내의 주민이 아닌 자도 대통령으로 선임될 자격이 없다.

<6항> <대통령이 면직되거나 사망하거나 사직하거나 또는 그 권한 및 직무를 수행할 능력을 상실할 경우에, 대통령의 직무는 부통령에게 귀속된다. 연방의회는 법률에 의하여 대통령의 면직, 사망, 사직 또는 직무 수행 불능의 경우를 규정할 수 있으며, 그러한 경우에 대통형의 직무를 수행할 관리를 정할 수 있다. 이 관리는 대통령의 직무 수행이 불능이 제기되거나 대통령이 새로 선임될 때까지 대통령의 직무를 대행한다>(수정 제25조 참조).

<7항> 대통령은 그 직무 수행에 대한 대가로 정기적으로 보수를 받으며, 그 보수는 임기 중에 인상 또는 인하되지 아니한다. 대통령은 그 임기 중에 미국 또는 어느 주로부터 그 밖의 어떠한 보수도 받지 못한다.

<8항> 대통령은 그 직무 수행을 시작하기에 앞서 다음과 같은 선서 또는 확약을 해야 한다. "나는 미국 대통령의 직무를 성실히 수행하며, 나의 능력의 최선을 다하여 미국 헌법을 보

전하고 보호하고 수호할 것을 엄숙히 선서(또는 확약)한다.”

제2절

<1항> 대통령은 미국 육, 해군의 총사령관, 그리고 각 주의 민병
이 미국의 현역에 복무할 때는 그 민병대의 총사령관이 된
다. 대통령은 각 소관 직무사항에 관하여 행정 각 부처 장
관의 문서에 견해를 요구할 수 있다. 대통령은 미국에 대
한 범죄에 관하여 탄핵의 경우를 제외하고 형의 집행 정지
및 사면을 명할 수 있는 권한을 가진다.

<2항> 대통령은 상원의 권고와 동의를 얻어 조약을 체결하는 권
한을 가진다. 다만, 그 권고와 동의는 상원의 출석 의원 3
분의 2 이상의 찬성을 얻어야 한다. 대통령은 대사, 밖의
공사 및 영사, 연방 대법원 판사 그리고 그 임명에 관하여
본 헌법에 특별 규정이 없으나, 이후에 법률로써 정해지는
그 밖의 모든 미국 관리를 지명하여 상원의 권고와 동의를
얻어 임명한다. 다만, 연방의회는 적당하다고 인정되는 하
급관리 임명권을 법률에 의하여 대통령에게만 또는 법원
에게 또는 각 부처 장관에게 부여할 수 있다.

<3항> 대통령은 상원의 휴회 중에 생기는 모든 결원을 임명에 의
하여 충원하는 권한을 가진다. 다만, 그 임명은 다음 회기
가 만료될 때에 효력을 상실한다.

제3절

대통령은 연방의 상황에 관하여 수시로 연방의회에 보고하고, 필

요하고도 권고할 만하다고 인정하는 법안의 심의를 연방의회에 권고해야 한다. 긴급 시에는 대통령은 상, 하 양원 또는 그중의 1원을 소집할 수 있으며, 휴회의 시기에 관하여 양원 간의 의견이 일치되지 아니하는 때에는 대통령이 적당하다고 인정할 때까지 양원의 정회를 명할 수 있다. 대통령은 대사와 그 밖의 외교 사절을 접수하며, 법률이 충실하게 집행되도록 유의하며, 또 미국의 모든 관리에게 직무를 위임한다.

제4절

대통령, 부통령 그리고 미국의 모든 문관은 반역죄, 수뢰죄, 또는 그 밖의 중대한 범죄 및 경범죄로 탄핵받고 유죄 판결을 받음으로써 면직된다.

제3장(사법부)

제1절

미국의 사법권은 1개의 대법원(Supreme Court)에, 그리고 연방의회가 수시로 제정, 설치하는 하급 법원들에게 속한다. 연방 대법원 및 하급 법원의 판사는 중대한 죄과가 없는 한 그 직을 보유하며, 그 직무에 대하여는 정기에 보수를 받으며, 그 보수는 재임 중에 감액되지 아니한다.

제2절

<1항> 사법권은 본 헌법과 미국 법률과 그리고 미국의 권한에 의

하여 체결되었거나 체결된 조약으로 하여 발생하는 모든
보통법상 및 형평법상의 사건, 대사와 그 밖의 외교 사절
및 영사에 관한 모든 사건, 해사 재판 및 해상 관할에 관한
모든 사건, 미국이 한편의 당사자가 되는 분쟁, 2개의 주
및 그 이상의 주 사이에 발생하는 분쟁 <한 주와 다른 주
의 시민 사이의 분쟁>(수정 제11조 참조), 상이한 주의 시
민 사이의 분쟁 다른 주로부터 부여받은 토지의 권리에 관
하여 같은 주의 시민 사이에 발생하는 분쟁, 그리고 어떤
주나 또는 그 주의 시민과 외국, 외국 시민 또는 외국 시민
과의 사이에 발생하는 분쟁에 미친다.

<2항> 대사와 그 밖의 외교사절 및 영사에 관계되는 사건과 주가
당사자인 사건은 연방 대법원이 제1심의 재판 관할권을 가
진다. 그 밖의 모든 사건에서는 연방의회가 정하는 예외의
경우를 두되, 연방의회가 정하는 규정에 따라 법률문제와
사실 문제에 관하여 상소심 재판 관할권을 가진다.

<3항> 탄핵 사건을 제외한 모든 범죄의 재판은 배심제로 한다. 그
재판은 그 범죄가 행하여진 주에서 해야 한다. 다만, 그 범
죄자가 어느 주에도 속하지 아니할 경우에는 연방의회가
법률에 의하여 정하는 장소에서 재판한다.

제3절

<1항> 미국에 대한 반역죄는 미국에 대하여 전쟁을 일으키거나
또는 적에게 가담하여 원조 및 지원을 할 경우에만 성립한
다. 누구라도 명백한 상기 행동에 대하여 2명의 증인의 증

언이 있거나, 또는 공개 법정에서 자백하는 경우 이외에는
반역죄의 유죄를 선고를 받지 아니한다.

<2항> 연방의회는 반역죄의 형벌을 선고하는 권한을 가진다. 다
만, 반역죄의 선고로 사권이 박탈된 자는 자기의 생존 기
간을 제외하고 혈통오선(Corruption of Blood)이나, 재산 몰
수를 초래하지 아니한다.

제4장(주와 주 및 연방과의 관계)

제1절

각 주는 다른 주의 법령, 기록 및 사법 절차에 대하여 충분한 신뢰
와 신용을 가져야 한다. 연방의회는 이러한 법령, 기록 및 사법 절차
를 증명하는 방법과 그것들의 효력을 일반 법률로써 규정할 수 있다.

제2절

<1항> 각 주의 시민은 다른 어느 주에서도 그 주의 시민이 향유
하는 모든 특권 및 면책권을 가진다.

<2항> 어느 주에서 반역죄, 중죄 또는 그 밖의 범죄로 인하여 고
발된 자가 도피하여 재판을 면하고, 다른 주에서 발견된 경
우, 범인이 도피해 나온 주의 행정 당국의 요구에 의하여,
그 범인은 그 범죄에 대한 재판 관할권이 있는 주로 인도
되어야 한다.

<3항> <어느 주에서 그 주의 법률에 의하여 사역 또는 노역을 당
하도록 되어 있는 자가 다른 주로 도피한 경우에, 다른 주

의 어떠한 법률 또는 규정에 의해서도 그 사역 또는 노역
의 의무는 해제되지 아니하며, 그 자는 그 사역 또는 노역
을 요구할 권리를 가진 당사자의 청구에 따라 인도되어야
한다>(수정 제13조 참조).

제3절

<1항> 연방의회는 신주를 연방에 가입시킬 수 있다. 다만, 어떠한
주의 관할구역에서도 신주를 형성하거나 설치할 수 없다.
또 관계 각 주의 주 의회와 연방의회의 동의 없이는 2개 이
상의 주 또는 주의 일부를 합병하여 형성할 수 없다.

<2항> 연방의회는 미국에 소속하는 영토 또는 그 밖의 재산을 처
분하고 이에 관한 모든 필요한 규칙 및 규정을 제정하는
권한을 가진다. 다만, 이 헌법의 어떠한 조항도 미국 또는
어느 주의 권리를 훼손하는 것으로 해석해서는 아니 된다.

제4절

미국은 이 연방 내의 모든 주의 공화 정체(A Republican Form of Government)
를 보장하며, 각 주를 침략으로부터 보호하며, 또 각 주의 주 의회 또
는 행정부(주 의회를 소집할 수 없을 때)의 요구가 있을 때에는 주 내
의 폭동으로부터 각 주를 보호한다.

제5장(헌법 수정 절차)

연방의회는 상, 하 양원의 3분의 2가 본 헌법에 대한 수정의 필요

성을 인정할 때에는 헌법 수정을 발의해야 하며, 또는 각 주 중 3분의 2 이상의 주 의회의 요청이 있을 때에는 수정 발의를 위한 헌법 회의를 소집해야 한다. 어느 경우에서나 수정은 연방의회가 제의하는 비준의 두 방법 중의 어느 하나에 따라, 4분의 3의 주 의 주 의회에 의하여 비준되거나, 또는 4분의 3의 주의 주 헌법 회의에 의하여 비준되는 때에는 사실상 본 헌법의 일부로서 효력을 발생한다. 다만, <1808년에 이루어지는 수정은 어떠한 방법으로도 제1조 제9절 제1항에 변경을 가져올 수 없다>. 어느 주도 그 주의 동의 없이는 상원에서의 동등한 투표권을 박탈당하지 아니한다.

제6장(국가의 최고의 법)

제1절

　(채무와 조약) 본 헌법이 제정되기 전에 계약된 모든 채무와 체결된 모든 조약은 본 헌법에서도 연합(The Confederation)(규약)에서와 마찬가지로 미국에 대하여 효력을 가진다.

제2절

　(연방 우위) 본 헌법에 준거하여 제정되는 미국의 법률 그리고 미국의 권한에 의하여 체결되거나 체결된 모든 조약은 이 국가의 최고의 법(The Supreme Law of the Land)이며, 모든 주의 법관은 어느 주의 헌법이나 법률 중에 이에 배치되는 규정이 있을지라도 이 헌법에 구속을 받는다.

제3절

전기한 상원의원 및 하원의원, 각 주의 주 의회 의원, 미국 및 각 주의 행정관 및 사법관은 선서 또는 확약에 의하여 본 헌법을 받들 의무가 있다. 다만, 미국의 어떠한 관직 또는 위임에 의한 공직에도 그 자격 요건으로서 종교상의 자격은 요구되지 아니한다.

제7장(헌법의 비준)

9개 주의 헌법 회의가 비준하면 이 헌법은 비준을 마친 각 주 사이에서 효력을 발생하는 데 충분하다 할 것이다.

서기 1787년, 미국 독립 제12년 9월 17일, 헌법 회의에 참석한 각 주의 만장일치의 동의를 얻어 본 헌법을 제정한다. 이를 증명하기 위하여 우리들은 이에 서명한다(서명 생략).

헌법 추가 수정 조항

(수정 제1조로부터 수정 제10조까지는 권리장전이라고 불리며, 제1차 연방의회의 척 회기에 제안되어, 각 주에 보내져서, 1791년 12월 15일 비준을 완료했다.)

수정 제1조(종교, 언론 및 출판의 자유와 집회 및 청원의 권리)

연방의회는 국교를 정하거나 또는 자유로운 신앙 행위를 금지하는 법률을 제정할 수 없다. 또한 언론, 출판의 자유나 국민이 평화로이 집회할 수 있는 권리 및 불만 사항의 구제를 위하여 정부에게 청원할 수 있는 권리를 제한하는 법률을 제정할 수 없다.

수정 제2조(무기 휴대의 권리)

규율 있는 민병은 자유로운 주의 안보에 필요하므로 무기를 소장하고 휴대하는 인민의 권리를 침해할 수 없다.

수정 제3조(군인의 숙영)

평화 시에 군대는 어떠한 주택에도 그 소유자의 승낙을 받지 아니하고는 숙영할 수 없다. 전시에서도 법률이 정하는 방법에 의하지 아니하고는 숙영할 수 없다.

수정 제4조(수색 및 체포 영장)

부당한 수색, 체포, 압수로부터 신체, 가택, 서류 및 통신의 안전을 보장받는 인민의 권리는 이를 침해할 수 없다. 체포, 수색, 압수의 영장은 상당한 이유에 의하고, 선서 또는 확약에 의하여 뒷받침되고, 특히 수색될 장소, 체포될 사람 또는 압수될 물품을 기재하지 아니하고는 이를 발급할 수 없다.

수정 제5조(형사 사건에서의 권리)

누구라도 대배심에 의한 고발 또는 기소가 있지 아니하는 한 사형에 해당하는 죄 또는 파렴치죄에 관하여 심리를 받지 아니한다. 다만, 육군이나 해군에서 또는 전시나 사변 시 복무 중에 있는 민병대에서 발생한 사건에 관해서는 예외로 한다. 누구라도 동일한 범행으로 생명이나 신체에 대한 위협을 재차 받지 아니하며, 누구라도 정당한 법의 절차에 의하지 아니하고는 생명, 자유 또는 재산을 박탈당하지 아니한다. 또 정당한 보상 없이, 사유 재산이 공공용으로 수용당하지 아니한다.

수정 제6조(공정한 재판을 받을 권리)

모든 형사 소추에서 피고인은 범죄가 행하여진 주 및 법률이 미리 정하는 지역의 공정한 배심에 의한 신속한 공판을 받을 권리, 사건의 성질과 이유에 관하여 통고받을 권리, 자기에게 불리한 증언과 대질 심문을 받을 권리, 자기에게 유리한 증언을 얻기 위하여 강제 수속을 취할 권리, 자신의 변호를 위하여 변호인의 도움을 받을 권리가 있다.

수정 제7조(민사 사건에서의 권리)

보통법상의 소송에서 소송에 걸려 있는 액수가 20달러를 초과하는 경우에는 배심에 위한 심리를 받을 권리가 보유된다. 배심에 의하여 심리된 사실은 보통법의 규정에 의하는 것 외에 미국의 어느 법원에서도 재심받지 아니한다.

수정 제8조(보석금, 벌금 및 형벌)

과다한 보석금을 요구하거나, 과다한 벌금을 과하거나, 잔혹하고 비정상적인 형벌을 과하지 못한다.

수정 제9조(인민이 보유하는 권리)

본 헌법에 특정 권리를 열거한 사실이 인민이 보유하는 그 밖의 여러 권리를 부인하거나 경시하는 것으로 해석되어서는 아니 된다.

수정 제10조(주와 인민이 보유하는 권한)

본 헌법에 의하여 미국 연방에 위임되지 아니하였거나, 각 주에게 금지되지 아니한 권한은 각 주나 인민이 보유한다.

수정 제11조(주를 상대로 하는 소송)

[1794년 3월 5일 발의, 1795년 2월 7일 비준]

미국의 사법권은 미국의 한 주에 대하여 다른 주의 시민 또는 외국의 시민이나 시민에 의하여 개시되었거나 제기된 보통법상 또는 형평법상의 소송에까지 미치는 것으로 해석할 수 없다.

수정 제12조(대통령 및 부통령의 선거)

[1803년 12월 12일 발의, 1804년 9월 27일 비준]

선거인은 각각 주에서 회합하여, 비밀 투표에 의하여 대통령과 부통령을 선거한다. 양인 중 적어도 1인은 선거인과 동일한 주의 주민이 아니어야 한다. 선거인은 투표용지에 대통령으로 투표되는 사람의 이름을 지정하고, 별개의 투표용지에 부통령으로 투표되는 사람의 이름을 지정하여야 한다. 선거인은 대통령으로 투표된 모든 사람의 명부와 부통령으로 투표된 모든 사람의 명부, 그리고 각 득표자의 득표수를 기재한 표를 별개로 작성하여 선거인이 이에 서명하고 증명한 다음, 봉합하여 상원 의장 앞으로 미국 정부 소재지로 송부한다. 상원의장은 상원의원 및 하원의원의 참석하에 모든 증명서를 개봉하고 개표한다. 대통령으로서의 투표의 최고 득표자를 대통령으로 한다. 다만 득표수가 선임된 선거인의 총수의 과반수가 되어야 한다. 이와 같은 과반수 득표자가 없을 경우 하원은 즉시 대통령으로 투표된 사람의 명단 중 3인을 초과하지 아니하는 최다수 득표자들 중에서 대통령을 비밀투표로 선거하여야 한다. 다만, 이러한 방법으로 대통령을 선거할 때에는 선거를 주 단위로 하고, 각 주는 1표의 투표권을 가지며, 그 선거에 필요한 정족수는 각 주의 하원의원 3분의 2로부터 1명

또는 그 이상의 의원의 출석으로써 성립되며, 전체주의 과반수의 찬
성을 얻어야 선출될 수 있다. 대통령 선정권이 하원에 귀속된 경우
하원은 다음 3월 4일까지 대통령을 선정하지 않을 때에는 부통령이
대통령의 직무를 행한다. 부통령으로서의 최고 득표자를 부통령으로
한다. 다만, 그 득표수는 선임된 선거인의 총수의 과반수가 되어야 한
다. 과반수 득표자가 없을 경우에는 상원의 득표자 명부 중 최다수
득표자 2인 중에서 부통령을 선임한다. 이 목적을 위한 정족수는 상
원의원 총수의 3분의 2로 성립되며, 그 선임에는 의원 총수의 과반수
가 필요하다. 다만, 헌법상의 대통령의 직에 취임할 자격이 없는 사람
은 미국 부통령의 직에도 취임할 자격이 없다.

수정 제13조(노예 제도 폐지)

[1865년 2월 1일 발의, 1865년 12월 18일 비준]

제1절 노예 제도 또는 강제 노역 제도는 당사자가 정당하게 유죄
판결을 받은 범죄에 대한 처벌이 아니면 미국 또는 그 관할
하에 속하는 어느 장소에서도 존재할 수 없다.

제2절 연방의회는 적당한 입법에 의하여 본 조의 규정을 시행할
권한을 가진다.

수정 제14조(공민권)

[1866년 6월 16일 발의, 1868년 7월 28일 비준]

제1절 미국에서 출생하고 또는 귀화하고, 미국의 관할권에 속하는
모든 사람은 미국 및 그 거주하는 주의 시민이다. 어떠한 주
도 미국 시민의 특권과 면책권을 박탈하는 법률을 제정하거

나 시행할 수 없다. 어떠한 주도 정당한 법의 절차에 의하지 아니하고는 어떠한 사람으로부터도 생명, 자유, 또는 재산을 박탈할 수 없으며, 그 관할권 내에 있는 어떠한 사람에 대하여도 법률에 의한 동등한 보호를 거부하지 못한다.

제2절 하원의원은 각 주의 인구수에 비례하여 각 주에 할당한다. 각 주의 인구수는 과세되지 아니하는 인디언을 제외한 각 주의 총인구수이다. 다만, 미국 대통령 및 부통령의 선거인, 사법관 또는 각 주 주 의회의 인원을 선출하는 어떠한 선거에서도, 반간이나 그 밖의 범죄에 가담한 경우를 제외하고, 21세에 달하고 미국 시민인 해당 주의 남성 주민 중의 어느 누구에게 투표권이 거부되거나, 어떠한 방법으로 제한되어 있을 때에는 그 주의 하원의원 할당수의 기준을 그러한 남성 주민의 수가 그 주의 21세에 달한 남성 주민의 총수에 대하여 가지는 비율에 따라 감소된다.

제3절 과거에 연방의회 의원, 미국 관리, 주 의회 의원, 또는 주의 행정관이나 사법관으로, 미국 헌법을 지지할 것을 선언하고, 후에 이에 대한 폭동이나 반란에 가담하거나 또는 그 적에게 원조를 제공한 자는 누구라도 연방의회의 상원의원이나 하원의원, 대통령 및 부통령의 선거인, 미국이나 각 주 밑에서의 문무의 관직에 취임할 수 없다. 다만, 연방의회는 각 원의 3분의 2의 투표로써 그 실격을 해제할 수 있다.

제4절 폭동이나 반란을 진압할 때의 공헌에 대한 은급 및 하사금을 지불하기 위하여 기채한 부채를 포함하여 법률로 인정한 국채의 법적 효력은 이를 문제로 삼을 수 없다. 그러나 미국

또는 주의 미국에 대한 폭동이나 반란을 원조하기 위하여
기채한 부채에 대하여 또는 노예의 상실이나 해방으로 인한
청구에 대하여는 채무를 떠맡거나 지불하지 아니한다. 모든
이러한 부채, 채무 및 청구는 위법이고 무효이다.

제5절 연방의회는 적당한 입법에 의하여 본 조의 규정을 시행할
권한을 가진다.

수정 제15조(흑인의 투표권)

[1869년 2월 27일 발의, 1870년 3월 30일 비준]

제1절 미국 시민의 투표권은 인종, 피부색 또는 과거의 예속 상태
로 해서 미국이나 주에 의하여 거부되거나 제한되지 아니한다.

제2절 연방의회는 적당한 입법에 의하여 본 조의 규정을 시행할
권한을 가진다.

수정 제16조(소득세)

[1909년 7월 12일 발의, 1913년 2월 25일 비준]

연방의회는 어떠한 소득원에서 얻어지는 소득에 대하여도, 각 주
에 배당하지 아니하고 국세 조사나 인구수 산정에 관계없이 소득세
를 부과, 징수할 권한을 가진다.

수정 제17조(연방 상원의원의 직접 선거)

[1912년 5월 16일 발의, 1913년 5월 31일 비준]

제1절 미국의 상원은 각 주 2명씩의 상원의원으로 구성된다. 상원
의원은 그중의 주민에 의하여 선출되고 6년의 임기를 가진

다. 각 상원의원은 1표의 투표권을 가진다. 각 주의 선거인
은 주 입법부 중 의원수가 많은 의원의 선거인에 요구되는
자격을 가져야 한다.

제2절 상원에서 어느 주의 의원에 결원이 생긴 때에는 그 주의 행
정부는 결원을 보충하기 위하여 선거 명령을 내려야 한다.
다만, 주민이 주 의회가 정하는 바에 의한 선거에 의하여 결
원을 보충할 때까지 주 의회는 그 주의 행정부에게 임시로
상원의원을 임명하는 권한을 부여할 수 있다.

제3절 본 수정 사항은 본 헌법의 일부로서 효력을 발생하기 이전
에 선출된 상원의원의 선거 또는 임기에 영향을 주는 것으
로 해석하지 못한다.

수정 제18조(금주법)

[1917년 12월 18일 발의, 1919년 1월 29일 비준, 수정 제21조로 폐기]

제1절 본 조의 비준으로부터 1년을 경과한 후에는 미국 내와 그 관
할에 속하는 모든 영역 내에서 음용할 목적으로 주류를 양
조, 판매 또는 운송하거나 미국에서 이를 수입 또는 수출하
는 것을 금지한다.

제2절 본 조는 연방의회로부터 이를 각 주에 회부한 날부터 7년 이
내에 각 주 주 의회가 헌법에 규정된 바와 같이 헌법 수정으
로서 비준하지 아니하면 그 효력을 발생하지 아니한다.

수정 제19조(여성의 선거권)

[1919년 6월 4일 발의, 1920년 8월 26일 비준]

제1절 미국 시민의 투표권은 성별로 해서 미국이나 주에 의하여
거부 또는 제한되지 아니한다.

제2절 연방의회는 적당한 입법에 의하여 본 조를 시행할 권한을
가진다.

수정 제20조(대통령과 연방의회 의원의 임기)

[1932년 3월 2일 발의, 1933년 2월 6일 비준]

제1절 대통령과 부통령의 임기는 본 조가 비준되지 아니하였더라
면 임기가 만료했을 해의 1월 2일 정오에 끝난다. 그 후임자
의 임기는 그때부터 시작된다.

제2절 연방의회는 매년 적어도 1회 집회한다. 그 집회는 의회가 법
률로 다른 날을 정하지 아니하는 한 1월 3일 정오부터 시작
된다.

제3절 대통령의 임기 개시일로 정해놓은 시일에 대통령 당선자가
사망하면 부통령 당선자가 대통령이 된다. 대통령 임기의 개
시일까지 대통령이 선정되지 아니하였거나, 대통령 당선자
가 자격을 구비하지 못했을 때에는 부통령 당선자가 대통령
이 그 자격을 구비할 때까지 대통령의 직무를 대행한다. 연
방의회는 대통령 당선자와 부통령 당선자가 다 자격을 구비
하지 못하는 경우에 대비하여 법률로써 규정하고 대통령의
직무를 대행해야 할 자 또는 그 대행자의 선정 방법을 선언
할 수 있다. 이러한 경우에 선임된 자는 대통령 도는 부통령
이 자격을 구비할 때까지 대통령의 직무를 대행한다.

제4절 연방의회는 하원이 대통령의 선정권을 갖게 되었을 때에 하

원이 대통령으로 선정한 인사 중 사망자가 생긴 경우와, 상
원이 부통령의 선정권을 갖게 되었을 때에 상원이 부통령으
로 선정한 인사 중 사망자가 생긴 경우를 대비하는 법률을
규정할 수 있다.
제5절 제1절 및 제2절은 본 조의 비준 후 최초의 10월 15일부터 효
력을 발생한다.
제6절 본 조는 회부된 날로부터 7년 이내에 각 주의 4분의 3의 주
의회에 의하여 헌법 수정 조항으로 비준되지 아니하면 효력
을 발생하지 아니한다.

수정 제21조(금주법의 폐기)

[1933년 2월 2일 발의, 1933년 12월 5일 비준]
제1절 연방 헌법 수정 제18조는 이를 폐기한다.
제2절 미국의 영토 또는 속령의 법률에 위반하여 이들 지역 내에
서 배달 또는 사용할 목적으로 주류를 이들 지역에 수송 또
는 수입하는 것을 금지한다.
제3절 본 조는 연방의회가 이것을 각 주에 회부한 날로부터 7년 이
내에 헌법 규정에 따라서 각 주의 헌법 회의에 의하여 헌법
수정 조항으로 비준되지 아니하면 효력을 발생하지 아니한다.

수정 제22조(대통령의 임기의 제한)

[1947년 3월 21일 발의, 1951년 2월 26일 비준]
제1절 누구도 2회 이상 대통령직에 선출될 수 없으며, 누구도 타인
이 대통령으로 당선된 임기 중 2년 이상 대통령직에 있었거

나 대통령 직무를 대행한 자는 1회 이상 대통령직에 당선될 수 없다. 다만, 본 조는 연방의회가 이를 발의하였을 때에 대통령직에 있는 자에게 적용되지 아니하며, 또 본 조가 효력을 발생하게 될 때에 대통령직에 있거나 대통령 직무를 대행하고 있는 자가 잔여 임기 중 대통령직에 있거나 대통령 직무를 대행하는 것을 방해하지 아니한다.

제2절 본 조는 연방의회가 각 주에 회부한 날로부터 7년 이내에 각 주의 4분의 3의 주 의회에 의하여 헌법 수정 조항으로서 비준되지 아니하면 효력을 발생하지 아니한다.

수정 제23조(컬럼비아 특별구에서의 선거권)

[1960년 6월 16일 발의, 1961년 4월 3일 비준]

제1절 미국 정부 소재지를 구성하고 있는 특별구는 연방의회가 다음과 같이 정한 방식에 따라 대통령 및 부통령의 선거인을 임명한다.

그 선거인의 수는 이 특별구가 주라면 배당받을 수 있는 연방의회 내의 상원 및 하원의원 수와 같은 수이다. 그러나 여하한 경우에도 최소의 인구를 가진 주보다 더 많을 수 없다. 그들은 각 주가 임명한 선거인들에 첨가된다. 그러나 그들은 대통령 및 부통령의 선거를 위하여 주가 선정한 선거인으로 간주된다. 그들은 이 지구에서 회합하여, 헌법 수정 제12조가 규정하고 있는 바와 같이 직무를 수행한다.

제2절 연방의회는 적당한 입법에 의하여 본 조를 시행할 권한을 가진다.

수정 제24조(인두세)

[1962년 8월 27일 발의, 1964년 1월 23일 비준]

제1절 대통령 또는 부통령, 대통령 또는 부통령 선거인들 또는 연방의회 상원의원이나 하원의원을 위한 예비 선고 또는 그 밖의 선거에서의 미국 시민의 선거권을 인두세나 기타 조세를 납부하지 아니했다는 이유로 미국 또는 주에 의하여 거부되거나 제한되지 아니한다.

제2절 연방의회는 적당한 입법에 의하여 본 조를 시행할 권한을 가진다.

마르크스사상에 기초한 조선로동당 규약[56]

조선로동당 규약

(1980.10.13 제6차 당대회 개정)

조선로동당은 위대한 수령 김일성 동지에 의해 창건된 주체형의 혁명적 맑스-레닌주의당이다. 위대한 수령 김일성 동지는 1926년 우리나라에서 처음으로 되는 공산주의적 혁명조직으로서 타도제국주의동맹을 결성했으며 오랜 항일혁명투쟁을 통해 당 창건을 위한 조직적, 사상적 기반을 마련했으며 이에 기초하여 영광스러운 조선로동당을 창건하였다. 조선로동당은 우리나라에서 로동계급과 전체 근로대중의 선봉적, 조직적 부대이며 전체 근로대중 조직체 중에서 최고형태의 혁명조직이다.

---

56) 1980.10.13 제6차 당대회에서 개정된 조선로동당 규약은 마르크스의 주장을 상당 부분 그대로 인용하고 있는 부분이 있으나 최근의 조선로동당 규약은 많이 변화되었다(통일부 자료).

조선로동당은 조선민족과 조선인민의 리익을 대표한다.

조선로동당은 로동자, 농민, 근로 ≪인테리≫를 망라하는 근로인민
들 가운데서 근로대중의 리익과 사회주의, 공산주의 운동의 승리를
위하여 헌신적으로 복무하는 선봉적 투사들로서 조직한다.

조선로동당은 오직 위대한 수령 김일성 동지의 주체사상, 혁명사
상에 의해 지도된다.

조선로동당은 항일혁명투쟁시기에 위대한 수령 김일성 동지에 의
해 이룩된 영광스러운 혁명전통을 계승 발전시킨다.

조선로동당은 자본주의사상과 마찬가지로 국제공산주의 운동과
로동계급운동에서 나타난 수정주의, 교조주의를 비롯한 온갖 기회주
의를 반대하고 맑스-레닌주의의 순결성을 고수하기 위하여 견결히
투쟁한다.

조선로동당의 당면목적은 공화국 북반부에서 사회주치의 완전한
승리를 이룩하여 전국적 범위에서 민족해방과 인민민주주의의 혁명
과업을 완수하는 데 있으며 최종목적은 온 사회의 주체사상화와 공
산주의사회를 건설하는 데 있다.

조선로동당은 당의 유일사상체계를 세우는 것을 당건설과 당활동
의 기본원칙으로 삼는다.

조선로동당은 주체사상에 기초한 전당의 사상의지적 통일단결을
단속 강화한다.

조선로동당은 프롤레타리아 독재를 실시하며 사회주의, 공산주의
건설의 총로선으로서 천리마운동과 사상, 기술, 문화혁명을 추진한다.

조선로동당은 로동계급의 영도적 역할을 높임으로써 로농동맹을
기초로 한 전조선의 각계각층 애국적 민주력량들과의 통일전선을 강

화하기 위하여 투쟁한다.

조선로동당은 인민들의 물질적 및 문화적 수준을 끊임없이 높이는 것을 최고의 활동원칙으로 삼는다.

조선로동당은 사람과의 사업을 당사업의 기본으로 삼는다.

조선로동당은 모든 당사업의 기본원칙으로서 계급로선과 군중로선을 관철한다.

조선로동당은 항일유격대식 사업방법, 청산리정신 및 청산리방법을 철저히 관철한다.

조선로동당은 온 사회의 혁명화, 로동계급화, 인테리화를 촉진하고 사회주의의 물질, 기술적 토대를 공고히 하며 나아가서 사회주의제도를 강화하고 사회주의의 완전한 승리를 촉진시키기 위한 투쟁에서 사상, 기술, 문화혁명을 활발히 수행한다.

조선로동당은 남조선에서 미제국주의 침략군대를 몰아내고 식민지통치를 청산하며 그리고 일본 군국주의의 재침기도를 좌절시키기 위한 투쟁을 전개하고 남조선 인민들의 사회민주화와 생존권투쟁을 적극 지원하고 조국을 자주적 평화적으로 민족대단결의 원칙에 기초하여 통일을 이룩하고 나라와 민족의 통일적 발전들 이룩하기 위해 투쟁한다.

조선로동당은 자주성과 프롤레타리아 국제주의원칙에 기초하여 사회주의 나라들과의 단결과 국제공산주의운동과의 련대성을 강화하고 세계의 모든 신흥세력나라 인민들과의 친선, 협조관계를 발전시키며 아시아, 아프리카, 라틴아메리카 인민들의 반제민족해방 운동과 자본주의 나라들의 로동계급과 그 밖의 인민들의 혁명투쟁을 지지하고 광범한 련합전선을 실현하여 미국을 우두머리로 하는 제국주의와

지배주의를 반대하며 평화와 민주주의, 민족적 독립과 사회주의 공동
위업의 승리를 쟁취하기 위하여 투쟁한다.

제1장 당원

1. 조선로동당 당원은 당과 수령, 조국과 인민을 위하여 사회주의와
   공산주의를 위하여 헌신하는 주체형의 공산주의 혁명투사이다.

2. 조선로동당 당원은 당의 유일사상체계로 확고히 무장된 조선공
   민으로서 당의 로선과 정책을 옹호, 관철하기 위하여 견결히 투
   쟁하며 당규약을 준수하는 근로자들이 될 수 있다.

3. 조선로동당 당원은 규정된 후보기간을 마친 후보당원 가운데서
   받아들인다. 그러나 특별한 경우에는 입당청원자를 후보기간을
   거치지 않고 직접 당원으로 받아들일 수 있다.

만 18세부터 입당할 수 있다. 입당절차는 다음과 같다.

1) 후보당원으로 입당하려는 사람은 입당청원서와 당원 2명의 입
   당보증서를 당세포에 제출하여야 한다.

사회주의 로동청년동맹원이 입당할 때에 시(구역)·군 사회주의 로
동청년동맹 위원회의 입당보증서는 당원 1명의 보증서를 대신할 수
있다.

후보당원이 입당할 때에는 입당청원서와 입당보증서를 당세포에
제출하지 않아도 된다.

그러나 당세포가 필요하다고 인정하는 경우에는 다른 입당 보증서
를 제출하여야 한다.

2) 입당보증인은 최소한 2년 이상의 당년한을 가져야 한다.

입당보증인은 피보증인의 사회, 정치생활을 잘 알아야 한다.

입당보증인은 보증의 진실성에 대하여 당 앞에 책임을 진다.

3) 입당문제는 개별적으로 심사하며, 당세포총회에서 입당청원자의 참가 밑에 토의 결정하며 그 결정은 시(구역)·군당위원회의 비준을 받아야 한다.

입당보증인은 입당문제를 토의하는 회의에 참가하지 않아도 된다. 시(구역)·군당위원회는 입당문제에 대한 당세포의 결정을 1개월 내에 심의 해결하여야 한다.

4) 특수한 환경에서 일하는 사람의 입당문제는 당중앙위원회에서 특별히 제정한 규정과 절차에 따라 심의한다.

5) 타당에서 출당한 사람이 입당하려면 최소한 3년 이상의 당년한을 가진 당원 3명의 보증이 있어야 한다.

타당에서 평당원으로 있었던 사람의 입당은 시(구역)·군당 위원회가, 시(구역)·군급의 위원 및 간부로 있었던 사람의 입당은 관할 도(직할시) 당위원회가, 도(직할시), 중앙위원회 및 간부로 있었던 사람의 입당은 당중앙위원회가 각각 최종적으로 비준한다.

6) 후보당원의 후보기간은 1년으로 한다.

당세포는 후보당원에게 당원의 자격을 갖추도록 도와주어야 한다.

당세포는 후보당원의 후보기간이 끝남에 따라 당원심사총회에서 그의 입당자격 여부를 심의 결정한다.

특별한 경우에는 후보당원의 후보기간이 끝나지 않아도 그를 당원으로 받아들일 수 있다.

만일 후보당원의 입당 준비 정도가 불충분하다고 인정되는 경우에는 후보기간을 1년을 초과하지 않은 범위에서 연기할 수 있다.

후보당원이 후보기간을 마친 후에도 자격이 없다고 인정되는 경우에는 후보명부에서 삭제된다.

후보기간을 연기하거나 후보당원을 명부에서 삭제시키는 당세포
의 결정은 시(구역)·군당위원회의 비준을 받아야 한다.

7) 후보당원이나 후보기간을 거치지 않고 직접 당원이 된 자의 입
   당일시는 당세포총회에서 입당을 결정한 날로 한다.

4. 당원의 임무는 다음과 같다.

1) 당원은 당의 유일사상체계가 확고히 서 있어야 한다.

당원은 당과 수령에 무한히 충성하고 우리 당의 유일사상체계로
확고히 무장하며 당의 요구에 따라 생각하고 행동하며 당의 로선과
정책을 무조건 접수하고 옹호하며 이를 철저히 관철하여야 한다.

당원은 당의 혁명전통을 깊이 연구 체득하고 그것을 옹호하며 로
동과 생활에 적용해 나가야 한다.

당원은 당의 유일사상에 어긋나는 자본주의사상, 봉건적 유교사상,
수정주의, 교조주의, 사대주의, 종파주의, 지방주의 및 가족주의를 반
대하여 견결히 투쟁하며 주체사상에 기초한 당의 통일과 단결을 눈
동자와 같이 고수하여야 한다.

2) 당원은 당성을 부단히 단련하기 위한 높은 조직의식을 가지고 당
   생활에 자발적으로 참가하여 자신을 혁명화 로동계급화하여야
   한다.

당원은 당회의와 당학습을 비롯한 당의 조직 및 사상생활에 충분
히 참가하고 당조직의 결정과 자기에게 부여된 임무를 정확히 수행
하며 자신의 당생활을 정기적으로 총화하며 비판과 사상투쟁을 통하
여 자기를 혁명가로 단련시켜야 한다.

당원은 직위와 공로에 관계없이 전체당원들에게 다 같이 적용되는

당규율을 자발적으로 준수하고 규율 위반에 대하여는 견결히 투쟁하여야 한다.

  3) 당원은 혁명적인 학습기풍을 확립하고 자기의 정치, 사상, 문화 및 기술수준을 부단히 향상시켜야 한다.

  당원은 주체사상, 당의 로선과 정책 및 혁명전통을 깊이 학습하며 경제 및 선진과학기술 지식을 습득하고 현실상황을 료해하며 자신의 문화수준을 향상시키기 위해 노력해야 한다.

  4) 당원은 혁명적 군중로선을 관철하며 일상적으로 대중과 함께 일하여야 한다. 당원은 대중에게 당의 로선과 정책을 일상적으로 해설하여 주며 그들을 교양 개조하여 당주위에 굳게 결속시키고 혁명과업의 수행을 위하여 그들을 동원하며, 대중의 의견을 정확히 접수하여 그들의 요구를 제때에 해결하여 주어야 한다.

  5) 당원은 로동과 생활에서 대중의 규범이 되며 모든 사업에서 선봉적 역할을 하여야 한다.

  당원은 집단의 혁명과 투쟁을 지도하며 자신과 가족의 혁명화에 모범을 보여야 한다. 당원은 로동을 사랑하고 로동법을 자발적으로 지키며 어렵고 힘든 일에 앞장서며 자기가 맡은 사업에 정통하며 맡은바 임무를 모범적으로 수행하여야 한다.

  당원은 보수주의와 소극성을 반대하며 기술혁신운동에 적극적으로 참가하여 로동생산 능률을 부단히 제고하고 기업관리운영에 솔선 참가하며 국가와 사회재산을 애호하여 나라의 경제를 절약해야 한다.

  6) 당원은 고상한 공산주의적 도덕성을 소유하고 조직과 집단을 사랑하며 조직과 집단의 리익을 위하여 개인의 리익을 희생할 각오가 있어야 한다.

당원은 높은 혁명적 자립정신을 발휘하고 모든 애로에 대하여 과감히 투쟁해야 한다.

당원은 항상 소박, 솔직, 겸손하여야 하며 사리와 공명을 탐내지 말고 당과 함께 솔직하며, 인간성이 풍부하고 문화적이어야 하며 국법과 사회질서 및 공중도덕 준수에 모범이 되어야 한다.

7) 당원은 사회주의 조국을 튼튼히 보위하여야 한다.

당원은 일상적으로 긴장된 동원 태세를 갖추고 군사지식을 배워 적의 침략으로부터 전취물을 튼튼히 보위하며 조국통일의 대사변에 대비할 각오가 되어 있어야 한다.

8) 당원은 혁명규율과 질서를 준수하고 어느 때 어느 곳에서나 안일과 나태함이 없이 혁명적인 경각성을 높이고 당, 국가 및 군사 비밀을 엄수하여야 한다.

9) 당원은 사업과 생활에서 나타나는 문제에 대하여 당조직에 보고하여야 한다.

당원은 당의 유일사상에 어긋나는 현상뿐만 아니라 사업과 생활에서 나타나는 모든 결함과 부정적인 경향을 반대하여 투쟁할 뿐만 아니라 그것에 대하여 당중앙위원회에 이르기까지 관계 당위원회에 신속히 보고하여야 한다.

10) 당원은 규정된 당비를 매달 납부하여야 한다.

5. 당원의 권리는 다음과 같다.

1) 당원은 당회의와 당출판물을 통하여 당의 로선과 정책수행 및 당사업 발전을 위하여 도움이 되는 의견을 발표할 수 있다.

2) 당원은 당회의에서의 투표권과 각급 당조직의 지도기관 선거에서 선거권과 피선거권을 가진다.

3) 당원은 당회의에서 정당한 리유와 근거가 있는 한 어떤 당원을
   막론하고 비판할 수 있으며, 당의 유일사상에 어긋나는 어떠한
   지시의 준수도 거절할 수 있다.

4) 당원은 자기의 사업과 생활에 대한 문제를 토의·결정하는 당회
   의에 참가할 것을 요구할 수 있다.

5) 당원은 당중앙위원회에 이르기까지 각급 당위원회에 어떤 신소
   나 청원을 제기하고 그에 대한 심의를 요구할 수 있다.

6) 후보당원의 임무는 당원의 임무와 같다. 후보당원의 권리는 선거
   권과 피선거권 및 결의권이 없는 이외에는 당원의 권리와 같다.

7) 당의 규율을 위반하는 당원은 당의 책벌을 받는다.

① 당의 유일사상에 어긋나는 행동을 하거나 당의 로선과 정책을
   반대하여 파벌조성행위를 하거나 적과 타협하는 등 당에 엄중
   한 손실을 끼친 당원은 출당시킨다.

② 당원의 칭호를 박탈하지 않을 정도의 과오를 범한 당원에 대하
   여는 과오의 경중에 따라 문책, 엄중경고, 또는 권리정지나 후
   보당원으로 강등하는 책벌을 적용한다.

③ 당책벌의 목적은 과오를 범한 당원을 교양하는 데 있다.

당의 책벌은 과오를 범한 동기와 원인 및 그 과오의 결과를 상세히
규명한 후에 신중하게 과해야 한다.

④ 당책벌은 본인의 참가하에 그가 속한 당세포총회에서 토의·결
   정한다.

특별한 경우에는 본인이 참가하지 않아도 책벌을 토의·결정할 수
있다.

중앙위원회, 도(직할시) 시(구역)·군당위원회는 당규율을 위반한

당원에게 직접 책벌을 내릴 수 있다.

당원에게 책벌을 적용할 데 대한 당세포의 결럭은 시(구역)·군당위원회의 비준을 받아야 하고 당원자격 박탈에 대한 당세포의 결정은 도(직할시) 당위원회의 비준을 받아야 한다.

출당에 대한 당세포의 결정이 비준되기 전에는 특별한 경우를 제외하고는 당원의 당증을 회수하지 못하며 당생활 참가를 허용해야 한다.

⑤ 당중앙위원회 위원, 후보위원 및 준후보위원에 대한 책벌은 당중앙위원회전원회의에서, 도(직할시)·시(구역)·군당위원회의 위원, 후보위원 및 준후보위원에 대한 책벌은 해당 당위원회의 전원회의에서 결정한다.

당세포는 중앙위원회, 도(직할시) 시(구역)·군당위원회의 위원, 후보위원 및 준후보위원이 당규율을 위반한 경우에 위반당원에 대한 책벌을 해당 당위원회에 제의할 수 있다.

그러나 당세포는 도(직할시)·시(구역)·군당위원회의 위원, 후보위원 및 준후보위원이 범한 과오가 해당 위원회 사업과 직접적인 관련이 없을 때에는 엄중경고까지의 책벌을 결정할 수 있으며 그 결정은 해당 당위원회의 비준을 받아야 한다.

6. 종파 및 기타 다른 분판에 참가한 당원에 대한 당규율문제의 심의는 다음과 같은 규정에 의하여 진행된다.

평당원 또는 시(구역)·군기관의 간부로 있던 당원의 문제는 도(직할시) 당위원회에서, 도(직할시) 또는 중앙당기관의 간부로 있던 당원의 문제는 당중앙위원회에서 심의한다.

7. 당중앙위원회, 도(직할시)·시(구역)·군당위원회는 당규율문제

와 관련된 당원의 청원을 지체 없이 심의 해결하여야 한다.

8. 당세포는 항상 책벌을 받은 당원을 방조하여야 하며, 만일 책벌을 받은 당원이 자기의 과오를 깊이 뉘우치고 그것을 시정하기 위하여 노력하고 있으며 실제로 행동이 개선되고 있는 경우에는 그 책벌을 해제하는 데 대한 문제를 총회에서 토의 결정하여야 한다.

당원이 받은 책벌을 해제하는 데 대한 당세포의 결정은 해당 시(구역)·군당위원회의 비준을 받아야 한다.

당중앙위원회, 도(직할시)·시(구역)·군당위원회의 위원, 후보위원 및 준후보위원이 받은 책벌의 해제는 그 책벌의 적용을 최종적으로 결정한 해당 당위원회에 의해서 결정된다.

9. 정당한 리유 없이 6개월 이상 당생활에 참가하지 않는 당원에 대하여 당세포는 총회에서 제명을 결정할 수 있으며 이에 대한 결정은 시(구역)·군당위원회의 비준을 받아야 한다.

10. 당원의 등록과 이동은 당중앙위원회가 제정한 규정과 절차에 의하여 처리된다.

제2장 당의 조직원리와 조직구조

11. 당은 민주주의 중앙집권제 원칙에 의하여 조직한다.

1) 각급 당조직의 지도기관은 민주주의적으로 선거하고, 선출된 당 지도기관은 선거한 당조직에 대해 자기의 사업에 관하여 정기적으로 총화·보고한다.

2) 당원은 당조직에 복종하며 소수는 다수에 복종하며 하급당조직

은 상급당조직에 복종하며 모든 당조직은 당중앙위원회에 절대
복종한다.

3) 모든 당조직은 당의 로선과 정책을 무조건 옹호 관철하며 하급
   당조직은 상급당조직의 결정을 의무적으로 집행하여야 한다.

상급당조직은 하급당조직의 사업을 계통적으로 지도 검열하며 하
급당조직은 상급당조직에게 자기의 사업에 대하여 정기적으로 보고
한다.

12. 각급 당조직은 지역 또는 생산 및 로동단위에 따라 조직한다.

어느 한 지역을 담당한 당조직은 그 지역의 일부를 담당한 모든 당
조직들에 대하여 상급당조직으로 되며, 어느 한 분야의 전체사업을
담당한 당조직은 그 분야의 일부사업을 담당한 모든 당조직들에 대
하여 상급당조직으로 된다.

13. 각급 당위원회는 각 해당 단위의 최고지도기관이며 정치적 총
    참무부이다.

집단적 지도는 모든 당위원회의 기본활동지침이다. 각급 당위원회
는 새로운 중요한 문제들을 집단적으로 토의 결정하여 그것을 집행
하여야 하며 이에 개인적 책임성과 창발성을 엄밀히 결합시켜야 한다.

각급 당조직은 해당 지역 또는 분야에서 제기되는 문제들을 자립
적으로 토의 결정할 수 있다. 그러나 이 결정들은 당의 로선과 정책
에 어긋나서는 안 된다.

14. 각급 당조직의 최고지도기관은 다음과 같다.

1) 전당의 최고지도기관은 당대회이며 당대회가 없을 때는 당대회
   가 선출한 당중앙위원회가 최고지도기관이 된다.

도(직할시)·시(구역)·군당의 최고지도기관은 해당 당대표회이며,

당대표회가 없을 때는 당대표회가 선출한 해당 당위원회가 최고지도
기관이 된다.

초급당조직의 최고지도기관은 당총회(당대표회)이며, 당총회(당대
표회)가 없을 때는 당총회(당대표회)가 선거한 해당 당위원회가 최고
지도기관이 된다.

2) 당대회 또는 당대표회의 대표자는 차하급 당조직의 당대표회 또
는 당총회에서 선거한다.

당대회 대표자의 선출비율은 당중앙위원회가 결정하며, 도(직할시)·
시(구역) 군당조직의 당대표회 대표자의 선출비율은 당중앙위원회가
작성한 규정에 따라 해당 당위원회가 결정한다.

당중앙위원회 위원, 후보위원 및 준후보위원의 수는 당대회가 결
정한다.

도(직할시)·시(구역)·군당위원회 위원, 후보위원 및 준후보위원
수와 초급당위원회의 위원 수는 당중앙위원회가 규정한 기준에 근거
하여 해당 당대표회 또는 총회에서 결정한다.

당중앙위원회, 도(직할시)·시(구역) 군당위원회의 준후보위원은
생산로동에 직접 참가하는 핵심당원 중에서 선출된다.

각급 당조직의 지도기관선거는 당중앙위원회가 규정한 선거세칙
에 따른다.

15. 당중앙위원회와 도(직할시)·시(구역)·군당위원회 위원, 후보
위원, 준후보위원의 제명 또는 보선은 해당 당위원회 전원회의
에서 실시된다.

당중앙위원회와 도(직할시) 시(구역)·군당위원회 위원 가운데서
결원이 생겼을 경우에는 그 결원된 수만큼 당위원회 보조위원 가운

데서 보선한다.

만약 필요시는 당위원회 결원은 위원회의 후보위원이 아닌 다른 당원으로 보선될 수 있다.

초급당조직 집행기관위원의 제명 및 보선은 해당 당총회(당대표회)에서 실행된다.

초급당이 하급당의 규모가 방대하거나 널리 분산되어 있고 또 업무의 특수성으로 인해 당총회(당대표회) 소집이 불가능할 경우에는 초급당위원회가 결원보충을 위한 보선을 실시할 수 있다.

상급당위원회는 결원된 하급당위원회의 책임비서(비서) 또는 비서(부비서)를 임명할 수 있다.

각급 당기관의 후보위원 및 준후보위원은 해당 당위원회 전원회의에 참가하되 발언권만 가진다.

16. 당회의는 해당 당조직에 소속된 당원(당위원 또는 대표자) 총수의 3분의 2 이상이 참가하여야만 성립될 수 있친 제기된 문제의 결정은 해당 당회의 참가자의 과반수 찬성을 요한다.

17. 각급 당위원회 내에는 필요한 부서를 설치한다.

부서의 설치 및 폐지의 권한은 당중앙위원회가 가진다.

18. 도(직할시)·시(구역)·군당위원회 및 그들과 동등한 기능을 수행하는 당위원회의 조직과 해산은 당중앙위원회의 비준을 받아야 하며, 초급당위원회 및 분초급당위원회의 조직과 해산은 도(직할시)당위원회가 비준하고 소수당원을 가진 초급당위원회 또는 부문당위원회 및 당세포의 조직과 해산은 시(구역)·군당위원회가 비준한다.

도(직할시)·시(구역)·군당위원회는 당조직의 조직과 해산에 대하여 당중앙위원회에 보고하여야 한다.

19. 당중앙위원회는 어떤 당조직을 막론하고 당의 로선과 정책 및
    당규약을 엄중하게 위반하거나 실천을 태만히 한 경우에 그 당
    조직을 해산하고 소속당원을 개별적으로 심의하며 그들을 재
    등록하여 새로운 당조직을 조직할 수 있다.

20. 당중앙위원회는 정치, 경제, 군사적으로 중요한 지역과 부문 및
    특수한 환경에 적합한 당조직의 구성, 당조직의 활동방법과 기
    타 당건설의 제반문제에 관해 다르게 결정할 수 있다.

제3장 당의 중앙조직

21. 당의 최고지도기관은 당대회이다.

당대회는 5년에 1회 당중앙위원회가 소집한다.

당중앙위원회는 필요에 따라 당대회를 규정된 기간보다 빨리 또는
늦게 소집할 수 있다.

당중앙위원회는 당대회의 소집기일과 의정을 3개월 전에 공고하여
야 한다.

22. 당대회의 기능은 다음과 같다.

1) 당중앙위원회 및 당중앙검사위원회의 사업 총화

2) 당강령과 규약의 채택 또는 수정보완

3) 당로선과 정책 및 전략전술에 관한 기본문제 결정

4) 당중앙위원회 및 당중앙검사위원회 선거

23. 당중앙위원회는 당대회 사이에 모든 당사업을 조직 지도한다.

당중앙위원회는 전당에 유일사상체계를 철저히 확립하며, 당의 로

선과 정책을 수립하고 그 수행을 조직 지도하며 당과 혁명대열을 공고히 하고 행정 및 경제사업을 지도 조정하며 혁명적 무력을 조직, 그들의 전투능력을 높이고 기타 정당 및 국내외기관의 활동에서 당을 대표하며 당의 재정을 관리한다.

24. 당중앙위원회는 당중앙위원회 전원회의를 6개월에 1회 이상 소집한다.

당중앙위원회 전원회의는 해당시기에 당이 직면한 중요문제 등을 토의 결정하며 당중앙위원회 정치국과 정치국 상무위원회를 선거하며 당중앙위원회 총비서와 비서를 선거하고 당중앙위원회의 비서국과 군사위원회를 조직한다.

당중앙위원회는 당중앙위원회 검열위원회를 선출한다.

25. 당중앙위원회 정치국과 정치국 상무위원회는 전원회의와 전원회의 사이에 당중앙위원회 명의로 당의 모든 사업을 조직지도한다.

26. 당중앙위원회 비서국은 필요시, 당인사 및 당면문제 등 당내문제를 토의, 결정하며 그 결정의 집행을 조직, 지도한다.

27. 당중앙위원회 군사위원회는 당군사정책 수행방법을 토의 결정하며 인민군을 포함한 전무장력강화와 군수산업발전에 관한 사업을 조직, 지도하며 우리나라의 군대를 지휘한다.

28. 당중앙위원회 검열위원회는 반당·반혁명적 종파행위 및 기타 당의 유일사상에 어긋나는 행위를 하거나 당의 로선과 정책 및 규약을 준수하지 않아 당규율을 위반한 당원에게 책임을 추궁하며 당규율문제와 관련된 도(직할시)당위원회의 제의 및 당원의 신소를 심의 해결한다.

29. 당중앙검사위원회는 당의 재정경리사업을 검사한다.

30. 당중앙위원회는 당대회와 당대회 사이에 당대표자회를 소집할
    수 있다. 당대표자회의 대표자 선거절차와 대표자 선출비율은
    당중앙위원회가 결정한다.

당대표자회는 당의 로선과 정책 및 전략전술에 관한 긴급한 문제
들을 토의 결정하며 자기의 임무를 수행하지 못한 당중앙위원회 위
원, 후보위원 또는 준후보위원을 제명하고 그 결원을 보선한다.

제4장 도(직할시)의 당조직

31. 도(직할시)당조직의 최고지도기관은 도(직할시)당대표회이다.

도(직할시)대표회는 3년에 1회 도(직할시)당위원회가 소집한다.

도(직할시)대표회는 필요에 따라 규정된 기간보다 빨리 또는 늦게
소집할 수 있다.

도(직할시)당위원회는 도(직할시)당대표회의 소집일과 의정을 2개
월 전에 하급당 조직들에 통지하여야 한다.

32. 도(직할시)당대표회의 기능은 다음과 같다.

1) 도(직할시)당위원회와 도(직할시)당검사위원회의 사업 총화

2) 도(직할시)당위원회 및 도(직할시)당검사위원회 선출

3) 당대회에 파견할 대표자 선출

33. 도(직할시)당위원회의 기능은 다음과 같다.

당원들과 근로대중 속에 당의 유일사상체계를 확립하는 사업을 조
직 지도한다.

당원과 근로대중을 당의 유일사상으로 굳게 무장시키고 그들이 당

로선과 정책을 철저히 옹호 수행하며 당의 유일사상에 어긋나는 자본주의사상, 봉건적 유교사상, 수정주의, 교조주의, 맹종주의, 종파주의, 지방주의 및 가족주의에 대해 견결히 투쟁하도록 감독하고 주체사상에 기초한 당의 통일과 단결을 계속 강화해야 한다.

간부대열을 튼튼히 꾸리고 그들의 후비대를 육성하며 당력량을 합리적으로 배치하고 당생활을 조직, 지도하며 하급당 조직을 강화하고 그들의 활동을 감독한다.

당원 및 근로대중에 대한 주체사상, 당정책, 혁명전통교양 및 계급교양이 주 내용인 공산주의 교양과 사회주의적 애국교양을 강화해야 하며 혁명화, 로동계급화를 통해 그들을 당두리에 결속시켜야 한다.

근로대중의 조직을 강화하고 그들이 자기 기본과업을 성공적으로 완수할 수 있도록 지도, 조정하며 행정 및 경제사업을 적절히 지도하여 혁명과업수행을 보장한다.

로농적위대를 강화하고 그 전투력 향상을 조직적으로 지도하며 군사동원사업을 보장한다.

도(직할시)당위원회의 재정을 관리하며 소관사업에 관해 당중앙위원회에 정기적으로 보고한다.

34. 도(직할시)당위원회는 도(직할시)당전원회의를 4개월에 1회 이상 소집한다.

도(직할시)당위원회 전원회의는 당의 로선과 정책의 수행방법을 토의 결정하며 도(직할시)당위원회의 책임비서 및 비서를 선거하며, 비서처를 조직하고, 도(직할시)당위원회의 군사위원회와 검열위원회를 선거한다.

도(직할시)당위원회 집행위원회는 전원회의와 전원회의 사이에 도

(직할시)당위원회 명의로 당내사업을 조직, 집행하며 행정 및 경제사업을 지도한다.

도(직할시)당위원회 회의는 1개월에 2회 이상 소집한다.

도(직할시)당위원회 비서는 인사행정 및 당내문제에 대해 필요시마다 토의 결정하고 그 결정사항을 집행한다.

도(직할시)당위원회 군사위원회는 당의 군사정책 수행방법을 토의 결정하며 그 집행을 조직, 지도한다.

35. 도(직할시)당위원회 검열위원회는 반당 또는 반혁명적 종파행위 등 당의 유일사상체계에 어긋나는 행위를 하거나, 당로선 및 정책과 규약을 준수하지 않아 당규율을 위반한 당원에게 책임을 추궁하며, 당규율문제와 관련된 시(구역)·군당위원회의 제의 및 출당에 대한 결정을 최종적으로 비준하며 당규율 문제와 관련된 당원의 신소를 해결한다.

제5장 시(구역)·군의 당조직

36. 시(구역)·군당조직의 최고지도기관은 시(구역)·군당대표회이다.

시(구역)·군당대표회는 시(구역)·군당위원회가 3년에 1회 소집하고 필요에 따라 시(구역)·군당대표회는 규정된 기간보다 빨리 또는 늦게 소집할 수 있다.

시(구역)·군당위원회는 시(구역)·군당대표회의 소집일자와 의정을 1개월 전에 산하 당조직들에 통지하여야 한다.

37. 시(구역)·군당대표회의 기능은 다음과 같다.

1) 시(구역)·군당대표회의와 시(구역) 군당검사위원회의 사업 총화

2) 시(구역)·군당대표회의와 시(구역)·군당검사위원회 선거

3) 도(직할시)당대표회에 파견할 대표자 선거

38. 시(구역)·군당위원회의 기능은 다음과 같다.

당원들과 근로대중 속에 당의 유일사상체계를 철저히 확립하는 사업을 조직 수행한다.

당원과 근로대중을 당의 유일사상으로 무장시키고 그들의 당로선과 정책을 철저히 옹호 수행하며, 당의 유일사상체계에 어긋나는 자본주의사상, 봉건적 유교사상, 수정주의, 교조주의, 맹종주의, 종파주의, 지방주의 및 가족주의를 반대하여 견결히 투쟁할 것을 보장하며 주체사상에 기초한 당의 통일과 단결을 계속 강화한다.

간부대열을 강화하고, 그들을 교양하며 간부후비대를 육성하고, 그들을 조직적으로 훈련한다.

당원의 당생활을 조직, 지도하며 당의 핵심을 연구 주지시키고 그 대열을 확대시키며 당원 확대사업을 정기적으로 조직·수행하며 당의 력량을 적절히 배치하고 당원과 후보당원을 등록한다.

당원과 근로대중에 대해 주체사상, 당정책과 혁명전통교양 및 계급교양이 주 내용인 공산주의교양과 사회주의적 애국교양을 강화하며 혁명화·로동계급화를 통해 그들을 당두리에 결속시킨다.

당기층조직을 합리적으로 조직하며 초급당조직의 집행기관을 강화하며 그들의 기능과 역할의 부단한 향상을 위하여 매일같이 지도 방조한다.

근로대중의 조직들을 강화하고 임무를 정확히 할 수 있도록 그들에게 사업방향과 방법을 제시하며 그 리행을 감독한다.

행정 및 경제사협을 정확히 지도하여 혁명과업의 성과적 수행을

보장한다.

　로농적위대를 강화하고 그들의 정치사상교양과 군사훈련을 강화
하여 전투태세를 완비하며 군사동원사업을 보장한다.

　시(구역)·군당위원회의 재정을 관리하며 자기의 사업에 관해 상급
당위원회에 정기적으로 보고한다.

　39. 시(구역)·군당위원회는 전원회의를 3개월에 1회 이상 소집한다.

　시(구역)·군당위원회 전원회의는 당의 로선과 정책의 집행방법을
토의, 결정하며 시(구역)·군당위원회의 집행위원회·책임비서 및 비
서를 선거하고 비서처를 조직하며, 시(구역)·군당위원회의 군사위원
회와 검열위원회를 선거한다.

　시(구역)·군당위원회의 집행위원회는 전원회의와 전원회의 사이
에 시(구역)·군당위원회의 명의로 당내사업을 조직하고 행정 및 경
제사업을 지도한다.

　시(구역)·군당위원회 집행위원회는 1개월에 2회 이상 회의를 소집
한다.

　시(구역)·군당위원회 비서처는 문제제기 시마다 인사행정 등 당내
사업에 관한 문제를 결정하며 그 결정을 집행한다.

　시(구역)·군당위원회 군사위원회는 당의 군사정책 집행방법을 토
의 결정하며 그 집행을 조직 지도한다.

　40. 시(구역)·군당위원회 검열위원회는 반당·반혁명적 종파행위
　　　등 당의 유일사상체계에 어긋나는 행위를 하거나 당의 로선과
　　　정책 및 규약을 준수하지 않아 당규율을 위반한 당원에게 책임을
　　　추궁하며, 당규율문제와 관련된 당원의 신소를 심의 처리한다.

41. 당의 최하기층조직은 당세포이다.

당세포는 당원생활의 거점이며 당주위에 대중을 집결시키고 대중 속에서 당의 로선과 정책을 직접 수행하는 당의 전투단위이다.

42. 당의 기층조직의 조직방법은 다음과 같다.

1) 당세포는 당원 5명에서 30명까지의 단위에 조직한다.

당원 5명 미만의 단위에는 당세포를 두지 않고, 그 단위의 당원 또는 후보당원은 린접당세포에 소속시키거나 작업성격과 린접관계를 고려하여 2개 이상 단위의 당원을 합병하여 1개의 당세포를 조직할 수 있다.

특수한 경우에는 당원 3~4명이 있는 단위 또는 30명 이상의 단위에도 당세포를 조직할 수 있다.

당원 3명 미만의 단위에는 시(구역)·군당위원회가 추천하는 당원을 책임자로 하는 당소조를 조직할 수 있다.

2) 당원 31명 이상이 있는 단위에는 초급당조직을 둔다.

3) 초급당조직과 당세포 사이에 당원 31명 이상이 있는 생산단위나 기타 생활단위에는 부문(마을)당조직을 둘 수 있다.

4) 초급당, 부문당 또는 당세포의 조직형성만으로는 당기층 조직구성이 부적당한 경우에는 초급당조직과 부문당조직 사이에 있는 생산단위나 기타 활동단위에 분초급당위원회를 조직할 수 있다.

5) 이상의 모든 당조직형태가 현실에 부합되지 않는 경우에는 당중앙위원회의 비준을 얻어 실정에 맞는 다른 당조직형성을 취할 수 있다.

43. 당기층조직의 최고지도기관은 해당조직의 총회(대표회)이다.

1) 당세포총회는 1개월에 1회 이상 소집한다.

2) 초급당, 분초급당, 부문(마을)당의 총회(대표회)는 3개월에 1회 이상 소집한다.

초급당조직이 500명 이상의 당원 또는 후보당원으로 구성되어 있거나 그 슬하 조직들이 널리 분산되어 있을 경우에는 초급당조직의 총회를 1년에 1회 이상 소집할 수 있다.

44. 당의 기층조직은 1년 임기의 해당조직을 집행기관을 선거한다.

1) 당세포는 총화에서 비서와 부비서를 선거한다.

2) 초급당위원회, 분초급위원회, 부문(마을)당위원회는 각각 당총회(대표회)에서 선거하며 비서, 부비서는 각각 당위원회 회의에서 선거한다.

초급당 및 분초급당위원회는 필요에 따라 각각 집행위원회를 선거할 수 있다.

초급당위원회는 1개월에 3회 이상, 분초급당위원회와 부문(마을)당위원회는 1개월에 2회 이상 회의를 소집하며 집행위원회가 조직된 초급당 및 분초급당위원회는 1개월에 1회 이상 위원회 회의를 소집하며 집행위원회 회의는 1개월에 2회 이상 소집한다.

3) 중앙기관의 당조직은 당지도위원회를 조직할 수 있다.

45. 당기층조직의 임기는 다음과 같다.

1) 당원들과 근로대중 속에서 당의 유일사상체계를 철저히 확립하며 그들을 당의 유일사상으로 튼튼히 무장시키며 그들이 당의 로선과 정책을 무조건 접수하여 끝까지 옹호 관철하도록 하며, 당의 유일사상에 어긋나는 자본주의사상, 봉건적 유교사상, 수

정주의, 교조주의, 맹종주의, 종파주의, 지방주의 및 가족주의에
대해 견결히 투쟁하며 주체사상에 기초한 당의 통일과 단결을
끊임없이 강화한다.

2) 하급간부대열을 튼튼히 꾸리고 그들을 조직적으로 훈련시키며,
당핵심을 주지, 교양하며 부단히 그 대열을 확대, 강화한다.

3) 당원들의 당생활을 강화하고 그들의 당성을 단련한다.

당원들 속에 당규약학습을 정기적으로 조직하며, 그들에게 항상
혁명을 위한 사고와 행동을 하도록 하고, 모든 활동에서 선봉적인 역
할을 하도록 당의 임무를 부여하며, 높은 정치 사상적 수준에서의 당
회의와 당생활 총화를 수행하며 당원의 당생활을 철저히 파악하고,
그들을 교양하며, 당원들을 혁명가로 개조하고 비판을 통한 사상투쟁
을 강화한다.

당원이 과오를 범했을 경우에는 책임을 추궁하고 그 과오를 시정
하도록 그를 방조한다.

4) 당원 적임자를 발견 등록하며 그들을 조직적으로 교양하여 심사
후 자격자를 입당시키며 후보당원과 새로 입당한 당원들을 교양
훈련시킨다.

5) 당원들과 근로대중의 사상교양사업을 강화한다.

당원들과 근로대중에 대해 주체사상, 당정책, 혁명전통교양 및 계
급교양이 주 내용인 공산주의 교육과 사회주의적 애국교양을 강화하
며 혁명화 로동계급화를 통해 그들을 당두리에 결속시킨다.

6) 근로대중의 요구와 의견을 겸손히 접수하고 그것을 제때에 해결
하여 주며 그들의 물질문화 생활수준을 향상시키기 위하여 부단
히 노력하며 모든 단위와 직장에서 계통과 질서를 확립하며 반

혁명 분자들에 대한 투쟁을 강화한다.

7) 근로대중의 사회조직을 강화하고 그들에게 사업방향과 방법을
제시하며 그들이 자기의 의무를 정확히 수행하도록 감독한다.

8) 모든 사업활동에서 항일유격대식 사업방법 및 청산리정신과 방
법을 적용하고 정치사업을 선행시키며 행정 및 경제사업에 대한
효과적인 지도를 통해 혁명과업을 성과적으로 보장한다.

모든 당원들과 근로대중이 그들의 혁명과업을 충실히 수행하고 생
산과 건설에서 끊임없이 혁신을 일으키며 3대혁명붉은기쟁취운동과
사회주의경쟁운동에 적극 참가하여 기술 혁신운동을 촉진하며 로동
생산능률을 제고하고 로동규율을 강화하며 법령을 준수하고 국가와
사회재산을 애호 절약하도록 그들을 조직, 고무한다.

9) 로농적위대를 강화하고 그들의 정치, 사상, 교양 및 군사훈련을
강화하여 당이 부를 때 항시 동원할 수 있도록 준비한다.

10) 당원과 후보당원을 등록하며 당비를 거출하여 자기 사업에 관
해 상급당위원회에 정기적으로 보고한다.

제7장 조선인민군대 내 당조직

46. 조선인민군은 항일무장투쟁의 영광스러운 혁명전통을 계승한
조선로동당의 혁명적 무장력이다.

47. 조선인민군대 내의 각급 단위에 당조직을 구성하며 조선인민군
의 전체 당조직을 망라하는 조선인민군 당위원회를 조직한다.
조신인민군 당위원회는 도(직할시)당위원회와 같은 기능을 수행한
다. 조선인민군 당위원회는 조선로동당 중앙위원회에 직속하며 그 지

도 밑에 사업하고 자기 사업에 대하여 당중앙위원회에 정기적으로 보고한다.

48. 조선인민군대내 각급 당조직의 기능은 다음과 같다.

전군을 주체사상으로 교양하기 위해 투쟁한다.

당원들과 군인들 속에서 당의 유일사상체계를 공고히 확립하며 그들이 당과 수령, 조국과 인민을 위해 서슴없이 생명을 바칠 수 있는 진정한 혁명전사가 될 수 있도록 단련한다.

간부대열을 강화하며 간부후비대를 육성하고 그들의 당성을 끊임없이 단련하도록 당원의 당생활을 조직, 지도하며 당대열을 확대, 강화한다.

당원과 군인들에 대해 주체사상, 당정책 및 혁명전통교양과 계급교양을 주 내용으로 하는 공산주의교양과 사회주의적 애국교양을 강화하며 혁명화 로동계급화를 통해 그들을 당두리에 결속시킨다.

조선인민군대 내 사회주의로동청년동맹 조직들을 강화하고 그들의 기능과 역할을 높이도록 지도한다.

당군사로선과 주체적 전략전술을 수행하기 위해 군사사업에 관한 당위원회의 집단적 지도를 강화하며 인민군을 일당백의 혁명적인 무장력으로 강화, 발전시키기 위해 3대혁명붉은기쟁취운동과 붉은기중대운동을 적극 전개한다.

당원과 전사들이 언제나 지체 없이 행동할 수 있도록 경계태세를 견지토록 하고 항상 완벽한 전투태세를 갖도록 고무한다.

당원과 전사들에게 높은 혁명적 동지애 및 군관과 전사, 군대와 인민간의 고귀한 전통적 단결정신을 발휘하도록 유도한다.

49. 조선인민군대 내 각급 당조직들은 조선로동당의 규약과 당중

앙위원회가 비준한 지시와 규정에 따라 조직되고, 사업을 수행
한다.

50. 조선인민군대 내 각급 당조직들은 지방 당조직들과 긴밀한 연
계를 가져야 한다.

조선인민군대의 당위원회는 당중앙위원회의 비준을 얻어 정치 및
군사간부를 주둔지역의 도(직할시)·시(구역)·군당위원회 및 공장
기업소의 초급당위원회 위원으로 추천할 수 있다.

제8장 정치기관

51. 당중앙위원회는 필요에 따라 정치, 경제 및 군사분야의 중요한
부문에 정치기관들을 조직한다.

중앙기관에 조직된 정치국(정치부) 및 그들에게 소속한 정치기관들
은 해당부문에서 당원들과 근로대중에게 정치사상교양 사업을 조직
수행하며, 해당단위 내에 조직된 당위원회 집행기관으로서의 기능을
수행한다.

조선인민군 총정치국과 그 소속정치기관은 해당 당위원회의 집행
기구로서 당정치사업을 조직하고 수행한다.

52. 조선인민군 총정치국과 중앙기관 내에 조직된 정치국(정치부)
은 당중앙위원회 직속이며 그 지도하에 사업을 수행하고 담당
사업에 관해 당중앙위원회에 정기적으로 보고한다.

53. 중앙기관 내에 조직된 정치국(정치부)들은 하급정치기관들을
지도함에 있어서 해당 지방당위원회들과 긴밀한 연계를 가져
야 한다.

54. 정치기관들은 당의 로선과 정책을 수행함에 있어서 당원들과
    근로대중을 동원키 위하여 당열성자회의를 소집할 수 있다.

55. 정치기관들은 로동당의 규약과 당중앙위원회가 비준한 지시와
    규정에 따라 조직되고 사업한다.

제9장 당과 로동대중의 조직

56. 근로대중의 조직들은 광범한 근로대중의 정치조직이며 항일혁
    명투쟁의 영광스러운 전통을 계승하는 당의 외곽조직이다.

근로대중의 조직들은 광대한 대중의 사상교양조직이며, 당과 대중
을 연결하는 인전대이며 당의 충실한 보조자이다.

사회주의로동청년동맹은 우리의 혁명과업을 직접 계승하는 청년
들의 혁명적 조직이며 당의 전투적 후비대이다.

근로대중의 조직들은 당의 지도하에 자기의 사업을 진행한다.

57. 근로대중의 조직들은 동맹원들 속에서 당의 유일사상체계를
    튼튼히 꾸리며 동맹대열을 강화하며 조직생활과 사상교양사업
    을 강화하고 혁명화를 통해 동맹원들을 당두리에 결속시키며
    3대혁명붉은기쟁취운동과 사회주의경쟁운동을 전개하며 동맹
    원들을 혁명과 건설에 적극 동원한다.

58. 각급 당조직들은 로동대중의 간부대열들을 강화하고 근로대
    중조직의 모체를 통하여 대중과의 사업체계를 수립하며 근로
    대중의 특성에 맞게 사업방향과 방법을 정확히 제시하며 그들
    이 자발적으로 자기 임무를 수행하도록 감독하여야 한다.

59. 당의 재정은 당원들의 당비, 당이 운영하는 기관들과 기업소들로부터의 수입 및 기타 수입으로 충당된다.

60. 당원 및 후보당원의 당비는 월수입의 2%로 한다.

최근의 조선민주주의인민공화국 사회주의 헌법[57]

조선민주주의인민공화국 사회주의 헌법

(2010.4.9. 개정 헌법)

서문

조선민주주의인민공화국은 위대한 수령 김일성 동지의 사상과 령도를 구현한 주체의 사회주의조국이다.

---

57) 북한은 2012년 4월의 개정헌법에서 '핵보유국'임을 명기한 것으로 일부 매체들이 보도하였다. 북한의 인터넷 사이트 〈내나라〉에 실린 북한의 헌법 서문에 "(김정일 동지는) 우리 조국을 불패의 정치사상 강국, '핵보유국', 무적의 군사강국으로 전변시켰으며, 강성국가 건설의 휘황한 대통로를 열어놓았다"고 밝혔다. '핵보유국'이라는 표현은 2010년 개정한 헌법을 포함해 이전 헌법에서는 찾아볼 수 없었다. 북한이 '핵보유국'을 명기한 것은 핵무기 보유를 공식화함으로써 이를 국제사회에서 인정받으려는 의도로 보인다. 통일부의 김형석 대변인은 "가장 공식적인 매체인 〈조선중앙통신〉이나 〈로동신문〉을 통해 발표된 것이 아니어서 100% 확신하기는 어렵다"면서도 "지난 4월 헌법을 개정했다고 발표했고 새로운 김정은 체제가 출범한 만큼 '핵보유국'을 명시했을 가능성이 있다"고 밝혔다. 북한은 1948년 9월 8일 헌법을 제정했으며, 1972년과 1992년, 1998년, 2009년, 2010년에 개정했다. 2012년의 헌법은 4월 최고인민회의에서 개정됐다고 보고되고 있으나 아직 공식 확인된 것은 아니어서 본서에서는 통일부 자료를 통하여 공식화된 2010년도 북한 헌법을 게재하고 이를 참조하였음을 밝혀둔다. 2012년의 북한 헌법과 관련해서는 ≪한겨레신문≫ 2012년 5월 31자 김규원 기자의 글을 인용하였고 이를 참고하였다.

위대한 수령 김일성 동지는 조선민주주의인민공화국의 창건자이시며 사회주의조선의 시조이시다.

김일성 동지께서는 영생불멸의 주체사상을 창시하시고 그 기치 밑에 항일혁명투쟁을 조직 령도하시여 영광스러운 혁명전통을 마련하시고 조국광복의 력사적 위업을 이룩하시였으며 정치, 경제, 문화, 군사분야에서 자주독립 국가건설의 튼튼한 토대를 닦은 데 기초하여 조선민주주의인민공화국을 창건하시었다.

김일성 동지께서는 주체적인 혁명로선을 내놓으시고 여러 단계의 사회혁명과 건설사업을 현명하게 령도하시여 공화국을 인민대중중심의 사회주의나라로, 자주, 자립, 자위의 사회주의국가로 강화 발전시키시었다.

김일성 동지께서는 국가건설과 국가활동의 근본원칙을 밝히시고 가장 우월한 국가사회제도와 정치방식, 사회관리체계와 관리방법을 확립하시였으며 사회주의조국의 부강번영과 주체혁명위업의 계승완성을 위한 확고한 토대를 마련하시었다.

김일성 동지께서는 ≪이민위천≫을 좌우명으로 삼으시어 언제나 인민들과 함께 계시고 인민을 위하여 한평생을 바치시었으며 숭고한 인덕정치로 인민들을 보살피시고 이끄시어 온 사회를 일심단결 된 하나의 대가정으로 전변시키시었다.

위대한 수령 김일성 동지는 민족의 태양이시며 조국통일의 구성이 시다. 김일성 동지께서는 나라의 통일을 민족지상의 과업으로 내세우시고 그 실현을 위하여 온갖 로고와 심혈을 다 바치시었다. 김일성 동지께서는 공화국을 조국통일의 강유력한 보루로 다지시는 한편 조국통일의 근본원칙과 방도를 제시하시고 조국통일운동을 전 민족적인 운동으로 발전시키시어 온 민족의 단합된 힘으로 조국통일 위업을 성취하기 위한 길을 열어놓으시었다.

위대한 수령 김일성 동지께서는 조선민주주의인민공화국의 대외정책의 기본리념을 밝히시고 그에 기초하여 나라의 대외관계를 확대발전시키시었으며 공화국의 국제적 권위를 높이 떨치게 하시었다. 김일성 동지는 세계정치의 원로로서 자주의 새 시대를 개척하시고 사회주의운동과 쁠럭불가담운동의 강화발전을 위하여, 세계평화와 인민들 사이의 친선을 위하여 정력적으로 활동하시었으며 인류의 자주위업에 불멸의 공헌을 하시었다.

김일성 동지는 사상리론과 령도예술의 천재이시고 백전백승의 강철의 령장이시었으며 위대한 혁명가, 정치가이시고 위대한 인간이시었다.

김일성 동지의 위대한 사상과 령도업적은 조선혁명의 만년재보이며 조선민주주의인민공화국의 륭성번영을 위한 기본담보이다.

조선민주주의인민공화국과 조선인민은 조선로동당의 령도 밑에 위대한 수령 김일성 동지를 공화국의 영원한 주석으로 높이 모시며 김일성 동지의 사상과 업적을 옹호고수하고 계승 발전시켜 주체혁명 위업을 끝까지 완성하여 나갈 것이다.

조선민주주의인민공화국 사회주의헌법은 위대한 수령 김일성 동지의 주체적인 국가건설사상과 국가건설업적을 법화한 김일성헌법이다.

제1장 정치

제1조: 조선민주주의인민공화국은 전체 조선인민의 리익을 대표하는 자주적인 사회주의국가이다.

제2조: 조선민주주의인민공화국은 제국주의침략자들을 반대하며 조국의 광복과 인민의 자유와 행복을 실현하기 위한 영광스러운 혁명투쟁에서 이룩한 빛나는 전통을 이어받은 혁명적인 국가이다.

제3조: 조선민주주의인민공화국은 사람중심의 세계관이며 인민대중의 자주성을 실현하기 위한 혁명사상인 주체사상, 선군사상을 자기 활동의 지도적 지침으로 삼는다.

제4조: 조선민주주의인민공화국의 주권은 로동자, 농민, 군인, 근로인테리를 비롯한 근로인민에게 있다. 근로인민은 자기의 대표기관인 최고인민회의와 지방 각급 인민회의를 통하여 주권을 행사한다.

제5조: 조선민주주의인민공화국에서 모든 국가기관들은 민주주의

중앙집권제 원칙에 의하여 조직되고 운영된다.

제6조: 군인민회의로부터 최고인민회의에 이르기까지의 각급 주권
기관은 일반적, 평등적, 직접적 원칙에 의하여 비밀투표로
선거한다.

제7조: 각급 주권기관의 대의원은 선거자들과 밀접한 련계를 가지
며 자기 사업에 대하여 선거자들 앞에 책임진다. 선거자들
은 자기가 선거한 대의원이 신임을 잃은 경우에 언제든지
소환할 수 있다.

제8조: 조선민주주의인민공화국의 사회제도는 근로인민대중이 모
든 것의 주인으로 되고 있으며 사회의 모든 것이 근로인민
대중을 위하여 복무하는 사람중심의 사회제도이다. 국가는
착취와 압박에서 해방되어 국가와 사회의 주인으로 된 로
동자, 농민, 군인, 근로인테리를 비롯한 근로인민의 리익을
옹호하며 인권을 존중하고 보호한다.

제9조: 조선민주주의인민공화국은 북반부에서 인민정권을 강화하
고 사상, 기술, 문화의 3대혁명을 힘 있게 벌려 사회주의의
완전한 승리를 이룩하며 자주, 평화통일, 민족대단결의 원
칙에서 조국통일을 실현하기 위하여 투쟁한다.

제10조: 조선민주주의인민공화국은 로동계급이 령도하는 로농동맹
에 기초한 전체 인민의 정치사상적 통일에 의거한다. 국가
는 사상혁명을 강화하여 사회의 모든 성원들을 혁명화, 로
동계급화하며 온 사회를 동지적으로 결합된 하나의 집단
으로 만든다.

제11조: 조선민주주의인민공화국은 조선로동당의 령도 밑에 모든

활동을 진행한다.

제12조: 국가는 계급로선을 견지하며 인민민주주의독재를 강화하여 내외적대분자들의 파괴책동으로부터 인민주권과 사회주의제도를 굳건히 보위한다.

제13조: 국가는 군중로선을 구현하며 모든 사업에서 우아래를 도와주고 대중 속에 들어가 문제해결의 방도를 찾으며 정치사업, 사람과의 사업을 앞세워 대중의 자각적 열성을 불러일으키는 청산리정신, 청산리방법을 관철한다.

제14조: 국가는 3대혁명붉은기쟁취운동을 비롯한 대중운동을 힘있게 벌려 사회주의건설을 최대한으로 다그친다.

제15조: 조선민주주의인민공화국은 해외에 있는 조선동포들의 민주주의적 민족권리와 국제법에서 공인된 합법적 권리와 리익을 옹호한다.

제16조: 조선민주주의인민공화국은 자기 령역 안에 있는 다른 나라 사람의 합법적 권리와 리익을 보장한다.

제17조: 자주, 평화, 친선은 조선민주주의인민공화국의 대외정책의 기본리념이며 대외활동원칙이다. 국가는 우리나라를 우호적으로 대하는 모든 나라들과 완전한 평등과 자주성, 호상존중과 내정불간섭, 호혜의 원칙에서 국가적 또는 정치, 경제, 문화적 관계를 맺는다. 국가는 자주성을 옹호하는 세계 인민들과 단결하며 온갖 형태의 침략과 내정간섭을 반대하고 나라의 자주권과 민족적, 계급적 해방을 실현하기 위한 모든 나라 인민들의 투쟁을 적극 지지 성원한다.

제18조: 조선민주주의인민공화국의 법은 근로인민의 의사와 리익

의 반영이며 국가관리의 기본무기이다. 법에 대한 존중과
엄격한 준수집행은 모든 기관, 기업소, 단체와 공민에게
있어서 의무적이다. 국가는 사회주의법률제도를 완비하고
사회주의법무생활을 강화한다.

제2장 경제

제19조: 조선민주주의인민공화국은 사회주의적 생산관계와 자립적
　　　　민족경제의 토대에 의거한다.

제20조: 조선민주주의인민공화국에서 생산수단은 국가와 사회협동
　　　　단체가 소유한다.

제21조: 국가소유는 전체 인민의 소유이다. 국가소유권의 대상에는
　　　　제한이 없다.

나라의 모든 자연부원, 철도, 항공운수, 체신기관과 중요공장, 기업
소, 항만, 은행은 국가만이 소유한다. 국가는 나라의 경제발전에서 주
도적 역할을 하는 국가소유를 우선적으로 보호하며 장성시킨다.

제22조: 사회협동단체소유는 해당 단체에 들어 있는 근로자들의
　　　　집단적 소유이다. 토지, 농기계, 배, 중소공장, 기업소 같은
　　　　것은 사회협동단체가 소유할 수 있다. 국가는 사회협동단
　　　　체소유를 보호한다.

제23조: 국가는 농민들의 사상의식과 기술문화수준을 높이고 협동
　　　　적 소유에 대한 전 인민적소유의 지도적 역할을 높이는 방
　　　　향에서 두 소유를 유기적으로 결합시키며 협동경리에 대
　　　　한 지도와 관리를 개선하여 사회주의적 협동경리제도를

공고 발전시키며 협동단체에 들어있는 전체 성원들의 자원적 의사에 따라 협동단체소유를 점차 전 인민적소유로 전환시킨다.

제24조: 개인소유는 공민들의 개인적이며 소비적인 목적을 위한 소유이다. 개인소유는 로동에 의한 사회주의분배와 국가와 사회의 추가적 혜택으로 이루어진다. 텃밭경리를 비롯한 개인부업경리에서 나오는 생산물과 그 밖의 합법적인 경리활동을 통하여 얻은 수입도 개인소유에 속한다. 국가는 개인소유를 보호하며 그에 대한 상속권을 법적으로 보장한다.

제25조: 조선민주주의인민공화국은 인민들의 물질문화생활을 끊임없이 높이는 것을 자기 활동의 최고원칙으로 삼는다. 세금이 없어진 우리나라에서 늘어나는 사회의 물질적 부는 전적으로 근로자들의 복리증진에 돌려진다. 국가는 모든 근로자들에게 먹고 입고 쓰고 살 수 있는 온갖 조건을 마련하여준다.

제26조: 조선민주주의인민공화국에 마련된 자립적 민족경제는 인민의 행복한 사회주의생활과 조국의 륭성번영을 위한 튼튼한 밑천이다. 국가는 사회주의 자립적 민족경제건설 로선을 틀어쥐고 인민경제의 주체화, 현대화, 과학화를 다그쳐 인민경제를 고도로 발전된 주체적인 경제로 만들며 완전한 사회주의사회에 맞는 물질기술적 토대를 쌓기 위하여 투쟁한다.

제27조: 기술혁명은 사회주의경제를 발전시키기 위한 기본고리이

다. 국가는 언제나 기술발전문제를 첫자리에 놓고 모든 경
제활동을 진행하며 과학기술발전과 인민경제의 기술개조
를 다그치고 대중적 기술혁신운동을 힘 있게 벌려 근로자
들을 어렵고 힘든 로동에서 해방하며 육체로동과 정신로
동의 차이를 줄여나간다.

제28조: 국가는 도시와 농촌의 차이, 로동계급과 농민의 계급적 차
이를 없애기 위하여 농촌기술혁명을 다그쳐 농업을 공업
화, 현대화하며 군의 역할을 높이고 농촌에 대한 지도와 방
조를 강화한다. 국가는 협동농장의 생산시설과 농촌문화주
택을 국가부담으로 건설하여 준다.

제29조: 사회주의는 근로대중의 창조적 로동에 의하여 건설된다.
조선민주주의인민공화국에서 로동은 착취와 압박에서 해
방된 근로자들의 자주적이며 창조적인 로동이다. 국가는
실업을 모르는 우리 근로자들의 로동이 보다 즐거운 것으
로, 사회와 집단과 자신을 위하여 자각적 열성과 창발성을
내여 일하는 보람찬 것으로 되게 한다.

제30조: 근로자들의 하루 로동시간은 8시간이다. 국가는 로동의 힘
든 정도와 특수한 조건에 따라 하루 로동시간을 이보다 짧
게 정한다. 국가는 로동조직을 잘하고 로동규률을 강화하
여 로동시간을 완전히 리용하도록 한다.

제31조: 조선민주주의인민공화국에서 공민이 로동하는 나이는 16
살부터이다. 국가는 로동하는 나이에 이르지 못한 소년들
의 로동을 금지한다.

제32조: 국가는 사회주의경제에 대한 지도와 관리에서 정치적 지

도와 경제기술적 지도, 국가의 통일적 지도와 매개 단위의
창발성, 유일적 지휘와 민주주의, 정치도덕적 자극과 물질
적 자극을 옳게 결합시키는 원칙을 확고히 견지한다.

제33조: 국가는 생산자 대중의 집체적 힘에 의거하여 경제를 과학
적으로, 합리적으로 관리 운영하는 사회주의경제 관리형
태인 대안의 사업체계와 농촌경리를 기업적 방법으로 지
도하는 농업지도체계에 의하여 경제를 지도 관리한다. 국
가는 경제관리에서 대안의 사업체계의 요구에 맞게 독립
채산제를 실시하며 원가, 가격, 수익성 같은 경제적 공간을
옳게 리용하도록 한다.

제34조: 조선민주주의인민공화국의 인민경제는 계획경제이다. 국
가는 사회주의경제발전법칙에 따라 축적과 소비의 균형을
옳게 잡으며 경제건설을 다그치고 인민생활을 끊임없이
높이며 국방력을 강화할 수 있도록 인민경제발전계획을
세우고 실행한다. 국가는 계획의 일원화, 세부화를 실현하
여 생산장성의 높은 속도와 인민경제의 균형적 발전을 보
장한다.

제35조: 조선민주주의인민공화국은 인민경제발전계획에 따르는 국
가예산을 편성하여 집행한다. 국가는 모든 부문에서 증산
과 절약투쟁을 강화하고 재정통제를 엄격히 실시하여 국
가축적을 체계적으로 늘이며 사회주의적 소유를 확대 발
전시킨다.

제36조: 조선민주주의인민공화국에서 대외무역은 국가기관, 기업
소, 사회협동단체가 한다. 국가는 완전한 평등과 호혜의

원칙에서 대외무역을 발전시킨다.

제37조: 국가는 우리나라 기관, 기업소, 단체와 다른 나라 법인 또는 개인들과의 기업합영과 합작, 특수경제지대에서의 여러 가지 기업창설운영을 장려한다.

제38조: 국가는 자립적 민족경제를 보호하기 위하여 관세정책을 실시한다.

제3장 문화

제39조: 조선민주주의인민공화국에서 개화 발전하고 있는 사회주의적 문화는 근로자들의 창조적 능력을 높이며 건전한 문화정서적 수요를 충족시키는 데 이바지한다.

제40조: 조선민주주의인민공화국은 문화혁명을 철저히 수행하여 모든 사람들을 자연과 사회에 대한 깊은 지식과 높은 문화기술수준을 가진 사회주의건설자로 만들며 온 사회를 인테리화한다.

제41조: 조선민주주의인민공화국은 사회주의근로자들을 위하여 복무하는 참다운 인민적이며 혁명적인 문화를 건설한다. 국가는 사회주의적 민족문화건설에서 제국주의의 문화적 침투와 복고주의적 경향을 반대하며 민족문화유산을 보호하고 사회주의현실에 맞게 계승 발전시킨다.

제42조: 국가는 모든 분야에서 낡은 사회의 생활양식을 없애고 새로운 사회주의적 생활양식을 전면적으로 확립한다.

제43조: 국가는 사회주의교육학의 원리를 구현하여 후대들을 사회

와 인민을 위하여 투쟁하는 견결한 혁명가로, 지덕체를 갖
춘 주체형의 새 인간으로 키운다.

제44조: 국가는 인민교육사업과 민족간부양성사업을 다른 모든 사
업에 앞세우며 일반교육과 기술교육, 교육과 생산로동을
밀접히 결합시킨다.

제45조: 국가는 1년 동안의 학교전의 무교육을 포함한 전반적 11년
제 의무교육을 현대과학기술발전추세와 사회주의건설의
현실적 요구에 맞게 높은 수준에서 발전시킨다.

제46조: 국가는 학업을 전문으로 하는 교육체계와 일하면서 공부
하는 여러 가지 형태의 교육체계를 발전시키며 기술교육
과 사회과학, 기초과학교육의 과학리론 수준을 높여 유능
한 기술자, 전문가들을 키워낸다.

제47조: 국가는 모든 학생들을 무료로 공부시키며 대학과 전문학
교 학생들에게는 장학금을 준다.

제48조: 국가는 사회교육을 강화하며 모든 근로자들이 학습할 수
있는 온갖 조건을 보장한다.

제49조: 국가는 학령 전 어린이들을 탁아소와 유치원에서 국가와
사회의 부담으로 키워준다.

제50조: 국가는 과학연구사업에서 주체를 세우며 선진과학기술을
적극 받아들이고 새로운 과학기술분야를 개척하여 나라의
과학기술을 세계적 수준에 올려 세운다.

제51조: 국가는 과학기술발전계획을 바로세우고 철저히 수행하는
규율을 세우며 과학자, 기술자들과 생산자들의 창조적 협
조를 강화하도록 한다.

제52조: 국가는 민족적 형식에 사회주의적 내용을 담은 주체적이
며 혁명적인 문학예술을 발전시킨다. 국가는 창작가, 예술
인들이 사상예술성이 높은 작품을 많이 창작하며 광범한
대중이 문예활동에 널리 참가하도록 한다.

제53조: 국가는 정신적으로, 육체적으로 끊임없이 발전하려는 사람
들의 요구에 맞게 현대적인 문화시설들을 충분히 갖추어
주어 모든 근로자들이 사회주의적 문화정서 생활을 마음
껏 누리도록 한다.

제54조: 국가는 우리말을 온갖 형태의 민족어말살정책으로부터 지
켜내며 그것을 현대의 요구에 맞게 발전시킨다.

제55조: 국가는 체육을 대중화, 생활화하여 전체 인민을 로동과 국
방에 튼튼히 준비시키며 우리나라 실정과 현대체육기술발
전추세에 맞게 체육기술을 발전시킨다.

제56조: 국가는 전반적 무상치료제를 공고 발전시키며 의사담당구
역제와 예방의학제도를 강화하여 사람들의 생명을 보호하
며 근로자들의 건강을 증진시킨다.

제57조: 국가는 생산에 앞서 환경보호대책을 세우며 자연환경을
보존, 조성하고 환경오염을 방지하여 인민들에게 문화위
생적인 생활환경과 로동조건을 마련하여준다.

제4장 국방

제58조: 조선민주주의인민공화국은 전 인민적, 전 국가적 방위체계
에 의거한다.

제59조: 조선민주주의인민공화국 무장력의 사명은 선군혁명로선을
　　　　관철하여 혁명의 수뇌부를 보위하고 근로인민의 리익을
　　　　옹호하며 외래침략으로부터 사회주의제도와 혁명의 전취
　　　　물, 조국의 자유와 독립, 평화를 지키는 데 있다.
제60조: 국가는 군대와 인민을 정치사상적으로 무장시키는 기초
　　　　위에서 전군간부화, 전군현대화, 전민무장화, 전국요새화
　　　　를 기본내용으로 하는 자위적 군사로선을 관철한다.
제61조: 국가는 군대 안에서 혁명적령군체계와 군풍을 확립하고
　　　　군사규률과 군중규률을 강화하며 관병일치, 군정배합, 군
　　　　민일치의 고상한 전통적 미풍을 높이 발양하도록 한다.

제5장 공민의 기본권리와 의무

제62조: 조선민주주의인민공화국 공민이 되는 조건은 국적에 관한
　　　　법으로 규정한다. 공민은 거주지에 관계없이 조선민주주의
　　　　인민공화국의 보호를 받는다.
제63조: 조선민주주의인민공화국에서 공민의 권리와 의무는 ≪하
　　　　나는 전체를 위하여, 전체는 하나를 위하여≫라는 집단주
　　　　의원칙에 기초한다.
제64조: 국가는 모든 공민에게 참다운 민주주의적 권리와 자유, 행
　　　　복한 물질문화생활을 실질적으로 보장한다. 조선민주주의
　　　　인민공화국에서 공민의 권리와 자유는 사회주의제도의 공
　　　　고발전과 함께 더욱 확대된다.
제65조: 공민은 국가사회생활의 모든 분야에서 누구나 다 같은 권

리를 가진다.

제66조: 17살 이상의 모든 공민은 성별, 민족별, 직업, 거주기간, 재
산과 지식 정도, 당별, 정견, 신앙에 관계없이 선거할 권리
와 선거 받을 권리를 가진다. 군대에 복무하는 공민도 선
거할 권리와 선거 받을 권리를 가진다. 재판소의 판결에
의하여 선거할 권리를 빼앗긴 자, 정신병자는 선거할 권리
와 선거받을 권리를 가지지 못한다.

제67조: 공민은 언론, 출판, 집회, 시위와 결사의 자유를 가진다. 국
가는 민주주의적 정당, 사회단체의 자유로운 활동조건을
보장한다.

제68조: 공민은 신앙의 자유를 가진다. 이 권리는 종교건물을 짓거
나 종교의식 같은 것을 허용하는 것으로 보장된다. 종교를
외세를 끌어들이거나 국가사회질서를 해치는 데 리용할
수 없다.

제69조: 공민은 신소와 청원을 할 수 있다. 국가는 신소와 청원을
법이 정한데 따라 공정하게 심의 처리하도록 한다.

제70조: 공민은 로동에 대한 권리를 가진다. 로동능력 있는 모든
공민은 희망과 재능에 따라 직업을 선택하며 안정된 일자
리와 로동조건을 보장받는다. 공민은 능력에 따라 일하며
로동의 량과 질에 따라 분배를 받는다.

제71조: 공민은 휴식에 대한 권리를 가진다. 이 권리는 로동시간제,
공휴일제, 유급휴가제, 국가비용에 의한 정휴양제, 계속 늘
어나는 여러 가지 문화시설들에 의하여 보장된다.

제72조: 공민은 무상으로 치료받을 권리를 가지며 나이 많거나 병

또는 불구로 로동능력을 잃은 사람, 돌볼 사람이 없는 늙은이와 어린이는 물질적 방조를 받을 권리를 가진다. 이 권리는 무상치료제, 계속 늘어나는 병원, 료양소를 비롯한 의료시설, 국가사회보험과 사회보장제에 의하여 보장된다.

제73조: 공민은 교육을 받을 권리를 가진다. 이 권리는 선진적인 교육제도와 국가의 인민적인 교육시책에 의하여 보장된다.

제74조: 공민은 과학과 문학예술활동의 자유를 가진다. 국가는 발명가와 창의고안자에게 배려를 돌린다. 저작권과 발명권, 특허권은 법적으로 보호한다.

제75조: 공민은 거주, 려행의 자유를 가진다.

제76조: 혁명투사, 혁명렬사가족, 애국렬사가족, 인민군후방가족, 영예군인은 국가와 사회의 특별한 보호를 받는다.

제77조: 녀자는 남자와 똑같은 사회적 지위와 권리를 가진다. 국가는 산전산후휴가의 보장, 여러 어린이를 가진 어머니를 위한 로동시간의 단축, 산원, 탁아소와 유치원망의 확장, 그 밖의 시책을 통하여 어머니와 어린이를 특별히 보호한다. 국가는 녀성들이 사회에 진출할 온갖 조건을 지어준다.

제78조: 결혼과 가정은 국가의 보호를 받는다. 국가는 사회의 기층 생활단위인 가정을 공고히 하는 데 깊은 관심을 돌린다.

제79조: 공민은 인신과 주택의 불가침, 서신의 비밀을 보장받는다. 법에 근거하지 않고는 공민을 구속하거나 체포할 수 없으며 살림집을 수색할 수 없다.

제80조: 조선민주주의인민공화국은 평화와 민주주의, 민족적 독립과 사회주의를 위하여 과학, 문화활동의 자유를 위하여 투

쟁하다가 망명하여온 다른 나라 사람을 보호한다.

제81조: 공민은 인민의 정치사상적 통일과 단결을 견결히 수호하여야 한다. 공민은 조직과 집단을 귀중히 여기며 사회와 인민을 위하여 몸 바쳐 일하는 기풍을 높이 발휘하여야 한다.

제82조: 공민은 국가의 법과 사회주의적 생활규범을 지키며 조선민주주의인민공화국의 공민된 영예와 존엄을 고수하여야 한다.

제83조: 로동은 공민의 신성한 의무이며 영예이다. 공민은 로동에 자각적으로 성실히 참가하며 로동규률과 로동시간을 엄격히 지켜야 한다.

제84조: 공민은 국가재산과 사회협동단체재산을 아끼고 사랑하며 온갖 탐오랑비현상을 반대하여 투쟁하며 나라살림살이를 주인답게 알뜰히 하여야 한다. 국가와 사회협동단체재산은 신성불가침이다.

제85조: 공민은 언제나 혁명적 경각성을 높이며 국가의 안전을 위하여 몸 바쳐 투쟁하여야 한다.

제86조: 조국보위는 공민의 최대의 의무이며 영예이다. 공민은 조국을 보위하여야 하며 법이 정한데 따라 군대에 복무하여야 한다.

제6장 국가기구

제1절 최고인민회의

제87조: 최고인민회의는 조선민주주의인민공화국의 최고주권기관이다.

제88조: 최고인민회의는 립법권을 행사한다. 최고인민회의 휴회 중
　　　　에는 최고인민회의 상임위원회도 립법권을 행사할 수 있다.

제89조: 최고인민회의는 일반적, 평등적, 직접적 선거원칙에 의하
　　　　여 비밀투표로 선거된 대의원들로 구성한다.

제90조: 최고인민회의임기는 5년으로 한다. 최고인민회의 새 선거
　　　　는 최고인민회의임기가 끝나기 전에 최고인민회의 상임위
　　　　원회의 결정에 따라 진행한다. 불가피한 사정으로 선거를
　　　　하지 못할 경우에는 선거를 할 때까지 그 임기를 연장한다.

제91조: 최고인민회의는 다음과 같은 권한을 가진다.

1. 헌법을 수정, 보충한다.

2. 부문법을 제정 또는 수정, 보충한다.

3. 최고인민회의 휴회 중에 최고인민회의 상임위원회가 채택한 중
　　요부문법을 승인한다.

4. 국가의 대내외정책의 기본원칙을 세운다.

5. 조선민주주의인민공화국 국방위원회 위원장을 선거 또는 소환
　　한다.

6. 최고인민회의 상임위원회 위원장을 선거 또는 소환한다.

7. 조선민주주의인민공화국 국방위원회 위원장의 제의에 의하여 국
　　방위원회 제1부위원장, 부위원장, 위원들을 선거 또는 소환한다.

8. 최고인민회의 상임위원회 부위원장, 명예부위원장, 서기장, 위원
　　들을 선거 또는 소환한다.

9. 내각총리를 선거 또는 소환한다.

10. 내각총리의 제의에 의하여 내각 부총리, 위원장, 상, 그 밖의 내
　　각성원들을 임명한다.

11. 최고검찰소 소장을 임명 또는 해임한다.

12. 최고재판소 소장을 선거 또는 소환한다.

13. 최고인민회의 부문위원회 위원장, 부위원장, 위원들을 선거 또
는 소환한다.

14. 국가의 인민경제발전계획과 그 실행정형에 관한 보고를 심의
하고 승인한다.

15. 국가예산과 그 집행정형에 관한 보고를 심의하고 승인한다.

16. 필요에 따라 내각과 중앙기관들의 사업정형을 보고받고 대책
을 세운다.

17. 최고인민회의에 제기되는 조약의 비준, 폐기를 결정한다.

제92조: 최고인민회의는 정기회의와 림시회의를 가진다. 정기회의
는 1년에 1～2차 최고인민회의 상임위원회가 소집한다. 림
시회의는 최고인민회의 상임위원회가 필요하다고 인정할
때 또는 대의원 전원의 3분의 1 이상의 요청이 있을 때에
소집한다.

제93조: 최고인민회의는 대의원 전원의 3분의 2 이상이 참석하여
야 성립된다.

제94조: 최고인민회의는 의장과 부의장을 선거한다. 의장은 회의를
사회한다.

제95조: 최고인민회의에서 토의할 의안은 조선민주주의인민공화국
국방위원회 위원장, 국방위원회, 최고인민회의 상임위원회,
내각과 최고인민회의의 부문위원회가 제출한다. 대의원들
도 의안을 제출할 수 있다.

제96조: 최고인민회의 매기 제1차 회의는 대의원자격심사위원회를

선거하고 그 위원회가 제출한 보고에 근거하여 대의원자
격을 확인하는 결정을 채택한다.

제97조: 최고인민회의는 법령과 결정을 낸다. 최고인민회의가 내는
법령과 결정은 거수가결의 방법으로 그 회의에 참석한 대
의원의 반수 이상이 찬성하여야 채택된다. 헌법은 최고인
민회의 대의원 전원의 3분의 2 이상이 찬성하여야 수정, 보
충된다.

제98조: 최고인민회의는 법제위원회, 예산위원회 같은 부문위원회
를 둔다. 최고인민회의 부문위원회는 위원장, 부위원장, 위
원들로 구성한다. 최고인민회의 부문위원회는 최고인민회
의사업을 도와 국가의 정책안과 법안을 작성하거나 심의
하며 그 집행을 위한 대책을 세운다. 최고인민회의 부문위
원회는 최고인민회의 휴회 중에 최고인민회의 상임위원회
의 지도 밑에 사업한다.

제99조: 최고인민회의 대의원은 불가침권을 보장받는다. 최고인민
회의 대의원은 현행범인 경우를 제외하고는 최고인민회의,
그 휴회 중에 최고인민회의 상임위원회의 승인 없이 체포
하거나 형사처벌을 할 수 없다.

제2절 조선민주주의인민공화국 국방위원회 위원장

제100조: 조선민주주의인민공화국 국방위원회 위원장은 조선민주
주의인민공화국의 최고령도자이다.

제101조: 조선민주주의인민공화국 국방위원회 위원장의 임기는 최
고인민회의임기와 같다.

제102조: 조선민주주의인민공화국 국방위원회 위원장은 조선민주
주의인민공화국 전반적 무력의 최고사령관으로 되며 국
가의 일체 무력을 지휘 통솔한다.

제103조: 조선민주주의인민공화국 국방위원회 위원장은 다음과 같
은 임무와 권한을 가진다.

1. 국가의 전반 사업을 지도한다.

2. 국방위원회사업을 직접 지도한다.

3. 국방부문의 중요간부를 임명 또는 해임한다.

4. 다른 나라와 맺은 중요조약을 비준 또는 폐기한다.

5. 특사권을 행사한다.

6. 나라의 비상사태와 전시상태, 동원령을 선포한다.

제104조: 조선민주주의인민공화국 국방위원회 위원장은 명령을 낸다.

제105조: 조선민주주의인민공화국 국방위원회 위원장은 자기 사업
에 대하여 최고인민회의 앞에 책임진다.

제3절 국방위원회

제106조: 국방위원회는 국가주권의 최고국방지도기관이다.

제107조: 국방위원회는 위원장, 제1부위원장, 부위원장, 위원들로
구성한다.

제108조: 국방위원회임기는 최고인민회의임기와 같다.

제109조: 국방위원회는 다음과 같은 임무와 권한을 가진다.

1. 선군혁명로선을 관철하기 위한 국가의 중요정책을 세운다.

2. 국가의 전반적 무력과 국방건설사업을 지도한다.

3. 조선민주주의인민공화국 국방위원회 위원장 명령, 국방위원회

결정, 지시집행정형을 감독하고 대책을 세운다.

4. 조선민주주의인민공화국 국방위원회 위원장 명령, 국방위원회 결정, 지시에 어긋나는 국가기관의 결정, 지시를 폐지한다.

5. 국방부문의 중앙기관을 내오거나 없앤다.

6. 군사칭호를 제정하며 장령 이상의 군사칭호를 수여한다.

제110조: 국방위원회는 결정, 지시를 낸다.

제111조: 국방위원회는 자기 사업에 대하여 최고인민회의 앞에 책임진다.

제4절 최고인민회의 상임위원회

제112조: 최고인민회의 상임위원회는 최고인민회의 휴회 중의 최고주권기관이다.

제113조: 최고인민회의 상임위원회는 위원장, 부위원장, 서기장, 위원들로 구성한다.

제114조: 최고인민회의 상임위원회는 약간 명의 명예부위원장을 둘 수 있다.

최고인민회의 상임위원회 명예부위원장은 최고인민회의 대의원 가운데서 오랜 기간 국가건설 사업에 참가하여 특출한 기여를 한 일군이 될 수 있다.

제115조: 최고인민회의 상임위원회 임기는 최고인민회의 임기와 같다. 최고인민회의 상임위원회는 최고인민회의임기가 끝난 후에도 새 상임위원회가 선거될 때까지 자기 임무를 계속 수행한다.

제116조: 최고인민회의 상임위원회는 다음과 같은 임무와 권한을

가진다.

1. 최고인민회의를 소집한다.

2. 최고인민회의 휴회 중에 제기된 새로운 부문법안과 규정안, 현행부문법과 규정의 수정, 보충안을 심의채택하며 채택 실시하는 중요부문법을 다음번 최고인민회의의 승인을 받는다.

3. 불가피한 사정으로 최고인민회의 휴회기간에 제기되는 국가의 인민경제발전계획, 국가예산과 그 조절안을 심의하고 승인한다.

4. 헌법과 현행부문법, 규정을 해석한다.

5. 국가기관들의 법 준수 집행을 감독하고 대책을 세운다.

6. 헌법, 최고인민회의 법령, 결정, 조선민주주의인민공화국 국방위원회 위원장 명령, 국방위원회 결정, 지시, 최고인민회의 상임위원회 정령, 결정, 지시에 어긋나는 국가기관의 결정, 지시를 폐지하며 지방인민회의의 그릇된 결정 집행을 정지시킨다.

7. 최고인민회의 대의원선거를 위한 사업을 하며 지방인민회의 대의원선거사업을 조직한다.

8. 최고인민회의 대의원들과의 사업을 한다.

9. 최고인민회의 부문위원회와의 사업을 한다.

10. 내각위원회, 성을 내오거나 없앤다.

11. 최고인민회의 휴회 중에 내각총리의 제의에 의하여 부총리, 위원장, 상, 그 밖의 내각성원들을 임명 또는 해임한다.

12. 최고인민회의 상임위원회 부문위원회 성원들을 임명 또는 해임한다.

13. 최고재판소 판사, 인민참심원을 선거 또는 소환한다.

14. 다른 나라와 맺은 조약을 비준 또는 폐기한다.

15. 다른 나라에 주재하는 외교대표의 임명 또는 소환을 결정하고 발표한다.

16. 훈장과 메달, 명예칭호, 외교직급을 제정하며 훈장과 메달, 명예칭호를 수여한다.

17. 대사권을 행사한다.

18. 행정단위와 행정구역을 내오거나 고친다.

19. 다른 나라 국회, 국제의회기구들과의 사업을 비롯한 대외사업을 한다.

제117조: 최고인민회의 상임위원회 위원장은 상임위원회사업을 조직 지도한다.

최고인민회의 상임위원회 위원장은 국가를 대표하며 다른 나라 사신의 신임장, 소환장을 접수한다.

제118조: 최고인민회의 상임위원회는 전원회의와 상무회의를 가진다. 전원회의는 위원전원으로 구성하며 상무회의는 위원장, 부위원장, 서기장들로 구성한다.

제119조: 최고인민회의 상임위원회 전원회의는 상임위원회의 임무와 권한을 실현하는 데서 나서는 중요한 문제들을 토의 결정한다. 상무회의는 전원회의에서 위임한 문제들을 토의 결정한다.

제120조: 최고인민회의 상임위원회는 정령과 결정, 지시를 낸다.

제121조: 최고인민회의 상임위원회는 자기 사업을 돕는 부문위원회를 둘 수 있다.

제122조: 최고인민회의 상임위원회는 자기 사업에 대하여 최고인민회의 앞에 책임진다.

제5절 내각

제123조: 내각은 최고주권의 행정적 집행기관이며 전반적 국가관
　　　　리기관이다.

제124조: 내각은 총리, 부총리, 위원장, 상과 그 밖에 필요한 성원들
　　　　로 구성한다. 내각의 임기는 최고인민회의 임기와 같다.

제125조: 내각은 다음과 같은 임무와 권한을 가진다.

1. 국가의 정책을 집행하기 위한 대책을 세운다.

2. 헌법과 부문법에 기초하여 국가관리와 관련한 규정을 제정 또는
　　수정, 보충한다.

3. 내각의 위원회, 성, 내각직속기관, 지방인민위원회의 사업을 지
　　도한다.

4. 내각직속기관, 중요행정경제기관, 기업소를 내오거나 없애며 국
　　가관리기구를 개선하기 위한 대책을 세운다.

5. 국가의 인민경제발전계획을 작성하며 그 실행대책을 세운다.

6. 국가예산을 편성하며 그 집행대책을 세운다.

7. 공업, 농업, 건설, 운수, 체신, 상업, 무역, 국토관리, 도시경영, 교
　　육, 과학, 문화, 보건, 체육, 로동행정, 환경보호, 관광, 그 밖의 여
　　러 부문의 사업을 조직 집행한다.

8. 화폐와 은행제도를 공고히 하기 위한 대책을 세운다.

9. 국가관리질서를 세우기 위한 검열, 통제사업을 한다.

10. 사회질서유지, 국가 및 사회협동단체의 소유와 리익의 보호, 공
　　　민의 권리보장을 위한 대책을 세운다.

11. 다른 나라와 조약을 맺으며 대외사업을 한다.

12. 내각 결정, 지시에 어긋나는 행정경제기관의 결정, 지시를 폐지

한다.

제126조: 내각총리는 내각사업을 조직 지도한다. 내각총리는 조선
민주주의인민공화국정부를 대표한다.

제127조: 내각은 전원회의와 상무회의를 가진다. 내각전원회의는
내각성원 전원으로 구성하며 상무회의는 총리, 부총리와
그 밖에 총리가 임명하는 내각성원들로 구성한다.

제128조: 내각전원회의는 행정경제사업에서 나서는 새롭고 중요한
문제들을 토의 결정한다. 상무회의는 내각전원회의에서
위임한 문제들을 토의 결정한다.

제129조: 내각은 결정과 지시를 낸다.

제130조: 내각은 자기 사업을 돕는 비상설부문위원회를 둘 수 있다.

제131조: 내각은 자기 사업에 대하여 최고인민회의와 그 휴회 중에
최고인민회의 상임위원회 앞에 책임진다.

제132조: 새로 선거된 내각총리는 내각성원들을 대표하여 최고인
민회의에서 선서를 한다.

제133조: 내각위원회, 성은 내각의 부문별 집행기관이며 중앙의 부
문별 관리기관이다.

제134조: 내각위원회, 성은 내각의 지도 밑에 해당 부문의 사업을
통일적으로 장악하고 지도 관리한다.

제135조: 내각위원회, 성은 위원회회의와 간부회의를 운영한다. 위
원회, 성 위원회회의와 간부회의에서는 내각 결정, 지시
집행대책과 그 밖의 중요한 문제들을 토의 결정한다.

제136조: 내각위원회, 성은 지시를 낸다.

제6절 지방인민회의

제137조: 도(직할시), 시(구역), 군인민회의는 지방주권기관이다.

제138조: 지방인민회의는 일반적, 평등적, 직접적 선거원칙에 의하여 비밀투표로 선거된 대의원들로 구성한다.

제139조: 도(직할시), 시(구역), 군인민회의 임기는 4년으로 한다. 지방인민회의 새 선거는 지방인민회의 임기가 끝나기 전에 해당 지방인민위원회의 결정에 따라 진행한다. 불가피한 사정으로 선거를 하지 못할 경우에는 선거를 할 때까지 그 임기를 연장한다.

제140조: 지방인민회의는 다음과 같은 임무와 권한을 가진다.

1. 지방의 인민경제발전계획과 그 실행정형에 대한 보고를 심의하고 승인한다.

2. 지방예산과 그 집행에 대한 보고를 심의하고 승인한다.

3. 해당 지역에서 국가의 법을 집행하기 위한 대책을 세운다.

4. 해당 인민위원회 위원장, 부위원장, 사무장, 위원들을 선거 또는 소환한다.

5. 해당 재판소의 판사, 인민참심원을 선거 또는 소환한다.

6. 해당 인민위원회와 하급인민회의, 인민위원회의 그릇된 결정, 지시를 폐지한다.

제141조: 지방인민회의는 정기회의와 림시회의를 가진다. 정기회의는 1년에 1~2차 해당 인민위원회가 소집한다. 림시회의는 해당 인민위원회가 필요하다고 인정할 때 또는 대의원 전원의 3분의 1 이상의 요청이 있을 때 소집한다.

제142조: 지방인민회의는 대의원 전원의 3분의 2 이상이 참석하여

야 성립된다.

제143조: 지방인민회의는 의장을 선거한다. 의장은 회의를 사회한다.

제144조: 지방인민회의는 결정을 낸다.

제7절 지방인민위원회

제145조: 도(직할시), 시(구역), 군인민위원회는 해당 인민회의 휴회 중
의 지방주권기관이며 해당 지방주권의 행정적 집행기관이다.

제146조: 지방인민위원회는 위원장, 부위원장, 사무장, 위원들로 구
성한다. 지방인민위원회임기는 해당 인민회의임기와 같다.

제147조: 지방인민위원회는 다음과 같은 임무와 권한을 가진다.

1. 인민회의를 소집한다.

2. 인민회의 대의원선거를 위한 사업을 한다.

3. 인민회의 대의원들과의 사업을 한다.

4. 해당 지방인민회의, 상급인민위원회 결정, 지시와 최고인민회의
법령, 결정, 조선민주주의인민공화국 국방위원회 위원장 명령,
국방위원회 결정, 지시, 최고인민회의 상임위원회 정령, 결정, 지
시, 내각과 내각위원회, 성의 결정, 지시를 집행한다.

5. 해당 지방의 모든 행정사업을 조직 집행한다.

6. 지방의 인민경제발전계획을 작성하며 그 실행대책을 세운다.

7. 지방예산을 편성하며 그 집행대책을 세운다.

8. 해당 지방의 사회질서유지, 국가 및 사회협동단체의 소유와 리
익의 보호, 공민의 권리보장을 위한 대책을 세운다.

9. 해당 지방에서 국가관리질서를 세우기 위한 검열, 통제사업을
한다.

10. 하급인민위원회 사업을 지도한다.

11. 하급인민위원회의 그릇된 결정, 지시를 폐지하며 하급인민회의
의 그릇된 결정의 집행을 정지시킨다.

제148조: 지방인민위원회는 전원회의와 상무회의를 가진다. 지방
인민위원회 전원회의는 위원전원으로 구성하며 상무회
의는 위원장, 부위원장, 사무장들로 구성한다.

제149조: 지방인민위원회 전원회의는 자기의 임무와 권한을 실현
하는 데서 나서는 중요한 문제들을 토의 결정한다. 상무
회의는 전원회의가 위임한 문제들을 토의 결정한다.

제150조: 지방인민위원회는 결정과 지시를 낸다.

제151조: 지방인민위원회는 자기 사업을 돕는 비상설부문위원회를
둘 수 있다.

제152조: 지방인민위원회는 자기 사업에 대하여 해당 인민회의 앞
에 책임진다. 지방인민위원회는 상급인민위원회와 내각,
최고인민회의 상임위원회에 복종한다.

제8절 검찰소와 재판소

제153조: 검찰사업은 최고검찰소, 도(직할시), 시(구역), 군검찰소와
특별검찰소가 한다.

제154조: 최고검찰소 소장의 임기는 최고인민회의 임기와 같다.

제155조: 검사는 최고검찰소가 임명 또는 해임한다.

제156조: 검찰소는 다음과 같은 임무를 수행한다.

1. 기관, 기업소, 단체와 공민들이 국가의 법을 정확히 지키는가를
감시한다.

2. 국가기관의 결정, 지시가 헌법, 최고인민회의 법령, 결정, 조선민
   주주의인민공화국 국방위원회 위원장 명령, 국방위원회 결정,
   지시, 최고인민회의 상임위원회 정령, 결정, 지시, 내각 결정, 지
   시에 어긋나지 않는가를 감시한다.

3. 범죄자를 비롯한 법 위반자를 적발하고 법적 책임을 추궁하는
   것을 통하여 조선민주주의인민공화국의 주권과 사회주의제도,
   국가와 사회협동단체재산, 인민의 헌법적 권리와 생명재산을 보
   호한다.

제157조: 검찰사업은 최고검찰소가 통일적으로 지도하며 모든 검
        찰소는 상급검찰소와 최고검찰소에 복종한다.

제158조: 최고검찰소는 자기 사업에 대하여 최고인민회의와 그 휴
        회 중에 최고인민회의 상임위원회 앞에 책임진다.

제159조: 재판은 최고재판소, 도(직할시)재판소, 시(구역), 군인민재
        판소와 특별재판소가 한다. 판결은 조선민주주의인민공
        화국의 이름으로 선고한다.

제160조: 최고재판소 소장의 임기는 최고인민회의 임기와 같다. 최
        고재판소, 도(직할시)재판소, 시(구역), 군인민재판소의 판
        사, 인민참심원의 임기는 해당 인민회의 임기와 같다.

제161조: 특별재판소의 소장과 판사는 최고재판소가 임명 또는 해
        임한다. 특별재판소의 인민참심원은 해당 군무자회의 또
        는 종업원회의에서 선거한다.

제162조: 재판소는 다음과 같은 임무를 수행한다.

1. 재판활동을 통하여 조선민주주의인민공화국의 주권과 사회주의
   제도, 국가와 사회협동단체재산, 인민의 헌법적 권리와 생명재

산을 보호한다.

2. 모든 기관, 기업소, 단체와 공민들이 국가의 법을 정확히 지키고 계급적 원쑤들과 온갖 법 위반자들을 반대하여 적극 투쟁하도록 한다.

3. 재산에 대한 판결, 판정을 집행하며 공증사업을 한다.

제163조: 재판은 판사 1명과 인민참심원 2명으로 구성된 재판소가 한다. 특별한 경우에는 판사 3명으로 구성하여 할 수 있다.

제164조: 재판은 공개하며 피소자의 변호권을 보장한다. 법이 정한 데 따라 재판을 공개하지 않을 수 있다.

제165조: 재판은 조선말로 한다. 다른 나라 사람들은 재판에서 자기 나라 말을 할 수 있다.

제166조: 재판소는 재판에서 독자적이며 재판활동을 법에 의거하여 수행한다.

제167조: 최고재판소는 조선민주주의인민공화국의 최고재판기관이다. 최고재판소는 모든 재판소의 재판사업을 감독한다.

제168조: 최고재판소는 자기 사업에 대하여 최고인민회의와 그 휴회 중에 최고인민회의 상임위원회 앞에 책임진다.

제7장 국장, 국기, 국가, 수도

제169조: 조선민주주의인민공화국의 국장은 ≪조선민주주의인민공화국≫이라고 쓴 붉은 띠로 땋아 올려 감은 벼이삭의 타원형 테두리 안에 웅장한 수력발전소가 있고 그 우에 혁명의 성산 백두산과 찬연히 빛나는 붉은 오각별이 있다.

제170조: 조선민주주의인민공화국의 국기는 기발의 가운데에 넓은
　　　　 붉은 폭이 있고 그 아래우에 가는 흰 폭이 있으며 그다음
　　　　 에 푸른 폭이 있고 붉은 폭의 기대달린 쪽 흰 동그라미
　　　　 안에 붉은 오각별이 있다. 기발의 세로와 가로의 비는 1
　　　　 대 2이다.
제171조: 조선민주주의인민공화국의 국가는 ≪애국가≫이다.
제172조: 조선민주주의인민공화국의 수도는 평양이다.

찾아보기

김정훈(金正勳)

　　사단법인 한국행정학회 이사
　　미국 국무성 초청 하버드 대학교 풀브라이트 교수
　　미국 MIT 국제인권연구소 연구위원(비상근)
　　청와대 정책위원(비상근)
　　국민고충처리위원회 전문위원(비상근)
　　현) 서경대학교 사회과학대학 행정학과 교수
　　　　사단법인 한국정책학회 이사
　　　　사단법인 자원순환사회연대 이사

『시민의 정부혁신론』(1997)
『변화의 시대, 경제주체의 선택』(공저, 1998)
『정부조직의 혁신』(공저, 1998)
『서울시정의 바른길』(공저, 2002)
『자원순환사회와 NGO』(2006)
『한국정부와 민주행정』(공저, 2006)
　　외 다수

민주주의를 향한

북한의
정부혁신론

초판인쇄 | 2012년 08월 27일
초판발행 | 2012년 08월 27일

지 은 이 | 김정훈
펴 낸 이 | 채종준
펴 낸 곳 | 한국학술정보㈜
주　　소 | 경기도 파주시 문발동 파주출판문화정보산업단지 513-5
전　　화 | 031) 908-3181(대표)
팩　　스 | 031) 908-3189
홈페이지 | http://ebook.kstudy.com
E-mail | 출판사업부　publish@kstudy.com
등　　록 | 제일산-115호(2000. 6. 19)

ISBN　978-89-268-3723-8 93330 (Paper Book)
　　　　978-89-268-3724-5 95330 (e-Book)